NAPOLÉON IV

Alain Frerejean

NAPOLÉON IV

Un destin brisé
(1856-1879)

Préface de Philippe Séguin

Albin Michel

22, rue Huyghens, 75014 Paris

ISBN 2-226-09438-5

À ma femme

Préface

Il est d'usage, quand on veut rendre hommage à une étude historique passionnante, vivante et joliment écrite, de dire qu'« elle se lit comme un roman ».

Dès ses premières pages, le *Napoléon IV* d'Alain Frèrejean inspire irrésistiblement ce jugement.

Oui, la vie du Prince Impérial est un roman, le roman d'une vie trop courte — il n'aura vécu que vingt-trois ans — et, cependant, si magnifiquement remplie. À travers ce destin au dénouement tragique, se dessine l'aventure ultime des Bonaparte, mêlée étroitement, comme elle le fut toujours, à celle de notre pays.

C'est d'abord le roman d'un mariage, ce mariage d'amour que fut l'union de Louis-Napoléon et d'Eugénie de Montijo. Étrange couple en vérité, que celui formé par le conspirateur devenu empereur — mystérieux, insaisissable, impassible — et la jeune Espagnole, si expressive et si entière.

C'est aussi le roman d'un régime, dépeint en teintes impressionnistes. Un régime saisi dans ses aspirations contradictoires vers la liberté et l'autorité.

C'est enfin le roman, l'aventure personnelle du « dauphin ». Il ne ressemble à aucun autre, ce nouvel Aiglon qui doit tout assumer, à commencer par ce titre d' « Enfant de France » qu'il doit à son père — un titre propre à lui rappeler, toujours, ses devoirs.

Élevé dans le culte du souvenir napoléonien, fasciné par le

monde des armes, le petit prince, plus doué pour le dessin que pour les études, est arraché brutalement à la fête impériale et aux rêves de son enfance par la défaite de 1870. Il n'a que quatorze ans lorsqu'il découvre le désordre des armées, la dure réalité de la guerre, son pays vaincu, son père humilié. Ce revers de fortune lui enseignera la fragilité des positions, et la vertu de patience, une vertu fort sage, mais dont la mort ne lui permettra pas de tirer profit.

Alain Frèrejean apporte d'intéressants éclairages sur le processus à la fois psychologique, politique et militaire, qui conduisit à Sedan. Il montre que le désastre fut pour le jeune Louis la première étape d'un apprentissage, celui de l'âge adulte, celui, aussi, de l'Histoire en action.

Cette épreuve l'aura paradoxalement rapproché de son père, descendu de son piédestal dans la chaleur recueillie de Camden Place, sans jamais cesser, pour autant, d'être admiré. Le livre fourmille de notations passionnantes sur la vie quotidienne à Chislehurst, et sur la petite cour qui s'y reconstitua à l'abri de la bienveillante amitié britannique, incarnée dans la Reine Victoria.

Vient la mort, prématurée, de l'Empereur déchu, au moment même où, infatigable aventurier, il caressait l'espoir d'une nouvelle conquête du pouvoir. Pour les fidèles d'entre les fidèles, Louis est bien, désormais, Napoléon IV. La perspective du « Troisième Empire » paraît un temps vraisemblable, dès lors que la République naissante, très conservatrice et encore peu républicaine, semble connaître des débuts difficiles — dès lors, surtout, que le manque de souplesse du comte de Chambord compromet les chances, pourtant très sérieuses, d'une restauration monarchique.

Le jeune prince accepte d'incarner les espérances des bonapartistes tout en poursuivant une formation militaire à l'Académie militaire de Woolwich. Il met dans ce nouveau magistère, par essence politique, par nature dangereux, exigeant et piégé, tout ce qu'il faut de sérieux et de distance. Comme le montre si bien Alain Frèrejean, il craint les quolibets de la presse républicaine et entend avant tout faire ses preuves. Il veut se donner du temps, tout en cherchant à s'affranchir de l'emprise quelque peu étouffante d'Eugénie.

Destin pathétique : la République, en France, s'affermit, le courant bonapartiste s'essouffle. Le Prince Impérial choisit alors la seule voie qui lui reste pour s'affirmer, la seule qui convienne peut-être à un Bonaparte : les armes. L'Impératrice montre suffisamment de force d'âme pour l'aider, cette fois, à accomplir son rêve, ce rêve même qui lui enlèvera son fils. Louis s'embarque pour l'Afrique australe, et trouve la mort, les armes à la main, aux côtés des Britanniques, en pays zoulou. Dénouement romanesque d'une vie qui portait trop de souvenirs, de drames et de promesses pour un si jeune homme...

Le souvenir de son courage demeure dans la mémoire des Anglais, mais aussi dans celle des Sud-Africains. Quel paradoxe quand on songe que les Français l'ont oublié... Comme ils ont oublié, d'ailleurs, à un moindre degré, les fils de Louis-Philippe, ces princes d'Orléans qui ne cessèrent de se battre, puis d'explorer le monde, seule manière pour eux de prouver, depuis l'exil, leur amour viscéral pour la France. Ces princes d'Orléans que la famille impériale exilée croisa un jour, par un étonnant hasard de l'Histoire, dans une gare britannique... N'a-t-on pas dit du jeune et populaire duc d'Orléans, mort accidentellement en 1842, que son destin brisé scella celui de la monarchie ?

Car, en définitive, c'est bien de cela qu'il s'agit. Et c'est cela qui fait tout l'intérêt, toute la force du livre d'Alain Frèrejean. À travers le destin interrompu du fils de Napoléon III, il montre que l'Histoire n'est pas seulement un enchaînement de vastes mouvements collectifs. Elle est aussi le fruit de grandes occasions saisies, mais parfois aussi de grandes occasions manquées. Le Prince Impérial, plus français de culture que ne l'était, bien évidemment, sa mère — et peut-être même son père, de formation plus cosmopolite —, vouait une véritable passion à son pays, que les dures lois de l'Histoire lui interdirent d'exprimer autrement qu'en allant se faire tuer sur une terre lointaine, et pour une cause étrangère.

Il avait écrit de lui-même, à dix-sept ans, que sa passion dominante était le patriotisme, et sa vertu favorite le courage. Il n'eut que le temps de prouver sa vertu, sur cette route qui traverse le Natal et le Zoulouland, devenue depuis peu la « Route du Prince Impérial »…

Philippe SÉGUIN.

Prologue

Compiègne, septembre 1909 : une dame âgée, le visage masqué par une voilette attachée à son chapeau de crêpe, s'est glissée dans un groupe de touristes pour la visite du château. Elle semble encore alerte et s'appuie à peine sur sa canne. Dans la chambre du Prince Impérial, elle s'attarde auprès de la fenêtre. Après avoir jeté sur le jardin un regard mélancolique, elle retourne un volet intérieur et l'examine avec une attention qui intrigue ceux qui sont encore dans la pièce. Geste de mère, car ce volet, c'est celui où jadis, au fil des ans, la vieille dame a marqué au crayon la taille de son petit garçon. Les traits, les dates sont encore là, parfaitement nets, on n'y a pas touché. La visiteuse porte la main sur son cœur, comme si elle avait reçu un grand coup. Des larmes coulent doucement sur ses joues. Elle suffoque un peu, ôte son chapeau et s'approche à nouveau de la fenêtre, comme pour respirer. Lorsqu'elle se retourne, le guide, stupéfait, la reconnaît : « C'est bien elle, oui, l'Impératrice Eugénie ! » Et chacun de murmurer en écho : « C'est l'Impératrice ! l'Impératrice ! »

En retrouvant les lieux où, il y a si longtemps, elle a connu le bonheur et la gloire, cette vieille dame si digne a l'impression de descendre dans quelque chose de profond, qui n'en finit plus. Et elle se souvient que, ce même jour de septembre, il y a soixante ans, a été celui de sa première rencontre avec son mari, Napoléon III.

PREMIÈRE PARTIE

LE PETIT PRINCE

1

« Oui, Madame, c'est un fils »

Tout a commencé en septembre 1849, un jour de revue au camp militaire de Satory, près de Versailles. Il fait beau, les Parisiens sont venus nombreux au spectacle. Sur les gradins, les femmes, en robes de couleurs gaies, font comme des massifs de fleurs tachetés de noir, çà et là, par les costumes des hommes. Et, lorsque les trompettes annoncent le début du défilé, tout le monde se lève pour suivre à la lorgnette l'évolution des régiments.

Près de la tribune officielle se tient une jeune et ravissante Espagnole, venue à cheval avec quelques amies, attirée sans doute par la fête mais surtout intriguée par le personnage mystérieux dont tout le monde parle depuis quelques mois, Louis-Napoléon Bonaparte, prince, conspirateur, évadé de prison et maintenant président de la République. Il est jeune — quarante et un ans — et porte bien l'uniforme... de général. Pourtant, on ne peut pas dire qu'il soit séduisant : un mètre soixante-six, des jambes courtes, un grand front un peu dégarni, un long nez, une moustache châtain dont il tortille souvent les pointes. Mais tout en lui est romanesque : sa jeunesse de carbonaro, la croyance en son étoile, la prodigieuse équipée qui l'a conduit au pouvoir. Et la jeune cavalière trouve tout de suite un charme étrange à ce regard impénétrable qui semble couvert d'un voile de rêve.

Soudain, les yeux du Président croisent les siens. Car Louis-Napoléon, grand amateur de femmes, est ébloui par cette élégante amazone au visage ovale serré par des bandeaux noirs, par ses yeux bleus en amande et ses cheveux blond fauve que traverse la lumière. Il chuchote à l'oreille du préfet de police :

— Quelle est cette splendide créature, là-bas, à cheval, avec ce joli chapeau aux rubans bleus ?

— C'est une Andalouse, Eugénie de Montijo, comtesse de Teba. Elle a perdu son père, un grand d'Espagne qui s'était attaché à la fortune du roi Joseph.

— Ah ! C'est la fille d'un Josefino ! laisse échapper le Prince, qui la regarde avec admiration, comme un être extraordinaire.

— Oui, le comte de Montijo a fait dans les rangs de la Grande Armée la guerre d'Espagne et la campagne de France. On dit même qu'il commandait le bataillon des Polytechniciens à la barrière de Clichy le jour où Paris a capitulé. La jeune fille a vingt-six ans et habite avec sa mère un appartement place Vendôme.

À cette époque, beaucoup d'aristocrates espagnols sont agités d'un besoin de déplacements. Leurs vastes demeures sont peuplées de serviteurs mais on y gèle l'hiver et on y rôtit l'été ; ils demeurent six mois chez eux, à la ville ou sur leurs terres, puis partent pour la France ou l'Italie. Eugénie et sa mère, doña Manuela — une femme intelligente et remuante, aimant les voyages et ne dédaignant pas les aventures, mais surtout très habile à manier les hommes —, pratiquent comme eux cette sorte de transhumance. C'est ainsi qu'une partie de l'année on voit Eugénie à Paris. Elle monte au Bois chaque matin et va presque tous les soirs au bal ou au théâtre, en compagnie de sa mère et de Mérimée, homme d'esprit et fin causeur, l'air mi-professeur, mi-dandy, dont les mauvaises langues disent qu'il est l'amant de doña Manuela.

À quelque temps de là, Louis-Napoléon retrouve la jeune Espagnole à une réception chez sa cousine, la princesse Mathilde. Sa robe bleu pâle, largement décolletée, met en valeur ses épaules rondes, sa taille mince, et surtout un teint incroyablement transparent, comme éclairé de l'intérieur. Le Prince se penche vers la maîtresse de maison, montre la jeune fille au fond du salon, et murmure : « Voulez-vous me présenter à cette belle personne ? » Aussitôt, il lui dit qu'il a eu le plaisir de la rencontrer une fois, il cite même la date. Eugénie ne répond rien mais elle est ravie qu'il l'ait remarquée. Bientôt, elle se met à causer avec animation et, tout de suite, elle le séduit autant par son air décidé que par sa beauté éclatante. Le soir, en voiture, la jeune Espagnole parle du Prince à sa mère et à Mérimée, qui les reconduit : il lui a beaucoup plu. « Quoi d'étonnant ? fait Mérimée. Il ne s'est occupé que de vous. »

Dès lors, Mmes de Montijo sont conviées aux réceptions de l'Élysée. Le Président leur marque toutes sortes d'attentions. Son secrétaire, le comte Bacciochi, vient place Vendôme leur apporter des loges pour l'Opéra, des places réservées aux revues, des invitations à dîner à Saint-Cloud, où le Prince s'est installé pour l'été. Mais celui-ci a des maîtresses, il en a même plusieurs, et surtout une ravissante Anglaise à laquelle il semble fort attaché. Et Eugénie est trop fière pour accepter un second rôle. Aussi prend-elle ses distances en recommençant à voyager à travers l'Europe. Durant toutes ces absences, une correspondance s'échange entre Louis-Napoléon et Eugénie qui, décidément, lui plaît beaucoup. Il paraît que Mérimée écrit les réponses de la jeune fille. La première lettre surprend le Prince, la seconde le fait rêver, la troisième le passionne. À la douzième, Mérimée se surpasse dans l'art de prendre un cœur.

Trois ans plus tard, Louis-Napoléon devient Empereur des Français sous le nom de Napoléon III. La proclamation de l'Empire va nécessairement entraîner le retour de l'hérédité dynastique et il ne manque pas de conseillers pour lui dire : « Votre Majesté devrait se marier le plus tôt possible pour assurer aux Bonaparte un autre héritier que vos cousins. » Adossé à la cheminée, son éternelle cigarette aux lèvres, l'Empereur écoute en effilant sa moustache et se contente de répondre : « J'y pense, mais quant à fonder une dynastie, je ne peux le promettre. » Car il sait que miss Howard, sa maîtresse en titre depuis six ans, ne peut plus avoir d'enfant.

Napoléon — puisque c'est ainsi qu'il se fait appeler désormais — donne de grandes chasses à Fontainebleau et à Compiègne et y invite Mmes de Montijo. Svelte dans sa sombre tenue d'amazone, coiffée d'un tricorne galonné, Eugénie monte superbement à cheval. Plusieurs fois, l'intrépide cavalière, les lèvres entrouvertes, ses longs cheveux dénoués et rayonnants au soleil, fend comme une flèche le groupe des chasseurs et disparaît. À ce jeu, l'Empereur veut la suivre ; mais en vain, chaque fois la chasseresse s'enfuit. Elle le tient en haleine, sans rien promettre ni pourtant le décourager. À chaque apparition de la belle Andalouse, Napoléon sent s'aviver son amour. Enfin, après avoir aiguillonné la passion de son adorateur, Mlle Eugénie de Montijo consent à ce que l'Empereur s'approche d'elle. Le soir, à souper, il la dévore du regard.

Mais la mère a fait la leçon à la fille :

— Ma chère enfant, écoute-moi bien. Je t'aime et ne désire que ton bonheur. Si tu cèdes à ton amoureux, il se lassera sans doute bientôt de tes faveurs et t'abandonnera comme il a fait de tant d'autres. Résiste, et le succès sera plus complet.

Aussi, un matin où l'Empereur la voit à la fenêtre de sa chambre et lui demande quel chemin il faut prendre pour aller la retrouver, répond-elle hardiment :

— Par la chapelle, Sire.

À la chasse, à tout moment, Napoléon se tourne vers elle, ne se lassant pas de la regarder. Elle ne l'aime pas vraiment, mais il ne lui déplaît pas. Il est délicat, bon et elle subit le charme insinuant de son sourire. Certes, il est bien plus âgé qu'elle, mais ne dit-on pas que les vieux maris sont les plus attentionnés ? Il est le neveu du grand Napoléon ; or, toute l'enfance d'Eugénie a été bercée par les récits de l'épopée de la Grande Armée. Enfin, il est l'Empereur.

Plus Napoléon approche Eugénie, et plus il l'aime. En apparence avec respect, mais déjà, par la pensée, il embrasse les épaules de cette splendide créature, la déshabille et serre son corps contre le sien. Une nuit, à Fontainebleau, la jeune fille voit entrer l'Empereur dans sa chambre : le coquin a fait percer une porte secrète dans le mur. Malgré la surprise, la belle ne perd pas la tête. Elle prie son auguste visiteur de s'asseoir, mais ne lui épargne pas les reproches : « J'avais cru venir dans la maison d'un gentleman. » Napoléon prie, supplie, pleure, tempête : peine perdue, il repart honteux et mordu par l'amour. Et, le jour de la Sainte-Eugénie, il lui offre un beau cheval alezan.

À Compiègne, un matin où l'Empereur se promène sur la terrasse du palais avec le général Fleury, la conversation vient naturellement sur Mlle de Montijo. Après lui avoir parlé de son charme et de son esprit, tout à coup, dans un moment d'effusion, Napoléon lâche à son aide de camp, comme pour se soulager le cœur :

— Ah, je suis bien amoureux d'elle !

— Je le comprends, Sire, mais alors, il n'y a qu'une chose à faire : épousez-la !

Et, un jour où les deux amoureux admirent ensemble les pelouses couvertes de rosée et qu'Eugénie lui fait remarquer les gouttes sur les feuilles de trèfle, Napoléon envoie en cachette Bacciochi chez le meilleur joaillier de Paris commander pour la jeune fille un bijou : un trèfle en émeraude avec un diamant incrusté sur chaque feuille.

Bientôt, tout le monde connaît les sentiments de l'Empereur pour Eugénie. Les paris sont ouverts : tombera-t-elle dans ses bras, ou saura-t-elle se faire épouser ? Napoléon hésite. Ses cousins Bonaparte, qui voudraient lui succéder un jour, sont furieux. La princesse Mathilde le supplie à genoux de se donner le temps de la réflexion ; elle-même a failli épouser Louis-Napoléon lorsqu'elle avait seize ans ; depuis, elle a refait sa vie mais elle a gardé une tendresse jalouse pour l'Empereur. Le prince Napoléon, que toute la famille surnomme Plon-Plon, est le frère de Mathilde ; intelligent, il ressemble de manière frappante à Napoléon Ier et, à vingt-neuf ans, il est le plus jeune député de France. Lorsqu'il était adolescent, il a longtemps cohabité avec son cousin Louis-Napoléon, qui lui a enseigné les mathématiques, et ces souvenirs communs ont créé un lien très fort entre eux. Malheureusement, tout cela est gâché par un tempérament impétueux, jaloux, violent, qui lui vaut beaucoup d'ennemis ; et Plon-Plon claque la porte en apprenant le projet de mariage de l'Empereur, d'autant plus ulcéré qu'Eugénie l'a éconduit un jour où lui-même lui faisait des avances. Jalouses aussi, les femmes des grands dignitaires de l'Empire multiplient les avanies à l'égard de l'Espagnole, murmurant à son passage : « Voici la favorite. »

Alors, au cours du bal du 1er janvier 1853 aux Tuileries, Mlle de Montijo annonce à Napoléon sa décision de quitter la France :

— Vous ne partirez pas, dit l'Empereur.

— Il y a, Sire, qu'on vient de m'insulter et qu'on ne m'insultera pas une seconde fois !

— Ne craignez rien, demain on ne vous insultera plus.

Le lendemain, Eugénie reçoit un bouquet de violettes, mais rien de plus. C'est que Napoléon a demandé la main d'une nièce de la reine Victoria, et attend la réponse.

Le 12 janvier, nouveau bal aux Tuileries : la jeune fille, que blessent profondément les hésitations de son amoureux, lui rappelle sa décision de quitter la France. Cette fois, Napoléon franchit le pas : « Demain, je demande votre main à Madame votre mère. » Et, sur-le-champ, il écrit à la comtesse de Montijo :

« Il y a longtemps que j'aime Mademoiselle votre fille et que je désire en faire ma femme. Je viens donc aujourd'hui vous demander sa main, car personne plus qu'elle n'est capable de faire mon bonheur ni plus digne de porter une couronne. Je vous demanderai, si vous y consentez, de ne pas ébruiter ce projet avant que nous ayons pris nos arrangements. »

Pourtant, miss Howard, la maîtresse attitrée de Napoléon, garde une lueur d'espoir. Son amant la charge d'une mission secrète en Angleterre, elle doit quitter Paris à l'aube le 22 janvier et embarquer au Havre ; Mocquard, secrétaire de l'Empereur, l'accompagnera. Flattée de servir auprès du gouvernement anglais la cause de l'Empire naissant, elle part tout heureuse. Mais une tempête retarde sa montée à bord et un journal tombe entre ses mains, où elle lit une nouvelle affreuse : l'Empereur vient d'annoncer au Conseil des ministres son mariage avec Eugénie de Montijo :

«L'union que je vais contracter n'est pas conforme aux traditions de la monarchie ; c'est justement pour cela qu'elle est avantageuse. Les mariages des rois ont été source de déceptions. Depuis soixante-dix ans, une seule épouse a porté chance à un souverain français, c'était l'Impératrice Joséphine. Et cette femme, la douce femme du général Bonaparte, n'était pas de sang royal… Quand un principe nouveau élève un homme au trône, ce n'est pas en cherchant par tous les moyens à s'introduire dans une famille régnante qu'il acquiert l'estime de ses concitoyens. C'est plutôt en assumant franchement devant l'Europe sa condition de parvenu, titre glorieux lorsqu'on est arrivé par le libre suffrage d'un grand peuple.»

Désespérée et honteuse du procédé de son amant, miss Howard rentre précipitamment à Paris. Un essieu casse ; étrangement, on n'en finit pas de le réparer. Mocquard tente en vain de convaincre la femme en pleurs. Enfin, voici la rue du Cirque. Horreur, la maison a été «visitée». L'Empereur a fait forcer les meubles pour reprendre lettres d'amour et lettres politiques : projets, espérances, aveux d'inquiétude ou de désespoir, intrigues nouées, trahisons découvertes et tout cela avec des noms. Il ne l'a donc éloignée que pour récupérer ses papiers, éviter une scène ou un scandale et, qui sait, pour l'exiler à jamais. Alors la maîtresse délaissée adresse à son impérial amant une lettre d'adieux ; elle lui prédit que, comme avec Joséphine, avec elle disparaîtra sa bonne étoile.

Le mariage de Napoléon III avec Eugénie est célébré à Notre-Dame le 30 janvier 1853. Pour les noces de Napoléon Ier et de Marie-Louise, on avait surmonté le carrosse d'une couronne impériale, et, lorsque le cortège s'était ébranlé, la couronne était tombée et avait roulé dans la poussière. Cette fois, on l'a recollée et remise en place, mais, fâcheux présage, juste au même endroit, sous l'arc de triomphe du Carrousel, l'incident se reproduit et la couronne tombe par terre. Une heure plus tard, dans la cathédrale, après une marche nuptiale exécutée par cinq cents musiciens, Mgr Sibour, archevêque de Paris, s'incline devant Mlle de Montijo :

— Madame, vous déclarez, reconnaissez et jurez devant Dieu et la Sainte Église que vous prenez comme légitime époux l'Empereur Napoléon ?

Et, d'une voix claire, elle répond :

— Oui, Monseigneur.

L'Empereur et l'Impératrice forment un couple étonnant ; on rencontre rarement tempéraments plus opposés. Napoléon parle lentement, les mots lui viennent difficilement et, quand ses interlocuteurs développent des idées qui lui déplaisent, il se tait. On dirait que les paroles qu'on lui adresse sont comme des pierres qu'on jette dans une eau profonde : on entend le bruit, mais on ne sait pas où elles tombent. Sa vie de conspirateur et de prisonnier lui a donné une impassibilité prodigieuse. Ce qui frappe chez lui, c'est l'expression mélancolique et rêveuse du regard, bienveillante et cependant difficile à soutenir ; et puis ses moustaches, terminées en pointes effilées, qui se tiennent horizontales grâce à un fort enduit de cire.

Eugénie est tout le contraire. Son visage est étonnamment expressif. Loin de cacher ses impressions, ses sentiments, elle les extériorise et se met en représentation. Il lui arrive de s'abandonner à des fantaisies qui ne sont pas de son rang et à des attitudes théâtrales pour faire de l'effet. Sa conversation animée, pleine d'entrain, mais décousue, saute d'un sujet à l'autre, avec plus de vivacité que de jugement. Elle manque de mesure, poursuit des chimères et se contrôle mal ; il lui arrive même de taper du pied. En bien comme en mal, elle a suscité des commentaires exagérés.

L'un des plus durs est celui de Maxime du Camp, un familier qui l'a connue jeune fille, puis impératrice et enfin veuve :

«Il y avait autour d'elle comme un nuage de cold cream et de patchouli ; superstitieuse, superficielle, aimant les grivoiseries, toujours préoccupée de l'impression qu'elle produisait, essayant des effets d'épaules et de poitrine, les cheveux teints, le visage fardé, les yeux bordés de noir, les lèvres frottées de rouge, il lui manquait, pour être dans son vrai milieu, la musique du cirque, le petit galop du cheval martingalé, le cerceau que l'on franchit d'un bond et le baiser envoyé aux spectateurs sur le pommeau de la cravache. Les bals des Tuileries, les soirées de Compiègne et de Fontainebleau n'étaient que des représentations qu'elle donnait au bénéfice de son propre personnage. Froide, de tempérament nul, à la fois avare et gâcheuse, sans autre passion que celle de sa vanité, elle rêva de jouer les premiers grands rôles et ne fut qu'une comparse, affublée d'une souveraineté qu'elle ne savait porter.»

Napoléon, à la sensualité exigeante, doit bientôt se rendre à l'évidence : cette femme qu'il a follement désirée ne sera jamais l'amante dont il a rêvé. Alors, lui que trouble le moindre jupon, il va demander à d'autres ce plaisir qu'elle est incapable de lui apporter. L'Impératrice ignore ses escapades. Mais on lui fait savoir que, six mois après leur mariage, l'Empereur a revu miss Howard. Eugénie, qui se fait de l'amour une idée sentimentale, est dégoûtée par cette recherche brève du plaisir.

— Qu'ont donc tous ces hommes ? dit-elle. Je ne les comprends pas.

D'abord éblouie par son destin, elle se laisse porter par les événements, mais, peu à peu, sa fierté espagnole la pousse à faire des scènes. Déjà, à plusieurs reprises, retentissent les éclats de sa voix, quand, enfermée avec Napoléon, elle l'accable de reproches mérités, certes, plus encore qu'elle ne le croit. Et, à l'ambition du bonheur, elle finira par substituer l'ambition du pouvoir.

Cependant, il faut donner un héritier à la dynastie. En 1855, à Biarritz, Eugénie est réveillée une nuit par le tocsin qui annonce un incendie. Elle se lève en hâte et va faire la chaîne.

Elle sent pour la première fois tressaillir son enfant et l'idée lui vient qu'il est destiné à mourir de mort violente. C'est vrai qu'elle aime bien se prendre au tragique :

— Je suis venue au monde, dit-elle, pendant un tremblement de terre ; ma mère a accouché sous une tente dans le jardin. Qu'est-ce que les Anciens auraient dit d'un tel présage ? Ils auraient dit que je venais bouleverser le monde.

Ayant déjà fait plusieurs fausses couches, elle confie ses appréhensions à la reine Victoria, mère de famille nombreuse, qui prodigue ses conseils : plus d'équitation, plus de bains chauds, le moins possible même de promenades en voiture : attention aux pavés ! Et elle lui envoie son gynécologue. La grossesse, dès lors, suit son cours sans accident ; peut-être les recommandations de Victoria y sont-elles pour quelque chose.

En apprenant que l'Empereur attend un héritier pour mars, les journaux assurent que, si c'est un garçon, on l'appellera le roi d'Alger. La reine Victoria envoie un bataillon de nurses, parmi lesquelles l'Impératrice choisit une longue Anglaise, mince et plate, miss Shaw, à laquelle on adjoint comme nourrice une robuste paysanne du Bourbonnais. « J'ai peur, soupire cependant Eugénie, de n'avoir pas assez de courage quand viendra le moment. »

La layette de l'enfant fait l'objet d'une exposition qui attire tant de monde qu'on doit interrompre la circulation des voitures dans les rues avoisinantes. Les 13 et 14 mars 1856, plus de vingt-cinq mille curieux se pressent à l'Hôtel de Ville devant le berceau offert par la Ville de Paris au prince héritier. C'est une nef en bois de rose. Sur la poupe, une grande figure drapée, symbolisant Paris, élève une couronne impériale, d'où s'échappent les longs plis de rideaux en satin bleu ciel ; deux petits génies placés à ses pieds protègent le sommeil de l'enfant. La proue du navire est supportée par un aigle d'argent. Sur chaque face, des médaillons en porcelaine de Sèvres représentent les vertus cardinales ; les pieds du berceau sont formés de doubles colonnettes autour desquelles s'enroulent des épis de blé et des branches d'olivier. L'affluence est telle pour admirer ce petit lit qu'on décide de prolonger l'exposition ; mais, le lendemain, la salle du Trône n'ouvre pas, le berceau vient d'être porté aux Tuileries.

Car les douleurs ont commencé dans la nuit. Dans la chambre pompeuse de l'Impératrice, au plafond semé d'amours, toutes les bougies sont allumées ; du dehors, on pourrait croire à un incendie. Attirés par cette profusion de lumières, les curieux s'attroupent place du Carrousel, devant le pavillon de l'Horloge, stationnent le long des grilles, interrogent les sentinelles et les domestiques du palais.

Le chirurgien-accoucheur Dubois s'est précipité avec son assistant, le chirurgien Boyer. Puis le Dr Conneau, compagnon de l'Empereur à la prison de Ham, le Dr Corvisart, et même le Dr Darralde, médecin de la station thermale d'Eugénie-les-Bains. Mais une souveraine n'accouche pas comme une simple mortelle ; il ne faut pas que l'on puisse supposer que l'héritier de la Couronne a été apporté du dehors. D'ailleurs, des bruits extravagants circulent déjà dans Paris ; ne dit-on pas qu'une douzaine de femmes sur le point d'accoucher attendent dans les caves des Tuileries, prêtes à fournir des garçons au cas où l'Impératrice mettrait au monde une fille ? Des témoins qualifiés sont donc nécessaires. Voilà pourquoi on introduit bientôt, dans la chambre de Sa Majesté, Baroche, président du Conseil d'État, Troplong, président du Sénat, Morny, président du Corps législatif, Achille Fould, ministre de la Maison impériale, qui doit rédiger l'acte de naissance, Abbatucci, garde des Sceaux, le prince Napoléon et le prince Murat, tous chargés de le contresigner.

Eugénie a le pressentiment qu'elle ne survivra pas à l'épreuve. Sa mère, accourue d'Espagne, l'encourage, volubile. Napoléon, les yeux pleins de larmes, caresse doucement sa femme. Mais elle sent braqué sur elle, derrière son monocle, le regard lourd du prince Napoléon, qui est d'humeur massacrante car, si c'est un fils qui vient au monde, il perd sa qualité d'héritier à la couronne impériale. Et, comme l'enfant ne se décide pas à arriver, ce cousin haineux regarde sa montre toutes les cinq minutes et marmonne avec rage :

— Nous n'allons pas passer la nuit à attendre ce marmot !

Les choses vont vraiment mal. Une dame du palais raconte :

« D'heure en heure, on venait dire que la pauvre Impératrice souffrait atrocement et que la tête de l'enfant était si grosse que les efforts de la nature étaient impuissants. Des appartements d'entresol derrière et au-dessus de la chambre de l'Impératrice, on entendait les cris déchirants de la pauvre patiente qui ne cessaient presque pas. L'Empereur revint encore une fois à minuit donner des nouvelles. Il était bouleversé, paraissait vieilli de dix ans et savait à peine ce qu'il disait. »

Cela fait douze heures que Napoléon marche de long en large. Il sanglote convulsivement et tambourine sur la fenêtre, car il ne supporte pas de voir quelqu'un souffrir, a fortiori sa femme. On finit par chloroformer Eugénie. Lorsque les médecins informent l'Empereur qu'ils vont devoir employer les fers, il murmure, accablé, comme autrefois Napoléon Ier lors du difficile accouchement de Marie-Louise : « Sauvez l'Impératrice. »

Enfin, à trois heures du matin, le dimanche des Rameaux 16 mars 1856, un cri plus aigu. Les médecins se précipitent. De longues minutes s'écoulent. On a emmené l'Empereur dans un salon voisin. La porte s'ouvre, voici le Dr Conneau tout agité : « Sire, c'est un fils, venez ! » Napoléon s'élance. On lui tend l'enfant. Il l'embrasse puis s'agenouille près du lit d'Eugénie, qui lui demande :

— Est-ce une fille ?

Et, comme l'Empereur secoue la tête négativement :

— C'est un garçon ?

La gorge nouée par l'émotion, Napoléon continue d'agiter la tête dans le même sens. Eugénie, épouvantée, demande :

— Mais alors, qu'est-ce que c'est ?

Heureusement, le Dr Dubois est là pour la rassurer :

— Oui, Madame, c'est un fils !

Et, comme elle craint qu'on ne lui cache la vérité, il lui présente l'enfant tout nu.

L'Empereur, d'habitude peu démonstratif, ne peut cette fois maîtriser sa joie. À tel point qu'abandonnant tout souci de dignité, il embrasse sur les deux joues une servante qui apporte de l'eau chaude, un valet de pied, n'importe qui. À la fin, il s'arrête, un peu gêné :

— Je ne peux vous embrasser tous.

Puis il se tourne vers les dames et leur dit :

— Mesdames, je ne comprends pas qu'après avoir éprouvé de pareilles souffrances, vous puissiez encore vous y exposer. Il faut vraiment que vous nous aimiez beaucoup.

On apporte alors le registre de l'état civil pour faire signer par les témoins l'acte de naissance de Napoléon, Eugène, Louis, Jean, Joseph Bonaparte. Mais le prince Napoléon, pris de rage, tourne les talons et s'enferme dans un cabinet de toilette. Sa sœur, la princesse Mathilde, se décide à aller le chercher.

— Es-tu fou ? Quel idiot ! Allons, reviens signer.

— Je ne signerai pas.

Cependant elle finit par le ramener et réussit à lui mettre la plume entre les doigts. Il est tellement hors de lui qu'il casse la plume et fait une énorme tache d'encre, qui reste sur la page comme une déclaration de haine éternelle à Eugénie et à son fils. Napoléon prend la chose avec philosophie, mais lorsqu'un courtisan lui demande :

— Quel présent pourrait-on offrir à l'illustre enfant ?

— Une moustiquaire contre les cousins, répond-il.

Bientôt, les Parisiens sont réveillés par le canon des Invalides. Selon l'usage, on tire vingt et un coups si c'est une fille, cent si c'est un garçon. Et, comme quarante-cinq ans plus tôt pour le roi de Rome, le vieil adjudant chargé d'ordonner les salves ménage une pause entre le vingt et unième et le vingt-deuxième coup. Paris retient son souffle, puis explose de joie. De loin en loin, les cloches de toutes les églises colportent la bonne nouvelle. La capitale pavoise spontanément. On dresse des mâts vénitiens avec, sur les oriflammes, les mots « Ordre, Crédit, Prospérité ». Le soir, jusque dans les faubourgs, les façades des maisons éclairées par des lanternes de toutes les couleurs prennent un air de fête. Les boulevards ne forment qu'une ligne continue de lumières depuis la Madeleine jusqu'à la Bastille.

Les théâtres de Paris jouent gratuitement. L'Ambigu donne une pièce intitulée *Napoléon Ier au baptême du Prince Impérial* : le grand homme est sorti du tombeau pour voir le futur Napoléon IV ; il compatit au malheur des victimes des inondations catastrophiques que viennent de causer la Loire, la Saône et le Rhône, mais il fait l'éloge de Napoléon III, son héritier philanthrope.

Car l'Empereur, après ces heures d'angoisse, a l'air transformé. Le soir même de ce grand jour, recevant à dîner les généraux Bosquet et Canrobert :

— Messieurs, faites remplir vos coupes de champagne, dit l'heureux père. Je veux porter un toast à deux bons amis que j'ai près de moi : « Au maréchal Canrobert ! Au maréchal Bosquet ! »

Ceux-ci sont surpris de se retrouver maréchaux. Il nomme aussi le Dr Dubois commandeur de la Légion d'honneur. C'est la France entière qu'il veut associer à son bonheur. La naissance de cet enfant, c'est, pour la dynastie, l'assurance de conserver le trône. L'Empereur prodigue des remises de peine aux prisonniers politiques et fait gracier huit cents forçats. Il prélève un million sur sa liste civile pour des bureaux de bienfaisance, pour les caisses de secours des auteurs dramatiques, celle des gens de lettres, des comédiens, des musiciens, des artistes peintres, des inventeurs. Tous les enfants nés en France ce 16 mars 1856 auront Napoléon et Eugénie pour parrain et marraine : il y en a trois mille six cents. Pourvu que les garçons s'appellent Louis Eugène et les filles Eugénie Louise, chacun recevra cent francs.

Le conseil municipal de Paris n'est pas en reste. Il décide de verser deux cent mille francs au mont-de-piété, pour lui permettre de restituer aux nécessiteux les objets en dépôt. Et, dans toute la ville, des comités établissent des listes de souscription pour offrir à l'Impératrice et au jeune prince un témoignage de sympathie. Le montant des souscriptions est établi entre cinq et vingt centimes, pour obtenir une vaste adhésion populaire. C'est un succès, puisqu'on récolte six cent mille souscriptions produisant une somme de quatre-vingt mille francs. Eugénie l'emploie à fonder une œuvre, l'Orphelinat impérial, qui finance les familles honnêtes désireuses d'accueillir un orphelin à leur foyer et de lui apprendre un métier.

Napoléon, de son côté, va créer la Société du Prince Impérial, qui a pour but d'avancer aux paysans et aux artisans laborieux, sans prise de gage, l'argent nécessaire pour acheter outils et matières premières. Pour réunir le capital nécessaire, Leurs Majestés s'inscrivent pour cent mille francs, la famille impériale, les ministres viennent à la suite. On demande aux enfants des écoles de verser dix centimes par semaine, et, à la tête des souscripteurs, on place le Prince Impérial, qui sera tout à la fois le bienfaiteur et le premier associé de la jeune génération qu'il est appelé à gouverner.

D'ailleurs, le climat politique est à l'euphorie : «En a-t-il de la chance !» disent les Parisiens. Cet homme étonnant, parti de rien, a tout gagné : un empire prospère, la plus belle femme d'Europe, le respect de toutes les têtes couronnées et l'affection de la reine Victoria. Il a convié l'Europe entière à une Exposition universelle. Après avoir vaincu la Russie et rendu à la France son prestige militaire, il lui offre dans un congrès réuni ici même, à Paris, la perspective d'une paix durable. Et voilà que la fortune couronne ses succès en lui donnant un fils : «En a-t-il de la chance ! Ce Napoléon est vraiment un homme de bonne fortune.» Car le canon des Invalides n'est pas le seul à saluer la naissance du Prince Impérial. Sur les rivages lointains de la mer Noire, plusieurs centaines de milliers d'hommes attendent, l'arme au pied, que la paix succède à l'armistice. L'artillerie française ayant tiré ses salves, les artilleries anglaise et sarde lui répondent. Les Russes eux-mêmes ne veulent pas rester étrangers à la fête ; leurs canons qui ont couché par terre tant de Français se mettent à tonner, eux aussi, pour le Prince Impérial.

Théophile Gautier célèbre en vers le petit prince, espoir de la dynastie :

« C'est un Jésus à tête blonde
Qui porte à sa petite main
Pour globe bleu, la paix du monde
Et le bonheur du genre humain. »

Plus circonspect que les journaux français, le *Times* fait observer que, depuis deux siècles, aucun souverain de France n'a transmis la couronne à son fils et s'interroge sur l'avenir du nouveau-né. Régnera-t-il sous le nom de Napoléon IV ou bien s'ajoutera-t-il à Louis XVII, au roi de Rome, au duc d'Angoulême, au comte de Chambord et au comte de Paris, sur la longue liste des dauphins en mal de trône ?

L'Empereur décerne à son fils le titre d' « Enfant de France, un nom que je lui donne pour lui rappeler ses devoirs », au grand dam des légitimistes pour qui ce titre n'appartient qu'aux enfants du roi. La veuve de l'amiral Bruat est nommée « gouvernante des Enfants de France » avec, sous ses ordres, deux sous-gouvernantes, les veuves du général Bizot et du colonel de Brancion, tous deux tombés au siège de Sébastopol. Bientôt, les corps constitués défilent devant le berceau. Le bébé, l'estomac barré du grand cordon de la Légion d'honneur, reçoit aussi les hommages du corps diplomatique, où s'est glissée la méchante fée, qui, comme dans les contes, annulera tous les dons octroyés par ses sœurs. Ce génie du mal, c'est un géant nommé Bismarck, alors secrétaire de l'ambassade de Prusse. Napoléon veut aussi que le peuple puisse contempler son futur Empereur. Aussi, lorsqu'une députation des Dames de la Halle est admise aux Tuileries, c'est lui-même qui la conduit dans les appartements du nouveau-né, père tout orgueilleux de voir admirer son enfant. Ces dames sont ravies de commenter :

— Le petit prince a les yeux de sa mère, mais ses cheveux lui viennent de son père.

L'une d'elles, Mme Lebon, dépose sans façon deux gros baisers sur les joues du nourrisson. On verra comment, dix-huit ans plus tard, il lui rendra ses baisers.

Eugénie demeure plusieurs semaines étendue sur sa chaise longue, ne recevant que quelques intimes auxquels elle montre son poupon endormi.

— N'est-ce pas qu'il est joli ? répète-t-elle avec naïveté.

Elle le berce et lui chantonne des airs d'Espagne. Un marmot dans ses langes fait plus pour rallier la France au régime que les victoires de Crimée. Pour la grande majorité des Français, cet enfant qui a eu tant de peine à naître vient assurer la stabilité et clore l'ère des révolutions. Et tout le pays l'appelle déjà « le petit prince », tendre nom qu'il n'avait encore jamais donné à un fils de France. Le 13 avril, le Prince Impérial reçoit la Toison d'Or. Un mois plus tard, un sénatus-consulte établit la Régence de l'Empire : en cas de mort ou d'incapacité de l'Empereur, elle est confiée à l'Impératrice, jusqu'à la majorité du futur Napoléon IV, qui est fixée à dix-huit ans.

Le petit prince a été ondoyé le jour même de sa naissance, mais il faut encore le baptiser et ce baptême doit réparer une tache : le Pape n'a-t-il pas refusé de venir sacrer Napoléon III ?

D'abord, il faut choisir un parrain. L'armée et la presse souhaiteraient un soldat : pourquoi pas Victor-Emmanuel II dont les régiments, hier encore, combattaient fraternellement avec les nôtres ? Hélas, l'influence d'Eugénie commence déjà à se faire sentir et l'on donne la préférence à Pie IX. Croit-on que cette fois Pio Nono va se déranger ? Non, il se contente de se faire représenter par le cardinal Patrizzi, un homme charmant en vérité, mais qui passe pour un *jettatore*, un jeteur de sorts. Dommage qu'il ait le mauvais œil ! Bah, c'est une superstition romaine.

Pour marraine, on aimerait bien la reine Victoria, cette excellente amie. Hélas, une souveraine protestante ne convient pas pour un baptême catholique. Alors, va pour la reine de Suède, née princesse de Beauharnais *.

Le 14 juin 1856, à deux heures précises, trois cents ballons

* La reine Joséphine de Suède, fille d'Eugène de Beauharnais, est la cousine germaine de Napoléon III.

s'élèvent dans le ciel de Paris. Deux heures et demie plus tard, une grande montgolfière, « L'Impériale », s'envole à son tour. De la nacelle, on lance quatre cents petits parachutes auxquels on a attaché des paquets de dragées aux armes du Pape et de la reine de Suède. Au même moment, tandis que la garde impériale et la garde nationale font la haie depuis les Tuileries jusqu'à Notre-Dame, douze carrosses passent au son des trompettes sous l'arc de triomphe du Carrousel. Ils sont sculptés, armoriés, dorés jusque sur les roues et tirés chacun par huit chevaux empanachés, caparaçonnés de velours cramoisi semé d'abeilles d'or.

Les acclamations redoublent lorsque paraît l'avant-dernière voiture, celle du petit prince, porté par sa nourrice en costume de sa province : jupe rouge, corsage de velours noir avec entrelacs d'or.

Le dernier carrosse, le plus éclatant, tel qu'on peut toujours l'admirer à Trianon, est tiré par huit chevaux couverts de housses d'or. Eugénie et Napoléon y sont assis côte à côte ; elle, en robe de satin bleu pâle, les diamants de la Couronne ruisselant sur ses cheveux ; lui en habit de général, culotte courte et bas de soie. Tous les regards convergent vers eux. Napoléon se penche vers sa femme : « Pareil baptême vaut un sacre. »

Bien plus tard, après la chute de l'Empire, Eugénie contemplera de ses fenêtres de l'Hôtel Continental le jardin des Tuileries hanté par le fantôme de l'enfant impérial. Elle évoquera alors le souvenir de cette après-midi disparue :

« On nous acclamait frénétiquement. Le soleil, qui commençait à décliner, empourprait la rue de Rivoli. Nous défilions dans une lumière éblouissante. Près de moi, l'Empereur restait silencieux, occupé seulement à saluer. Je ne lui disais rien non plus, parce qu'une allégresse ineffable me soulevait l'âme. Je me répétais intérieurement : "C'est par cet enfant, c'est par mon fils que la dynastie napoléonienne s'enracinera définitivement sur la terre de France, comme s'y était implantée, il y a huit siècles, la dynastie capétienne ; c'est lui qui mettra le sceau définitif à l'œuvre de son père !" Une voix plus forte que toutes mes craintes me rassurait, me dilatait le cœur, me remplissait de confiance et d'orgueil.»

Notre-Dame, toutes portes grandes ouvertes, sous le porche tendu de pourpre, attend Mgr Sibour, archevêque de Paris, escorté de ses grands vicaires et du chapitre au complet. Les souverains mettent pied à terre, reçoivent l'eau bénite et l'encens sous un dais porté par dix chanoines, tandis que sonne le bourdon. Il est maintenant six heures du soir, le soleil illumine la grande rosace, les voûtes de la nef sont couvertes de tentures bleu ciel constellées d'étoiles et les colonnes de draperies carmin. Des centaines de chandeliers éclairent les stalles du chœur. Six mille invités attendent dans la cathédrale, maréchaux, chambellans, ministres, ambassadeurs en uniformes chamarrés, sénateurs en chapeaux à plumes blanches, députés en chapeaux à plumes noires. Les dames d'honneur de l'Impératrice sont en robes décolletées avec voile de dentelle sur les épaules. La reine mère d'Espagne est là avec le prince consort, ainsi que le duc d'Albe, beau-frère d'Eugénie, et le duc d'Hamilton, en écossais. Le Prince Impérial — il a tout juste trois mois — fait son entrée en atours de dentelle dans les bras de Mme Bruat, gouvernante des Enfants de France. Puis on fait la haie pour voir s'avancer les souverains.

Les chœurs entonnent le *Veni Creator* et la cérémonie commence. Les «dames accompagnatrices» s'inclinent devant le légat du pape et apportent les honneurs : la comtesse de La Bédoyère, le bassin; la comtesse de Montebello, le cierge écussonné; la comtesse de Reyneuil, l'aiguière; Mme de Saulcy, la serviette. Les orgues attaquent alors d'une voix formidable le *Te Deum*, auquel répond le *Salve Regina* de l'orchestre et des chœurs. À la fin de la cérémonie, Mme Bruat tend l'enfant à l'Impératrice. Mais Eugénie, tremblante d'émotion et de fatigue, ne parvient pas à se lever. Napoléon, comme jadis son oncle pour le roi de Rome, saisit l'enfant et le soulève à bout de bras pour le montrer à l'assistance, tandis qu'un aide de camp, par trois fois, crie à toutes forces : «Vive le Prince Impérial !» dans un tonnerre d'applaudissements. L'Empereur qui, pendant la cérémonie, est demeuré impassible comme à l'accoutumée, les bras croisés sur son uniforme de général, a maintenant les yeux humides. Le masque est tombé, l'amour paternel est le plus fort.

En quittant Notre-Dame, Leurs Majestés se rendent à l'Hôtel de Ville, pour un banquet de quatre cent quatre-vingts couverts. Cette fois, le trajet ne se fait plus en carrosses de gala, mais en berlines vertes, toutes en glaces et éclairées de l'intérieur, qui livrent les souverains et leur suite resplendissante de bijoux à l'admiration d'une foule en délire. À l'Hôtel de Ville, le chef-d'œuvre de l'architecte italien Boccador qui sera détruit quinze ans plus tard par la Commune, les corniches et les frontons sont illuminés, les portes et les fenêtres pavoisées et fleuries, les drapeaux en faisceaux alternent avec les trophées, les écussons à l'aigle avec ceux aux abeilles.

Le lendemain du baptême est déclaré jour férié. Les Parisiens vont voir les clowns, les pantomimes, les mâts de cocagne. Les théâtres jouent gratis et font salle comble. Et, le soir, sur les boulevards, la foule se divise en deux vastes courants pour voir le feu d'artifice à la barrière du Trône ou sur la place de la Concorde, où Napoléon allume lui-même la première fusée.

2

En petit caporal

Dès sa naissance, le petit prince, Loulou comme le surnomment ses parents, est voué au métier des armes, celui des Bonaparte. À neuf mois, on l'immatricule au 1er régiment des grenadiers de la Garde ; une députation d'officiers, de soldats et d'enfants de troupe vient apporter aux Tuileries le procès-verbal attestant son inscription sur les contrôles du régiment. Dès qu'il fait ses premiers pas, l'enfant est habillé par le tailleur à la mode d'un uniforme à sa taille, aux détails rigoureusement réglementaires, à ceci près que le pantalon est remplacé par une jupe écossaise ; c'est ainsi que la reine Victoria habillait le prince de Galles, et la mère d'Eugénie n'est-elle pas née Kirkpatrick of Closeburn ? Mais la tunique bleue à brandebourgs est copiée de façon fort exacte.

À deux ans, Loulou apprend à rendre le salut militaire. À trois ans, il est nommé caporal et, à ce titre, reçoit un pantalon garance, des guêtres blanches, des épaulettes rouges et « l'ourson », le bonnet à poil avec jugulaire. Chaque fois que, dans la cour des Tuileries, les tambours annoncent l'arrivée de la garde montante, il va à la fenêtre et ses yeux s'illuminent. Il frémit de joie au son des clairons et à la vue des sabres scintillant au soleil. Ainsi, dès l'âge le plus tendre, s'ancre dans l'inconscient du petit prince l'idée qu'il est un soldat et un Bonaparte. Pour lui, point de contes de fées, mais le récit des exploits de l'armée française et de la gloire napoléonienne.

L'armée française part pour la guerre d'Italie. Des régiments défilent un matin, musique en tête, devant les Tuileries, acclamant l'Empereur, qui les salue de la main d'un air grave. Eugénie, tenant dans ses bras le Prince Impérial, le montre à ces jeunes hommes dont beaucoup vont mourir et qui agitent gaiement leurs képis. Pendant toute la campagne, l'Impératrice régente habite le palais de Saint-Cloud. C'est là qu'elle reçoit les bulletins militaires. Loulou vient de faire un caprice lorsque arrive le télégramme de Solferino : « Grande bataille, grande victoire. Napoléon. »

Sa mère lui annonce qu'elle lui pardonne parce que son père vient de remporter une victoire.

— Rien qu'une ? répond-il. Mon oncle en remportait davantage.

— Et toi, Louis, aurais-tu remporté plus de victoires que ton père ?

— Oui, sans doute, si les Autrichiens étaient aussi petits que moi. Mais ils ne sont pas des enfants comme moi.

Et lorsque Eugénie l'emmène au *Te Deum* célébré pour ce succès, il prend sa part de la fête. Sur le parcours, la foule crie, applaudit. Les Parisiens jettent des fleurs dans la calèche où l'enfant se tient assis à côté de l'Impératrice. Gagné par l'enthousiasme, il se met à ramasser les bouquets et à les renvoyer aux gens. Il bat des mains, tressaute de joie, envoie des baisers. Ce jour-là, sa mère se persuade que Dieu réserve à son enfant la mission glorieuse de continuer l'œuvre de son père, mais, le voyant si excité, elle lui recommande d'être sage pendant le service religieux : « Je serai comme un homme », répond-il. Et il tient parole, car, dans l'église, il ne bouge pas, à tel point qu'à genoux sur un coussin, il ne veut plus se relever. En sortant, il confie à sa nurse : « Je voudrais bien entendre chanter un autre *Te Deum*. »

Le 14 août 1859, l'armée victorieuse, de retour de Solferino, défile triomphalement dans les rues de Paris, de dix à quinze heures. On est venu de province acclamer les libérateurs de l'Italie. Rassemblées place de la Bastille, les troupes remontent les boulevards ornés de bannières. En les voyant apparaître, une immense acclamation retentit. Des têtes paraissent à toutes les fenêtres, une averse de fleurs tombe des balcons. Sur les trottoirs, la foule s'écrase. Les femmes agitent leurs mouchoirs ; beaucoup arrachent des bouquets à leur corsage pour les donner aux soldats, qui plantent des fleurs à la pointe des baïonnettes. Les régiments défilent, au pas cadencé, toujours au milieu de bravos frénétiques, les musiques jouent, les drapeaux flottent au vent.

La place Vendôme ressemble ce jour-là à un cirque romain paré pour le triomphe. On y a construit un amphithéâtre qui monte jusqu'au premier étage, avec vingt rangées de gradins. Les immeubles ont leurs balcons drapés de velours cramoisi sur lequel se détachent les « N » et les abeilles d'or. Un trophée de drapeaux mêlés de guirlandes de feuillage décore la pointe de chaque fronton. Pour l'Impératrice et ses dames d'honneur, on a érigé une tribune abritée par un velum en velours vert. C'est là que se trouve notre petit prince, dans son uniforme de grenadier de la Garde. Aux fenêtres de la Chancellerie, on aperçoit toute la Cour, les ministres, des sénateurs, des députés, des conseillers d'État et quelques généraux. Et là-haut, au milieu de la place, dressé vers le ciel, sur sa colonne, l'homme au petit chapeau et à la redingote grise, « l'Autre », regarde la nouvelle armée impériale s'avancer en fanfare.

Dix heures et demie, place Vendôme. Tous les regards se fixent sur l'entrée de la rue de la Paix, où retentissent les premières mesures de *La Victoire est à nous*. Un long frémissement parcourt la foule : c'est l'arrivée du cortège. Derrière les cymbales et les trompettes, derrière les Cent-Gardes, ces géants aux cuirasses étincelantes, voici, monté sur un cheval alezan, un cavalier, en uniforme de général, coiffé du bicorne et la poitrine barrée du grand cordon de la Légion d'honneur. En un instant, l'amphithéâtre est debout et crie « Vive l'Empereur ! ». Le cavalier, dans un large salut, tire son épée et l'abaisse devant l'Impératrice. Alors Loulou saute de joie, car cet homme, c'est son père. Un écuyer, pris d'une heureuse inspiration, soulève l'enfant dans ses bras et le place à califourchon sur la selle de Napoléon, contre lui, si bien que le petit prince peut toucher du doigt les aigles que lui tendent les régiments. Le père et le fils semblent unis comme une promesse d'avenir et, aux cris de « Vive l'Empereur ! », s'ajoutent maintenant ceux de « Vive le Prince Impérial ! ». L'enfant ne se lasse pas d'admirer les cuirassiers et les dragons, les hussards aux dolmans hérissés de brandebourgs, les grenadiers aux lourds bonnets à poil, les voltigeurs, les artilleurs avec leurs canons de campagne, les chevaux et les drapeaux. Le spectacle des blessés qui suivent péniblement leurs camarades jette un moment une note de tristesse. Mais lorsqu'on voit apparaître les étendards pris à l'ennemi, de toutes parts jaillissent des cris enthousiastes.

Loulou s'amuse beaucoup en voyant les chasseurs à pied derrière leur mascotte : une chèvre blanche à tête noire. Voici les zouaves barbus ; ils n'ont plus pour étendard qu'une loque sans couleur où brillent des croix ; leurs lignes sont clairsemées, ils ont laissé la place des morts ; et ils ont pour fétiche un petit chien paré de fleurs avec un minuscule drapeau fixé à l'oreille. À cette vue, l'enfant impérial, surexcité, porte la main à son front et salue militairement ; puis il crie « Vive les zouaves ! », arrache de son épaule le cordon de la Légion d'honneur et le leur lance. Un soldat sort des rangs pour l'attraper, le ruban passe de main en main, le long de la colonne ; finalement, le colonel suspend le cordon au drapeau. Alors, c'est une explosion de joie. Ce n'est plus une revue, c'est une émeute. Le défilé s'interrompt. Les soldats brandissent les fez rouges au bout des fusils, les civils agitent chapeaux et mouchoirs. Tous confondent leurs cris dans une acclamation ininterrompue. Spectacle inoubliable qui frappe l'imagination de l'enfant et s'ancre puissamment dans sa mémoire.

À trois ans à peine, Loulou est à l'ouverture de la session législative, dans la tribune de l'Impératrice. La semaine sui vante, dans sa tunique bleue à brandebourgs blancs, il passe la revue des pupilles de la Garde, rangés sur le Carrousel. Le défilé terminé, le petit prince leur offre un banquet aux Tuileries et, en tenant les deux plus jeunes par la main, les conduit dans la galerie où la table est dressée. Son sourire d'enfant touche les Parisiens plus que ne feraient des réformes. Paris et la province s'engouent de l'héritier du trône. On donne son nom à des avenues, on habille les enfants d'un costume de velours noir aux culottes bouffantes comme le sien, on remplace la coupe de cheveux « aux enfants d'Édouard », par la coupe « au Prince Impérial ». Et l'on commence à fredonner la chanson : « Lundi matin, l'Empereur, sa femme et le petit prince sont venus chez moi pour me serrer la pince. Comme j'étais parti, le petit prince a dit : Puisqu'il en est ainsi nous reviendrons mardi... »

Chaque matin, à la belle saison, les promeneurs des Tuileries peuvent apercevoir ce bambin qui guide sa voiture à chèvre sous la garde de sa nurse, miss Shaw, « Nana », comme il l'appelle. Elle adore le petit, l'habille, veille à sa toilette et à sa santé et passe la nuit derrière un rideau, près de son lit. Elle lui apprend aussi l'anglais : « J'aime tant Monseigneur, dit-elle, qu'à cause de lui *I have now two patries.* » Lorsque Nana devra le quitter, Loulou conservera un de ses mouchoirs et un morceau de sa robe de velours qu'il posera plusieurs années sur son oreiller avant de s'endormir.

Eugénie, jeune fille, avait aimé et fréquenté la Côte basque. Elle passe chaque année les premières semaines d'automne à Biarritz, où elle est reçue avec des transports de joie. Autour de la villa impériale, la musique des régiments donne chaque jour un concert et les enfants du pays sont admis à partager les jeux de Loulou. L'Impératrice fait couper pour son fils un costume de matelot dans lequel il est vraiment gentil. Un jour où il est ainsi habillé, il se met à danser au son du piano, exécutant de petits pas, les inventant et les variant avec des mines si drôles que tout le monde éclate de rire et bat des mains. Leurs Majestés l'encouragent, mais l'enfant s'anime, s'exalte et cherche à se faire remarquer de tous. L'Impératrice veut entrer dans la danse et lui montrer quelques pas ; elle le fait d'ailleurs si joliment que l'Empereur ne résiste pas au plaisir de l'embrasser en public. Loulou prend alors un air sérieux et son jeu devient moins franc. On dirait qu'il est jaloux et qu'il veut concentrer sur lui seul l'admiration et peut-être l'affection. Eugénie, qui ne s'est aperçue de rien, continue cette leçon de danse en prenant le bras d'un courtisan, M. de Riencourt. À peine a-t-elle commencé que Loulou se jette sur elle pour l'arrêter et pour tirer Riencourt en arrière jusqu'à ce que celui-ci se laisse tomber par terre, en faisant semblant d'être le plus faible. La scène finit là, mais le petit garçon, de la soirée, ne retrouve plus son enjouement et, pour un mot qu'on lui dit, se met à pleurer à chaudes larmes, inconsolable. Sans doute veut-il que nul autre que son père ne donne le bras à sa mère.

Loulou est aussi un questionneur. Il le montre bien à son médecin, le Dr Barthez, et au général chargé un jour de l'accompagner en promenade de Biarritz à Saint-Jean-de-Luz. Le long du chemin, ils rencontrent pas mal de pauvres. Le général leur jette quelques pièces de monnaie, mais s'impatiente lorsqu'un gamin se met à courir pieds nus après la voiture. Alors, Loulou demande à Barthez :

— Pourquoi pas bottines ?

— Parce qu'il n'a pas de quoi en acheter.

Aussitôt, le petit bonhomme se tourne vers le général :

— Monnaie !

Le général, ne voulant pas lui en donner, cherche à détourner son attention. Mais le petit prince s'obstine, tire le général par la manche et crie au postillon « Au pas ! ». Loulou revient sans cesse à la charge en réclamant « Monnaie ! ». Le général finit par céder et lui remet un peu d'argent pour qu'il le donne au gamin. Mais quand l'incident est clos et que plus personne n'y pense, Loulou se tourne à nouveau vers Barthez et lui dit d'un air sérieux :

— À présent, acheter bottines, bottines.

À trois ans, on affecte à l'enfant impérial une ordonnance, un dragon nommé Uhlmann, qui ne le quittera plus jusqu'à sa mort. Et, à quatre ans, un écuyer lui donne ses premières leçons d'équitation. Ce Bachon est un homme superbe sous le chapeau à plumes noires et la tunique verte brodée d'or.

Avec son accent gascon, il surexcitera bientôt son élève par des récits de chevauchées guerrières. Désormais, c'est sur un poney que les promeneurs voient le petit prince, en veste blanche, culotte blanche et bottes vernies. Il fait le brave, mais Eugénie lui fait remarquer qu'il n'est pas aussi brave qu'il le dit puisqu'il n'ose même pas aller en bateau. C'est vrai, l'approche de l'eau lui cause une sorte de répulsion nerveuse. En entendant sa mère le traiter de peureux devant témoins, Loulou relève le défi et demande qu'on le mette à l'épreuve. L'Impératrice fait alors venir Bachon et le prie de conduire le Prince Impérial à Villeneuve-l'Étang faire une promenade sur l'eau. Bachon ne laisse rien voir de sa surprise ; il emmène l'enfant, va chercher une barque et le prend sous les bras pour le placer à bord. Loulou ne résiste pas, mais son cœur bat fort. En voyant s'éloigner la rive, il oublie sa frayeur et se réconcilie si bien avec l'eau qu'en abordant il dit à Bachon, d'un petit air dégagé : « Monsieur Bachon, ne faisons-nous pas encore un tour ? » Le soir, en revoyant sa mère, Louis lui dit d'un air triomphal : « J'ai remporté une victoire, je suis allé sur l'eau. » À quoi elle répond d'un ton sérieux : « Tu es un brave ! » Et de fait, ce n'est pas un poltron. Comme on lui lit un jour un conte d'enfant surpris par des loups et dévoré, il interrompt le récit et s'écrie : « Pourquoi ce petit garçon ne s'est-il pas défendu ? » On lui répond qu'un enfant isolé ne peut résister à plusieurs loups. « N'importe, réplique-t-il, on se défend toujours. »

Loulou est fier de ses galons de caporal. Quelle n'est pas son émotion lorsqu'il apprend ce que certains journaux disent de lui à propos de ses galons ! Ces journaux, mal informés assurément, racontent qu'à la suite d'une grave irrévérence commise par Son Altesse, l'Empereur lui a retiré les insignes de son grade. Le lendemain du jour où la calomnie se répand, l'enfant, qui se promène à pied en forêt de Fontainebleau, dit à l'officier de service : « Vous lisez les journaux, monsieur ; ils prétendent que j'ai manqué de respect à mon père et à ma mère et que l'Empereur m'a dégradé. C'est bien méchant, cela ! D'autant plus méchant que ce n'est pas vrai. J'aime mes parents par-dessus tout ; quoi qu'ils m'ordonnent, je leur obéirai toujours. Je cherche à faire ce qui leur est agréable. Aussi, je vous assure que j'ai du chagrin que l'on ait si injustement parlé de moi, qui n'ai fait de mal à personne. Vous direz à vos camarades, n'est-ce pas, que le récit des journaux est complètement faux. » En parlant ainsi, le petit prince pleure à chaudes larmes et ne se console que lorsque l'officier lui promet de le justifier devant ses camarades et de le réhabiliter devant l'armée.

Depuis que son fils a quatre ans, l'Empereur l'emmène au camp militaire de Châlons. L'enfant suit d'abord les manœuvres dans une voiture minuscule, mais son père, qui ne sait rien lui refuser, lui permet bientôt de se tenir à ses côtés sur Bouton d'or, un poney des Shetland offert par la reine Victoria. Chaque fois, le petit garçon est ravi de s'entendre saluer par les vivats des vieux grognards. Les hommes raffolent de cet enfant au visage ouvert et plein d'attentions. N'a-t-il pas intercédé auprès de son père en faveur de soldats enfermés à la salle de police, qu'il a vus derrière les barreaux ? Loulou aime aller avec son écuyer d'un cantonnement à l'autre et se tient un peu raide pour ne pas perdre un pouce de sa petite taille. Il pose sans cesse des questions, voulant qu'on lui explique tout. On lui remet plus d'une fois des suppliques ; il les reçoit avec grâce et ne manque jamais de les transmettre à son père. Le maire de Châlons, qui a mis son château à la disposition du maréchal de Mac-Mahon, nous a laissé le récit d'une journée de l'enfant impérial :

« Son Altesse, accompagnée de M. Bachon, son écuyer, et de Mme Bizot, sa gouvernante, est arrivée du camp au château de Juvigny à deux heures trois quarts. La voiture du Prince était attelée de quatre chevaux. Un piqueur marchait en avant ; et deux postillons suivaient à cheval derrière la voiture. Le Prince a été reçu sur le perron du château par Mme la Maréchale et sa famille. La musique du 5ᵉ Hussards arrivée à une heure et demie a salué le Prince en jouant des morceaux de circonstance. Après un moment de repos, S.A.I. est sortie du côté du parc. Nous lui avons été présentés par Mme la Duchesse. Le Prince, habillé en caporal de grenadiers, nous salua avec gentillesse. Mme de Mac-Mahon lui fit faire une promenade dans la grande allée du parc, puis en retournant sur le pont le fit pêcher à la ligne. On avait eu le soin préalable d'attacher des poissons aux lignes qu'il retira de l'eau. Il était tout heureux de ramener du poisson. Après cela eut lieu la collation, puis le tirage d'une loterie dont il gagna le gros lot, bien entendu. Le Prince vint de nouveau sur le pont, recommença la pêche miraculeuse, puis on fit une partie de chasse. Six lapins que j'avais pris la précaution de tuer furent déposés dans le taillis. Le Prince et le jeune Mac-Mahon tirèrent sur le gibier. Ils tirèrent chacun trois pièces et furent enchantés de leur adresse. Un domestique avait le soin au moment de l'explosion du fusil de bois *(sic)* de se jeter sur l'innocent animal et de lui faire opérer un mouvement pour simuler la fuite, puis le remettait au Prince tout joyeux de sa proie. Après une nouvelle promenade en voiture à bras, le Prince rentra dans le salon, il alla faire pipi dans la chambre de Mme Croissant, puis remonta en voiture, emportant trois lapins, dont un de Sibérie ; le lendemain, ils furent servis à la table de l'Empereur. Il réclama aussi le poisson dont la conquête lui avait été si facile. Le monde accouru pour voir le Prince le salua à son départ. Il envoyait des baisers et retirait son chapeau à cornes à la manière de l'Empereur. C'est un charmant enfant. Il repartit à cinq heures. »

À Châlons, Loulou occupe une baraque voisine de celle de l'Empereur. Une nuit, une sentinelle jette l'alarme en criant : « Au feu ! » L'incendie vient de se déclarer dans le bâtiment où dort le petit caporal : une femme de service a laissé une bougie allumée, des étoffes se sont enflammées, et le feu s'est communiqué aux rideaux. Le camp se réveille dans l'angoisse, mais Napoléon arrive le premier auprès de son fils et, le prenant endormi dans ses bras, va le coucher dans son propre lit. L'Empereur est si ému qu'il croit ne plus entendre la respiration de l'enfant et qu'il envoie chercher Larrey, le chirurgien en chef de l'armée.

Chaque soir, même pendant les manœuvres, Loulou va embrasser son père. Un jour où l'Empereur dîne avec des généraux, l'enfant arrive au moment du dessert. Le général Randon, ministre de la Guerre, assis à la droite de Napoléon, dit tout bas au petit prince :

— Monseigneur, on va servir le champagne ; voulez-vous que nous portions un toast à la santé de l'Empereur ?

L'enfant acquiesce du regard. Tandis qu'on emplit les coupes, il ne dit mot, mais soudain, saisissant la coupe de son père, il la lève en criant de toutes les forces de sa petite voix : « À l'armée ! »

Une autre fois où, comme d'habitude après le déjeuner, il est assis sur les genoux de l'Empereur :

— Tu vas t'amuser ce soir, lui dit Napoléon, un officier va te montrer les images à la lanterne magique.

L'enfant écoute sans rien dire, descend des genoux de son père, et se dirige vers la porte.

— Où vas-tu ? demande l'Empereur.

— Papa, je reviens tout de suite.

Quelques minutes plus tard, il rentre, en effet, et reprend sa place sur les genoux de son père.

— Eh bien, Louis, me diras-tu d'où tu viens ?

— Papa, je suis allé inviter miss Shaw à la lanterne magique de ce soir.

— Ah bon ! fait Napoléon en riant. Si tu as des invitations à faire aux dames…

Et le soir, Loulou va chercher sa nurse et la place avec cérémonie au milieu des officiers. Nana rayonne de bonheur.

Quelques semaines plus tard, de retour aux Tuileries, miss Shaw, qui couche dans une chambre voisine de celle de Louis, se réveille une nuit et, mue par on ne sait quel instinct, se lève et va voir dans la chambre de l'enfant. Son lit est vide, la porte grande ouverte. Une bougie posée sur le sol éclaire faiblement la pièce voisine ; le petit est agenouillé, en chemise de nuit, devant un coffre contenant des effets personnels de Napoléon Ier. Loulou serre contre lui l'épée d'Austerlitz et appuie la tête contre la vieille redingote grise de son grand-oncle.

Le petit prince n'est jamais aussi heureux qu'au milieu des enfants de troupe de son régiment. Un jour où l'Empereur vient le voir s'entraîner aux mêmes exercices qu'eux, le capitaine, qui a donné les ordres, dit, très ému :

— Qui sait si, parmi ces enfants, ne se trouvent pas les plus fermes soutiens du trône de celui qui sera un jour Napoléon IV… le plus tôt possible ?

Et l'Empereur, surpris, l'interrompt :

— Comment, le plus tôt possible ?

Pour son cinquième anniversaire, on réunit trois cents de ces enfants de troupe, en tenue et en armes, dans la cour des Tuileries. À midi, ils se forment en bataille, face au pavillon de l'Horloge. Alors paraît l'Empereur, en civil, tenant par la main son fils en uniforme de caporal. Loulou prend place dans les rangs et l'adjudant-major fait exécuter quelques mouvements. Le petit prince manie bien son fusil miniature, un modèle réduit fabriqué spécialement pour lui, mais se montre peut-être un peu faible aux exercices d'escrime à la baïonnette. Qu'importe, il ne se trouble pas et garde l'œil fixé sur son voisin, pour l'imiter. Lorsque vient l'heure du repas, on fait entrer tous les enfants dans le palais, où les attend un bon déjeuner. Loulou s'assied parmi eux, ainsi que ses parents, les colonels de la Garde et plusieurs aides de camp. En se mettant à table, les enfants crient : « Vive le Prince Impérial ! » Le repas commence ; soudain, on entend la voix fluette d'un enfant qui se lève et se tourne vers l'Empereur :

— Sire, il y a longtemps que le Prince est caporal de grenadiers. Nous aimerions le voir sergent de voltigeurs.

L'Empereur s'apprête à répondre, lorsqu'un colonel se lève à son tour avec l'évidente intention d'appuyer la requête de façon courtisane. Le devinant, Napoléon l'arrête par ces mots :

— C'est bien, colonel, je me charge de son avancement.

Les photos et les images d'Épinal popularisent le costume sous lequel Louis traverse souvent les Champs-Élysées et l'avenue de l'Impératrice — l'actuelle avenue Foch : chaussettes rouges, jupe écossaise à petits plis, jaquette de velours noir barrée par la grande écharpe, toque ornée d'une plume de coq. Dès son apparition, ce costume, imaginé par l'Impératrice au retour d'un voyage en Écosse, fait fureur et les promenades de Paris sont sillonnées d'enfants portant le kilt, même le poignard.

Le petit prince est souvent détourné de ses jeux pour participer à des cérémonies officielles. Quand les envoyés de la Savoie, annexée à la France, viennent présenter à l'Empereur les vœux de ses nouveaux sujets, le comte de Bellecombe, chef de leur délégation, après s'être adressé aux souverains, se tourne vers Loulou :

— Et vous, Monseigneur, qui êtes destiné à continuer tant de grandeur, nos enfants vous seront dévoués comme nous le sommes à l'Empereur, votre glorieux père. À peine de retour dans nos montagnes, nous répéterons avec eux ce cri qui déjà remplit nos cœurs : Vive le Prince Impérial !

En 1861, le petit garçon assiste aux Invalides à l'inauguration du mausolée de Napoléon Ier. La famille impériale prend place dans une tribune élevée au balcon de la crypte des Invalides. Le cardinal Morlot va dans une chapelle voisine faire la levée du cercueil que les Cent-Gardes descendent jusqu'au mausolée de porphyre entouré des drapeaux pris à l'ennemi. Derrière eux, le maréchal Vaillant porte l'épée d'Austerlitz ; le maréchal Magnan, les insignes de la Légion d'honneur ; l'amiral Hamelin, le chapeau de la bataille d'Eylau. Puis Napoléon, Eugénie, Louis et les autres princes de la famille descendent dans la crypte tendue de noir pour jeter de l'eau bénite. Avant de partir, l'Empereur décore quelques braves, réunis dans la cour, de vieux soldats du temps de « l'Autre » ; Loulou l'accompagne avec curiosité et se montre déjà avide d'entendre parler de son oncle.

Quelques mois plus tard, l'enfant — il n'a encore que cinq ans — assiste à un spectacle encore plus étonnant. Au moment où la Cour s'apprête à quitter Fontainebleau, on apprend l'arrivée prochaine d'une ambassade du Siam. Les deux rois qui règnent ensemble sur ce pays, effrayés par le sac du palais de Pékin et par les projets français sur la Cochinchine et le Cambodge, ont décidé d'envoyer à Napoléon des ambassadeurs chargés de présents. Aussitôt, on fait préparer la salle du Trône. Sous un dais de velours, on dresse une estrade avec trois fauteuils en bois doré où Loulou prend place avec ses parents. Lorsque l'Empereur fait signe au grand maître des cérémonies de faire entrer les ambassadeurs, les regards se fixent sur la porte. Et le petit prince voit apparaître douze étranges personnages coiffés de chapeaux pointus garnis d'or ciselé, chaussés de babouches étincelantes de diamants et vêtus de longues robes de soie jaune. Derrière eux, un missionnaire sert d'interprète. Tous les douze se prosternent, mais, au lieu de se relever, les voilà qui traversent la galerie en rampant jusqu'à l'estrade, en s'aidant des genoux et des coudes. Ils gardent les mains jointes, sauf le premier, qui tient une large coupe où il y a deux boîtes contenant chacune la lettre d'un des rois du Siam. Arrivé aux pieds de Napoléon, le premier ambassadeur se prosterne trois fois avant de lui tendre la coupe. L'Empereur prend les boîtes et donne les lettres à l'interprète, puis répond en quelques phrases. Loulou croit que les ambassadeurs vont alors se relever et partir plus lestement. Mais quelle n'est pas sa surprise en les voyant gagner la sortie à reculons et toujours en rampant comme ils sont venus. On lui explique que c'est par politesse, pour ne pas tourner le dos à son père.

Le peuple plaint le petit prince, si jeune, d'être déjà soumis à l'étiquette, comme dans une prison dorée. Mais, si on le plaint, c'est qu'on l'aime. Cela, l'enfant le sent bien ; en fait, c'est même la seule chose qu'il sache des gens, car il vit en reclus, loin du monde, comme le prince enchanté d'un conte de fées. De ses fenêtres du palais des Tuileries, il voit une vraie rue, la rue du Bac, avec des boutiques, des omnibus et des passants et voudrait se mêler à eux : ne sont-ils pas son peuple ?

Une fois par jour, il traverse Paris en calèche. C'est pour aller à Bagatelle, une superbe propriété en plein bois de Boulogne, qui appartient à lord Hertford, ami de longue date de son père. Comme le parc du château est entièrement clos de murs, Loulou peut y jouer en toute sécurité avec son compagnon inséparable, le petit Louis Conneau, fils du médecin de l'Empereur. Lord Hertford a dessiné une immense pelouse entourée d'allées sinueuses, créé des étangs, des grottes, des cascades et transporté le kiosque d'un pavillon de bains chinois. Puis il a fait construire une orangerie et des écuries pour trente chevaux. Et, comme il se prend d'affection pour le Prince Impérial, il va lui faire établir un manège pour ses leçons d'équitation.

Eugénie fait à Loulou un signe de croix sur le front, précaution qu'elle n'oublie jamais depuis qu'avec l'Empereur elle a miraculeusement échappé à un attentat, et le voilà parti en voiture avec Conneau, Nana et un postillon en tenue vert et or. La voiture, sortie des Tuileries par la voûte du pavillon de l'Horloge, traverse le jardin pour gagner la place de la Concorde. Bachon, l'écuyer, cavalcade à la portière de droite et l'officier commandant l'escorte, à celle de gauche. Les Parisiens s'habituent à voir passer sa calèche au galop, entourée de spahis aux longs manteaux rouges. Au milieu de ces hommes du désert au visage bronzé, l'enfant aux yeux bleus ressemble à un prince des Mille et Une Nuits emmené par des magiciens. Et lorsqu'il entend des vivats, son visage s'éclaire de plaisir et il soulève son petit képi pour saluer les badauds. Au retour, la calèche rentre par le quai longeant la terrasse des Tuileries, franchit le guichet qui existe alors en face du Pont-Royal et vient s'arrêter devant le pavillon de Flore. Le peloton de cavalerie se range devant le perron pour rendre les honneurs et le lieutenant ordonne :

— Présentez, sabres !

L'enfant impérial met pied à terre et gravit les marches ;

puis il se tourne vers l'officier, se découvre et s'incline en disant :

— Merci, lieutenant.

Louis a parfois l'autorisation de sortir dans Paris en voiture avec une de ses gouvernantes ou sous-gouvernantes. Un jour qu'il se promène avec Mme Bizot et que les têtes se découvrent sur son passage, il ne peut réprimer un geste de lassitude :

— Madame, c'est fatigant de saluer si souvent.

— Oui, mais ils vous aiment tant, Monseigneur.

— C'est vrai.

Reprenant son sourire, il répond à tous les saluts. Cependant, une autre fois, se trouvant en calèche avec Mme de Brancion, il remarque avec étonnement un groupe d'hommes qui, à son passage, gardent obstinément leur chapeau sur la tête :

— Ils ne sont guère polis, ceux-là, dit-il. Pourquoi donc ne me saluent-ils pas ?

C'est comme la première éclaboussure de l'opposition. Mme de Brancion, embarrassée, lui explique de son mieux :

— Ces gens-là ont apparemment leurs préférences. Ils ne vous connaissent pas bien ; ils ne savent pas vos sentiments.

— Eh bien, dit l'enfant, il faut leur faire savoir que je les aime, que je les aime tous !

Aller à Paris sans escorte, n'avoir pas à saluer, voir les magasins de près et s'arrêter à leurs devantures, quel plaisir pour Louis ! L'Empereur lui permet un jour d'accompagner jusqu'à la gare de Lyon M. et Mme Conneau qui y conduisent leur fils. Le train parti, le petit prince, mis en goût par cette promenade incognito, désire rentrer à pied aux Tuileries. Le Dr Conneau hésite, mais finit par céder devant l'insistance de l'enfant. On reprend la route du palais. Cette fois, la réalité dépasse le rêve : quelle joie de marcher dans la rue ! Rue de Rivoli, on longe le magasin de Caumont, le coiffeur de l'Empereur. Louis déclare qu'il veut entrer. Désirant offrir à la mère de son ami un souvenir de cette promenade, il se fait montrer tous les objets, grands et petits, qui se trouvent en vitrine. Rien ne lui semble assez beau quand, remarquant un carton resté dans un coin, il va l'ouvrir. C'est là que Caumont enferme les bibelots de second choix. Louis y découvre deux flacons en verre jaune sur lesquels l'Arc de Triomphe et la colonne Vendôme sont peints et, enthousiasmé de sa trouvaille, il les offre à Mme Conneau

Loulou accompagne ses parents dans tous leurs déplacements. La cour impériale séjourne au château de Saint-Cloud et à celui de Fontainebleau depuis le début du printemps jusqu'au milieu de l'été. À Fontainebleau, on organise des promenades en char à bancs dans les environs, on canote sur les étangs où le Prince Impérial fait flotter un superbe trois-mâts.

Vers le 15 août, on part pour Biarritz, où l'Impératrice a fait construire une grande villa, la villa Eugénie. On y va en train impérial, huit voitures de chemin de fer, les deux premières pour les domestiques et les bagages, la troisième est une salle à manger, la quatrième un fumoir, la cinquième est le salon privé de Leurs Majestés, l'avant-dernière leur sert de chambre à coucher et le dernier wagon est celui du Prince Impérial. Loulou se plaît beaucoup à Biarritz. En costume marin, il joue avec les enfants du pays, invite à dîner ses petits camarades et Napoléon fait préparer pour eux un mélange de champagne et de limonade. En ville, celles des femmes qui peuvent s'approcher du petit prince lui présentent leurs bébés à bout de bras, pour qu'il les touche du doigt ; et celles qui sont trop loin font le geste de lui envoyer un baiser.

L'enfant impérial, qui déconcerte ses maîtres parce qu'il donne l'impression de ne pas écouter les leçons qui l'ennuient, harcèle tout le monde de questions sans fin dès qu'un sujet l'intéresse. Un jour, à Bayonne, voyant un voilier chargé d'émigrants, il demande :

— Pourquoi ces pauvres gens partent-ils ? Où vont-ils ? Comment sont-ils installés à bord ? Comment vivront-ils là-bas ? Que feront-ils ? Reviendront-ils en France ? Resteront-ils français ?

Et, lorsqu'il ne peut plus rien tirer des adultes, Loulou s'enferme dans un silence songeur.

Un après-midi, l'Impératrice l'emmène pour une promenade en mer. L'heure du souper est passée depuis longtemps et l'Empereur, resté à la villa Eugénie, commence à s'inquiéter, lorsqu'on lui annonce que sa femme et son fils ont fait naufrage. La mer est forte, le bateau a dérivé vers Saint-Jean-de-Luz et le pilote a manqué l'entrée du port. On a mis un canot à la mer, mais il s'est échoué sur les rochers ; il fait nuit noire et les lanternes se sont cassées sous le choc. Tout le monde s'agite dans la confusion, tandis que déferlent les vagues. Eugénie serre son fils contre elle :

— N'aie pas peur, Loulou.

— Un Napoléon n'a jamais peur, répond le petit garçon.

Un des marins le porte sur son dos pour franchir les rochers, trempé, mais couvert de gloire.

Le septième anniversaire de Louis est marqué par une revue de trois cents enfants de troupe auxquels sont mêlés ses amis Jules Espinasse en zouave, Scipion Corvisart en chasseur à pied et Louis Conneau en grenadier. Tous ces guerriers sont en tenue, sac au dos, sous le regard du maréchal Regnaud de Saint-Jean-d'Angely, entouré de son état-major. À trois heures et demie, l'Empereur sort des Tuileries, tenant son fils par la main, et la manœuvre commence : maniement d'armes, escrime à la baïonnette, marche en colonne, déploiement en tirailleurs. Après le défilé qui termine l'exercice, on forme les faisceaux et la petite armée pénètre dans le palais où l'attend une collation. Le lendemain, tous se rendent au théâtre du Châtelet pour une représentation de *Marengo*, pièce à grand spectacle avec de vrais fusils, des coups de canon et des batailles livrées sur scène. À l'entracte, Loulou sort de la loge impériale où il se trouve avec Conneau, Corvisart et Espinasse et descend à l'orchestre pour se mêler à ses petits camarades. Tout le monde se lève pour mieux le voir et lui fait une ovation.

Cette journée de mars 1863 va faire date dans la vie du

Prince Impérial car, désormais, on l'enlève aux femmes pour le confier à un précepteur. On lui laisse Nana, qui est comme sa seconde mère, mais ses trois gouvernantes lui font leurs adieux. Pour précepteur, on agrée un certain François Monnier, professeur au collège Rollin, sur la recommandation de Mme Cornu. C'est une petite dame bossue et intelligente, fille d'une femme de chambre de la reine Hortense ; elle a beaucoup aidé l'Empereur lorsqu'il était prisonnier à Ham en lui apportant de la documentation et en prenant pour lui des notes dans les bibliothèques ; et Napoléon a toute confiance en elle.

Ce Monnier est un homme timide et bon avec un esprit indépendant, bref, le contraire d'un courtisan. Il a tôt fait de comprendre que Loulou, peu doué pour l'étude, ne fixe son attention qu'à condition de comprendre à quoi cela sert et, plutôt que de le fatiguer avec de la théorie, il préfère instruire son élève au cours de longues promenades. Devant les monuments, Monnier évoque les événements historiques, souligne les particularités de l'architecture, et dessine les dates sur le sable des allées. Au bois de Boulogne, ils parlent de l'oxygène, de la respiration et Monnier lui apprend qu'en latin un arbre se dit *arbor* et un chêne *quercus*. Loulou échappe souvent à M. Monnier pour grimper dans les branches ; en le voyant haut perché, le précepteur saisit l'occasion pour lui rappeler une règle de grammaire latine : « *Cave ne cadas* », crie-t-il à son élève. Ou bien, si l'élève veut interrompre un exercice de calcul un peu trop long et lui demande :

— Monsieur Monnier, est-ce que je peux dessiner un petit oiseau ?

— Dessinez, Monseigneur, répond-il avec indulgence.

Loulou va s'attacher à son maître au point d'adopter son écriture : une écriture un peu étrange, il est vrai, une série de petits bâtons parallèles bien alignés ; non seulement les lettres du même mot ne sont pas liées entre elles, mais les jambages d'une même lettre n'entretiennent aucun rapport les uns avec les autres. C'est seulement beaucoup plus tard que le Prince Impérial se fera une écriture à lui, menue, allongée.

Bientôt, Eugénie fait aménager pour son fils un appartement au pavillon de Flore. Ce sont trois salons en enfilade au rez-de-chaussée. La chambre à coucher, capitonnée de satin bleu, porte la marque de la bigoterie maternelle : médailles de la Vierge, croix de toutes sortes, bouquets de buis béni et même une chapelle de style byzantin, avec peintures sacrées sur fond d'or et d'émail. Signe plus personnel, on trouve dans l'embrasure des fenêtres de petits fauteuils, des chaises lilliputiennes, des réductions de canapés, meubles de sa première enfance dont Louis ne veut pas se séparer. La salle d'études est dans une pièce d'angle, avec trois grandes fenêtres, chacune ayant une vue différente. Aux murs, tapissés de blanc et or, sont accrochés les portraits de sa mère, de Napoléon Ier et de Mme de Montijo *. En face, des lithographies représentent son poney, Bouton d'or, Finette et Finaud, ses épagneuls, ainsi que la tête du cheval de son père.

Sur la cheminée, une pendule rocaille indique les heures par la rotation d'un globe bleu constellé d'or. Entre deux fenêtres, une bibliothèque contient les livres, jaunis par le tabac, que Napoléon Ier avait fait venir à Sainte-Hélène, ainsi qu'une collection d'ouvrages anglais, langue que Loulou parle assez bien grâce à la fréquentation de Nana. Dans une armoire vitrée, l'enfant peut voir le bicorne, l'épée et la redingote grise du Petit Caporal. Sur le bureau à tiroirs, en acajou, une écritoire de porcelaine avec un arsenal de porte-plume et de crayons. C'est là que, l'après-midi, Loulou fait ses devoirs, côte à côte avec Louis Conneau, sur des tables jumelles.

Loulou est beaucoup plus intime avec ses parents que ne le sont les enfants des familles riches, souvent internes dans des collèges de province. À huit ans, il est admis à dîner avec eux

* L'Empereur, redoutant les intrigues de sa belle-mère, lui avait fait comprendre, dès la première année de son mariage, que sa présence n'était pas souhaitée à la Cour, et s'était employé à espacer le plus possible ses visites à Paris. Le Prince Impérial, qui aimait bien sa grand-mère et souffrait de cet ostracisme, entretint avec elle une correspondance épisodique.

les jours ordinaires. Il porte alors une blouse blanche, une culotte de velours noir avec des bretelles, un nœud papillon et des chaussettes rouges. À table, on parle rarement de politique à cause des domestiques, mais plutôt des faits divers du jour. L'Empereur aime raconter des anecdotes et souvenirs de jeunesse, surtout les moments les plus dangereux de sa vie :

— Tiens, le docteur Conneau, il est mon ami depuis trente-six ans. C'est à Rome que j'ai fait sa connaissance. Souviens-toi de l'insurrection où j'ai combattu aux côtés de ton oncle Napoléon-Louis. Eh bien, Conneau a risqué les galères pour soigner en cachette un conspirateur qui avait reçu cinq coups de baïonnette. Ensuite, le bon docteur est devenu le médecin de ma mère ; et il a adouci ses derniers moments en lui promettant de rester toujours mon ami.

— Mais, papa, comment vous a-t-il aidé à vous évader du fort de Ham ?

— C'est un vrai drôle, le père de ton ami ! Il a joué à mon geôlier un tour pendable. Sur mon lit, il a installé un mannequin pour me remplacer. Il lui a mis mon bonnet sur la tête et lui a tourné le visage contre le mur. Et puis il s'est mis à lui parler à voix basse, comme à un homme très fatigué. Pendant ce temps, depuis deux bonnes heures déjà, je filais sur la route de Valenciennes.

— Et combien de temps a-t-il ainsi réussi à donner le change ?

— Jusqu'à sept heures du soir. Assez pour que je me trouve en sécurité de l'autre côté de la frontière belge. Car ce diable d'homme a poussé la comédie jusqu'à composer avec les fioles et les tubes de mon laboratoire un épouvantable mélange. Du pain bouilli et des déjections arrosés de café et d'acide nitrique.

— Pourquoi cela ?

— Pour faire croire à une purge à l'huile de ricin, comme si j'étais vraiment malade.

À table, Eugénie n'est pas toujours commode. Un soir, où l'on s'est mis à parler du pouvoir temporel du Pape et des États pontificaux, dernier obstacle à l'unité italienne, elle dit de telles insultes au Dr Conneau que Napoléon se lève, prend Loulou par la main, et quitte la pièce.

Un autre soir, l'Empereur, en veine d'histoires drôles, raconte à Louis celle du mariage de lord Hertford, le propriétaire de Bagatelle :

— La dame en blanc, tu sais, qui vit avec lord Hertford, a cru être sa femme, mais n'est pas vraiment sa femme. C'était une jeune fille française, romanesque, qui avait beaucoup lu Walter Scott. Lorsque lord Hertford lui a proposé de l'enlever et de l'épouser secrètement dans son château, son cœur ingénu n'a pu résister. Elle a accepté et l'a suivi en Angleterre.

— Et alors, papa ?

— Il y a bien eu une cérémonie de mariage en grand mystère, la nuit, à la lueur des chandelles. Éblouie, elle se voyait déjà marquise et châtelaine.

— Ils sont donc mariés !

— Non, ce n'était qu'un simulacre de mariage, célébré par un valet de lord Hertford déguisé en clergyman.

— Ce n'est pas une histoire pour enfants, remarque Eugénie. D'ailleurs, Louise a pardonné à Richard ce stratagème qui n'est pas très convenable. Et puis, elle est si discrète !

Souvent, au dîner, Napoléon laisse son fils se mêler à la conversation et s'amuse même à l'interroger gravement :

— Qu'en pense Monsieur Loulou ?

Et il ajoute, mi-rieur, mi-affectueux : « J'aime tant écouter ses avis ! » Lorsque le petit prince récite, après le dîner, de sa jolie voix, sa fable préférée, ceux qui l'écoutent se sentent émus devant sa grâce enfantine :

« *Mortellement atteint d'une flèche ennemie,*
Un oiseau déplorait sa triste destinée. »

Le dimanche, Loulou reçoit ses camarades. Outre Louis Conneau et Jules Espinasse, il y a aussi son cousin Joachim Murat, Jean de Persigny, Pierre de Bourgoing, le fils de Mme Bizot, son ancienne sous-gouvernante, les deux fils du

Dr Corvisart, ceux du général Fleury, aide de camp de son père, et les deux frères La Bédoyère. Tous l'appellent « Prince » ou « Monseigneur » et aucun ne le tutoie, car c'est une règle absolue de l'étiquette : on ne tutoie pas le Prince Impérial et lui-même ne tutoie personne. Mais tout ce petit monde va jouer à la bataille avec des balles en peau sur la terrasse des Tuileries au bord de l'eau. Napoléon y a fait construire pour eux par le Génie un fort en miniature avec un fossé qu'on peut franchir d'un bond. Et Loulou sait être aimable avec chacun, s'excuser pour réparer une faute ou faire oublier une parole désobligeante. Si le temps se couvre, il emmène toute la bande au pavillon de Flore et à travers les salons du palais. On court autour des meubles, on pousse des cris, on souffle dans des cors imaginaires, on tape des pieds. Si les portes sont restées ouvertes, cela fait un tel vacarme que l'Empereur en est parfois incommodé. Il dit d'un air résigné : « Quel bruit ils font ! »

Ce sont des parties de cache-cache dans les couloirs sombres du palais. Les enfants se poursuivent jusque dans les grandes salles de réception. On les entend crier au milieu des éclats de rire : « Attention ! vous allez faire crouler le trône ! »

Les bals costumés sont alors tellement en vogue qu'on en donne aussi pour les enfants. Le plus charmant a lieu chez le général Fleury. Eugénie emmène Loulou costumé en pierrot de satin blanc. Autour de lui, on danse, on saute, on galope et on applaudit aux exploits de Guignol. Le fils du directeur des Postes est venu habillé en facteur et sa jeune sœur figure une lettre ; tous deux distribuent un calendrier baptisé « Almanach du Prince Impérial ». Les amis de Louis sont là, en pêcheurs napolitains, en petits marquis, en Écossais miniatures, en minuscules gardes françaises de l'Ancien Régime ; Nina Vimercati est en Espagnole, Eugénie Walewska en papillon. Le clou de la fête est l'arrivée inattendue d'un colossal œuf de Pâques qui déchaîne l'enthousiasme en laissant échapper de ses flancs des centaines de joujoux.

Napoléon est ravi des manières turbulentes de son fils et de la gaieté de ses farces. Il l'appelle « le bougillon ». Cet homme impénétrable, avec son air de fumeur d'opium, oublie ses soucis en regardant jouer son petit garçon aux joues roses, aux cheveux bouclés et aux yeux caressants, l'air un peu indolent dans son veston et son pantalon de golf en velours noir, sa chemise blanche et ses chaussettes rouges. Loulou vient souvent le voir dans son bureau, et, après les caresses accoutumées, se met à toucher à tout. C'est ainsi qu'une fois il laisse tomber et brise la tasse d'un service de Sèvres auquel l'Empereur tient beaucoup parce qu'il a servi à Napoléon Ier à Sainte-Hélène. Son père, contrarié, ému même, sonne l'huissier de service et dit : « Emmenez le Prince » — c'est là toute sa colère — puis il ramasse lui-même les débris de la tasse et constate avec chagrin qu'elle ne peut être réparée.

Un jour où Loulou est venu avec Nero, son grand chien braque, celui-ci monte sur le fauteuil où est assis l'Empereur qui se fait petit pour que le chien soit mieux à son aise. La bête s'endort dans la pièce surchauffée et, en dormant, pousse Napoléon de ses pattes. L'Empereur finit par se lever et lui cède la place.

— Laissez, ne le dérangez pas, il dort si bien ! dit-il à un aide de camp qui veut s'interposer.

Une autre fois, au cours d'une dispute avec la fille de la princesse de Metternich, la fillette donne une gifle à Loulou au salon, devant beaucoup de monde. Le petit garçon devient tout rouge ; pour ne pas céder à la tentation de rendre le soufflet, il recule de quelques pas et, toisant son adversaire, lui dit :

— Mademoiselle, ce que vous venez de faire est très vilain. Vous mériteriez que je vous le rende ; mais je ne dois pas, parce que vous n'êtes qu'une petite fille.

Est-ce pour se venger que, le lendemain, il joue du tambour pendant que la princesse de Metternich donne la comédie ? La dame n'est pas très patiente et le met à la porte. « Vous avez bien fait », lui dit Napoléon ; mais, le soir, il confie que « la princesse a été trop dure avec Louis ».

L'Empereur, qui a fait réaliser par un peintre une série de figurines coloriées pour représenter les costumes militaires, permet à son fils de les regarder dans la vitrine, à condition de ne pas y toucher. L'enfant, qui les dévore des yeux, a un désir fou de les tenir dans la main. Voyant que la clef est restée sur l'armoire, il ouvre la boîte aux trésors, pose les soldats sur le plancher et se met à jouer avec eux, couché à plat ventre par terre. À ce moment, la porte s'ouvre, un gros homme entre et, heurtant le petit prince, tombe sur l'armée française qu'il piétine et démolit presque entièrement. C'est le général Lebœuf. Le lendemain, un domestique retrouve dans la vitrine les soldats rafistolés tant bien que mal et croit devoir prévenir l'Empereur. Napoléon, qui aimait beaucoup cette collection, fait venir Loulou, présumé coupable ; l'enfant avoue. « Mais, lui dit son père, tu l'as donc fait exprès, il est impossible qu'un seul faux mouvement en ait cassé autant. Voyons, dis-moi comment cela est arrivé. » Comme Loulou persévère dans son mutisme, Napoléon s'étonne de son entêtement et raconte la chose à la princesse Mathilde. Le petit prince, pris à part, confie alors à sa tante que c'est le général Lebœuf, mais lui fait promettre de ne pas le répéter à son père.

On a appris à Loulou à baiser la main des dames, mais il lui arrive de se tromper et de baiser aussi celle du prince Napoléon. L'Empereur rit, mais l'Impératrice, mécontente, bouscule l'enfant. « Papa, elle me fait mal ! » crie le pauvre Loulou, mais Eugénie l'envoie en pénitence. D'ailleurs, cet oncle — celui qu'on appelle Plon-Plon — est la seule personne à résister au charme de l'enfant. Avec son vaste crâne et son menton accusé, son regard pénétrant et ses lèvres minces, il ressemble étrangement à « l'Autre », à Napoléon Ier. Il est persuadé que Napoléon III est un bâtard et que c'est à lui que le trône aurait dû revenir de droit. D'où son dépit contre son cousin et plus encore contre son neveu, qui l'a privé de la succession au trône. Un soir, à Compiègne, le prince Napoléon se trouve seul avec Loulou dans un salon avant le dîner. N'ayant rien à se dire, ils se préparent à rejoindre les autres membres de la famille. Le Prince Impérial, dès son plus jeune âge, a le pas sur tous après l'Empereur et l'Impératrice, mais on lui a recommandé beaucoup de déférence envers son oncle irascible. À la première porte, Louis, par politesse et par crainte, s'efface pour le laisser passer :

— Continue, dit le prince Napoléon avec impatience.

De même, à la porte suivante, l'enfant recule et veut s'effacer. Son oncle lui fait signe à nouveau d'avancer.

— Marche donc, lui dit-il, presque en aboyant.

À la troisième porte, la dernière avant la salle à manger, Loulou essaie encore de laisser son oncle passer le premier. Alors, d'un revers de main, le prince Napoléon envoie bouler l'enfant dans la pièce. Évitant tout juste de s'étaler sur le parquet, Loulou court se réfugier auprès de son père. Le lendemain, l'Empereur caresse les cheveux de son fils et lui pose une devinette :

— Louis, sais-tu quelle différence il y a entre un malheur et une catastrophe ?

— Non, papa.

— Eh bien, si ton oncle Plon-Plon tombe dans un puits, c'est un malheur ; mais, s'il en réchappe, c'est une catastrophe.

Que, malgré la flatterie des courtisans, le petit prince ne soit pas devenu vaniteux, il le doit autant à la ferme conduite de sa mère qu'à son propre bon sens. « J'aime bien papa, j'aime bien maman, dit-il. Seulement, maman voit tout et papa pense, alors il ne voit pas tout. » Et, bien sûr, le garçon préfère son père. Sa mère désire surtout en faire un homme. Dépitée de le voir si petit, elle le mesure sans cesse. Non seulement elle veille à la hauteur de ses talons et à l'épaisseur des semelles de ses chaussures, mais elle voudrait l'allonger en dépit de la nature. Elle lui fait boire un philtre composé par on ne sait quelle sorcière ; du coup, le petit attrape la colique, accompagnée de vomissements ; Nana veut avertir l'Empereur et Eugénie a fort à faire pour l'en empêcher.

Moins indulgente que Napoléon, elle se sent obligée d'être sévère avec son fils ; elle ne le caresse guère et ne souffre pas qu'il soit dorloté. Comme Loulou entre au salon en montrant une belle boîte de chocolats qu'il vient de recevoir, elle lui dit d'en offrir à chacun des invités. À mi-chemin, la tentation est trop forte : le petit prince met un morceau dans sa bouche ; aussitôt, Eugénie le lui fait cracher et lui retire la boîte.

Napoléon raffole des cèpes à la provençale. Un soir où la princesse Mathilde reçoit l'Empereur, l'Impératrice et le Prince Impérial à dîner dans son château de Saint-Gratien, près de Montmorency, on sert justement des cèpes à la provençale, parfumées à l'ail. Napoléon et Eugénie se servent abondamment. Puis le valet présente le plat à Louis qui le regarde, les yeux brillants de désir. Mais Eugénie, toujours attentive, lui dit :

— Louis, ne touche pas aux cèpes, c'est un plat trop lourd pour les petits garçons.

Loulou se défend et répond avec un regard éploré :

— Mais, maman, ils ont l'air tellement bons !

— Monsieur, dit l'Impératrice au précepteur de Louis, je vous prie, dites-lui de ne pas y toucher.

Naturellement, le précepteur obéit et le pauvre enfant, au bord des larmes, rend son assiette au valet, avec ces mots :

— Reprenez les cèpes, mais gardez-les pour moi jusqu'à ce que j'aie l'âge d'y goûter.

Napoléon éclate de rire, mais Eugénie reste inflexible et Louis doit se contenter d'une pomme pendant que ses parents se régalent de leurs cèpes à la provençale.

La semaine suivante, aux Tuileries, comme l'astronome Le Verrier, vantant ses découvertes devant un groupe d'admirateurs, trace une sorte de carte du ciel, Loulou lui pose des questions naïves, que le savant affecte de prendre au sérieux. L'Impératrice, venant à eux, leur demande :

— De quoi parlez-vous donc ?

— Madame, répond Le Verrier, Son Altesse Impériale daigne m'exposer ses idées sur l'astronomie. Elles sont très remarquables.

Le petit rougit d'aise. Eugénie fronce le sourcil.

— Ah, Monsieur, s'écrie-t-elle, ne flattez pas cet enfant qui, malheureusement, n'entend jamais la vérité. Ses idées sur l'astronomie ! Je devine ce qu'elles peuvent être !

Et, saisissant son fils par la main, elle le mène à miss Shaw :

— M. Le Verrier est bien bon de t'écouter. Tu n'es qu'un petit garçon comme les autres et, en fait d'astronomie, la meilleure leçon que tu puisses recevoir à cette heure est qu'il est temps pour toi d'aller au lit.

Le plus souvent, Eugénie agit sur l'enfant par l'amour-propre. Quand il n'est pas sage, elle lui ôte ses épaulettes, ce qui le peine infiniment. Mais il est malicieux. Revenant de sa leçon d'équitation, il dit un jour qu'il a « pilé du poivre ». Sa mère lui défend de se servir de pareils mots ; l'enfant lui répond d'un ton railleur :

— Maman, certainement vous parlez bien le français, mais vous êtes une étrangère et vous ne savez pas les finesses de la langue.

Parfois, il se rebelle tout de bon. Après une réprimande de l'Impératrice, on le surprend en train de se taillader la main avec un canif. On le panse. Il se débat en criant :

— Je ne veux plus avoir de sang espagnol, je ne veux avoir que du sang français !

Le caractère d'Eugénie s'est durci au fur et à mesure que se répètent les aventures amoureuses de son mari. Sans doute l'Empereur continue-t-il de l'aimer et de l'admirer, mais sa nature d'homme volage est là, qui ne change pas. Aux Tuileries, il fait la cour aux plus jolies et aux plus spirituelles, allant s'asseoir tout à tour auprès de chacune, et, tout en causant avec l'une, interpellant par-ci, par-là, celles qui passent à portée de voix. Dans les réunions, les bals, il observe les femmes ; d'autorité, il en invite une et l'entraîne dans la danse.

Au bois de Boulogne, l'hiver, devant le petit lac gelé, le voici qui observe les patineuses. « Quelle ravissante créature ! » s'écrie-t-il. Il demande le nom d'une de celles qui évoluent avec grâce. On la lui présente : « Mes compliments, Madame, vous patinez à merveille » et, aussitôt : « Oserais-je vous demander de me conduire sur la glace ? » Prenant fermement les deux mains qu'il lui tend, la jeune femme l'entraîne avec d'infinies précautions. Bientôt, il perd l'équilibre et elle le ramène, tel un naufragé, accroché à son bras.

Au théâtre, même jeu. Napoléon s'arme de jumelles et repère les plus belles. Toutes ne succombent pas, mais quelques-unes, les plus ambitieuses ou les plus démunies d'argent, savent qu'il est généreux et tombent dans ses filets. Eugénie, en apprenant ses frasques, se sent outragée. Elle est froissée de voir que son époux n'a pas perdu le goût des plaisirs faciles et des passades amoureuses. Sa fierté se révolte d'être délaissée. Des scènes violentes ne tardent pas à éclater entre les époux. Combien de fois les serviteurs et les familiers des Tuileries entendent-ils ses éclats de voix, lorsque, enfermée avec son mari, elle l'accable de reproches ! L'Empereur se fait suppliant, lui demande pardon humblement. Elle le renvoie, lui défend sa porte. Au bout de quelques semaines, Napoléon recherche à nouveau de « petites distractions » et les scènes reprennent, de plus en plus violentes.

L'Empereur finit par prendre conseil de son cousin, le prince Napoléon, lui aussi un joli cœur. Après avoir échangé quelques banalités, il s'adosse à la cheminée, allume une cigarette et lui demande :

— Dis-moi, Napoléon, est-ce qu'il arrive à ta femme de te faire des scènes ?

Le prince, surpris par cette question, regarde son cousin un moment et lui répond :

— Quel genre de scènes ?

— Des scènes de jalousie, par exemple.

— Non !

— C'est bien curieux, continue l'Empereur, car tu es un mauvais sujet, Napoléon, tout le monde le sait et Clotilde ne peut pas l'ignorer.

— C'est vrai, répond le prince avec philosophie. Je suis ce que vous dites, Sire, et sans aucun doute, ma femme est au courant de mes habitudes. Mais pourquoi Clotilde en ferait-elle une histoire ? Victor-Emmanuel est aussi un coureur de guilledou. Elle le sait. Et comme, sur ce point, son mari ressemble à son père, quoi de plus juste que d'en conclure qu'il en va toujours ainsi avec les rois ?

Sourire de l'Empereur :

— Tu es un drôle de moraliste et tu as bien de la chance. J'aimerais avoir une femme comme la tienne. Eugénie me rend la vie impossible. Pas moyen de recevoir la visite d'une dame ou de regarder un jupon sans risquer un éclat avec elle. On l'entend crier dans tout le palais des Tuileries.

Après un moment, l'Empereur continue :

— Dis-moi, Napoléon, connaîtrais-tu un moyen d'empêcher Eugénie de me chercher si souvent querelle ?

Le prince réfléchit un moment, puis, avec sa brusquerie habituelle, il répond :

— Il n'y a qu'une solution, Sire.

— Laquelle ?

— Donner à votre femme une bonne paire de claques la prochaine fois qu'elle vous fera une scène !

L'Empereur hoche la tête tristement et fait semblant de n'avoir pas entendu. Puis il se contente de murmurer :

— Tu n'y penses pas ? Il suffirait que je menace Eugénie pour qu'elle soit capable d'ouvrir la fenêtre et de crier « À l'assassin ! ».

Dès lors, la politique, et la politique seule, devient le refuge d'Eugénie, sa consolation, son espoir. La régence qui lui a été conférée pendant la guerre d'Italie a exacerbé son appétit de domination. Depuis qu'elle a goûté au pouvoir, elle ne peut plus s'en passer. Lorsque son mari est revenu aux Tuileries après cette rude campagne où il a vu de près l'horreur de la guerre, il s'est aperçu aussitôt que le ton et l'attitude de sa femme avaient changé. Ce n'est plus une jeune femme frivole, c'est un véritable homme d'État, rendant compte des événements, montrant ses notes, répétant les conversations avec les ministres et les ambassadeurs, exprimant ses idées sur les grandes questions du jour et imposant déjà ses préférences. L'Empereur, pour éviter les scènes de ménage, accepte l'intrusion de l'Impératrice dans la vie politique : il a tant à se faire pardonner !

En 1864, après beaucoup d'aventures passagères, Napoléon commence une liaison durable avec une belle blonde un peu forte, comme il les aime. Elle s'appelle Marguerite Bellanger. Sa poitrine bien arrondie, qu'elle porte un peu en avant, est irréprochable; ses seins ont la fermeté du marbre. Son visage de vierge ingénue contraste avec le parler canaille et le rire irrésistible qui lui valent le surnom de Margot la Rigoleuse. L'Empereur loue pour elle à Passy une maison discrète, rue des Vignes, où, presque chaque jour, il vient passer une heure ou deux. Lorsqu'il ne peut pas venir, Marguerite, prévenue par un billet, pénètre aux Tuileries par une porte du quai, déguisée en homme.

Napoléon ne peut plus se passer de Margot et, lorsqu'il va prendre les eaux à Vichy, il l'installe dans un chalet voisin de la villa impériale. Entre deux stations à la source, il lui rend visite et n'oublie pas d'apporter du sucre au chien de Marguerite qui lui témoigne de l'affection. Tout se passe bien jusqu'au jour où Loulou, qui se promène dans le parc avec ses parents, voit le petit chien, un cocker noir, se précipiter sur eux. Il fait tant de démonstrations d'amour à l'Empereur que l'Impératrice, étonnée, se renseigne. Quand elle apprend qu'il s'agit du chien de « la Bellanger », elle devine tout et se met si fort en colère que, le soir même, elle regagne Paris. La liaison continue et un jour Eugénie entend raconter que Margot attend un bébé de l'Empereur. Alors sa rancœur se double de la crainte que l'enfant ne compromette l'avenir de Loulou; elle entrevoit des intrigues, du chantage, une cascade de malheurs. Et, comme Napoléon refuse de rompre avec Margot, elle s'emporte :

— Puisqu'elle ne part pas, c'est moi qui partirai!

On annonce en effet que l'Impératrice, souffrant de spasmes nerveux de l'estomac, va essayer une cure aux eaux de Schwalbach, en Allemagne.

Lorsqu'elle se décide à revenir après un mois d'absence, Eugénie fait définitivement chambre à part. Elle n'est plus l'épouse mais l'Impératrice régnante. Elle se mêle, chaque jour davantage, de la politique de la France, exige d'être tenue au courant des affaires, ayant sur tout des idées précises, souvent à rebours de celles de l'Empereur. Dans sa tête, les grands desseins se succèdent sans trêve, plus chimériques les uns que les autres. Napoléon, en cédant à sa femme une partie du pouvoir, a cru gagner la liberté dans ses plaisirs et il continue d'en abuser. Dans les années qui ont suivi la guerre d'Italie, il a vieilli très vite et, plusieurs fois, l'Impératrice s'en inquiète. Elle voit son teint, qui n'a jamais été clair, tourner au terreux, ses joues se bouffir sous les moustaches cirées, sa démarche flotter. Il a souvent des somnolences, parle de moins en moins et traverse des moments de torpeur qu'Eugénie attribue à ses excès amoureux. Elle en parle à Corvisart et à Conneau, ses deux médecins : ils répondent goutte, gravelle, troubles de la vessie.

En réalité, l'Empereur est sujet à des crises de coliques néphrétiques. En 1865, au camp de Châlons, il a, en pleine nuit, une crise très grave et croit sa dernière heure arrivée. Le Dr Larrey l'examine minutieusement, conclut à la présence d'un calcul dans la vessie et préconise un sondage. Mais Napoléon ne veut entendre parler de rien et le prie de ne révéler la chose à personne, même pas à l'Impératrice. Cependant, il fait son testament. En voyant son mari approcher la soixantaine et paraître de plus en plus fatigué, Eugénie perd confiance dans les capacités de son époux à continuer de conduire les destinées de la France et va jusqu'à lui suggérer d'abdiquer en faveur de leur fils, assurant qu'aux yeux du peuple, un enfant symboliserait l'espérance mieux qu'un monarque usé par la maladie et les luttes politiques. Bien sûr, c'est elle qui exercerait la régence jusqu'à la majorité du Prince Impérial. Pourtant, le jour où elle lui fait cette recommandation, Napoléon décide de garder sa couronne et Eugénie en est pour ses frais.

Louis ne prête guère attention aux disputes et aux ennuis de santé de ses parents. Quand il ne joue pas avec ses petits camarades, il s'amuse à dessiner. Il est vraiment doué et a une excellente mémoire des contours ; il commence par un soulier, une pointe de baïonnette, un bras tendu et poursuit d'un trait net, continu, sachant où il va. Militaires et chevaux sont ses sujets préférés, variés à l'infini, bivouaquant, manœuvrant, caracolant. Un soir où il est souffrant, Larrey, à la demande de l'Empereur, vient l'examiner et lui prescrit un repos de quarante-huit heures. Ce n'est pas pour plaire à l'enfant, qui proteste vivement. Le médecin insiste et lui fait observer qu'il trouvera à s'occuper en lisant et en faisant, comme il aime, des croquis de grognards ou de mousquetaires. Loulou réfléchit un instant, puis, craignant d'avoir offensé Larrey, lui répond :

— Vous avez raison, docteur, je serai raisonnable. Dans le salon d'à côté, il y a justement votre portrait sur le champ de bataille de Solferino. Je le copierai pour vous l'offrir.

Louis possède aussi un don de caricaturiste. Il attrape, en les exagérant, les ressemblances, le trait dominant d'une physionomie, le geste familier, l'attitude, le tic révélateur qui, souvent, donne la clé d'un caractère. Un jour, aux Tuileries, on parle de ressemblances :

— Le Prince tient-il davantage de son père ou de sa mère ?

— Il tient des deux, dit un courtisan.

— Alors, fait Louis, à droite c'est papa et à gauche c'est maman.

Et, amusé par cette idée burlesque, il dessine aussitôt sa propre caricature. D'un côté, le regard éteint, effilant distraitement le bout d'une moustache imaginaire ; de l'autre, le visage souriant et animé de sa mère.

Le petit prince a aussi l'oreille musicale et fredonne toute mélodie entendue deux ou trois fois. Pour faire plaisir à l'Empereur qui adore les airs de sa jeunesse, Mme Conneau apprend à l'enfant quelques chansons de Béranger. Dans l'une d'elles, comme elle saute un couplet :

— Mais, madame, vous ne chantez pas tout.

— Monseigneur, ce serait beaucoup trop long, et vous fatigueriez l'Empereur.

— Je sais pourquoi vous ne voulez pas me laisser chanter le couplet : c'est à cause des amourettes.

En revanche, avec le penchant à la rêverie qu'il tient de son père, l'enfant impérial a du mal à fixer son attention sur la grammaire et le latin. Pourtant, un jour, Napoléon trouve son fils penché sur son bureau, la tête entre les mains, un gros dictionnaire sous le coude. Absorbé dans son texte, l'écolier ne l'entend pas arriver. Sa Majesté s'approche de lui et, voyant à quoi il est occupé, ne peut s'empêcher de dire :

— C'est ennuyeux de faire une version. Moi, je n'ai jamais pu.

Le précepteur croit habile d'intervenir en faisant allusion à la *Vie de Jules César* que vient de publier l'Empereur :

— Cependant, Votre Majesté a fort bien traduit les *Commentaires* de César.

— Ce n'est pas moi, répond Napoléon, qui s'éloigne, laissant M. Monnier aux prises avec le mauvais exemple paternel.

Justement, en cet automne de 1866, un courtisan a mis en vers le sujet à la mode, la vie de César, à l'intention des invités de Compiègne, qui jouent volontiers la comédie. À la vérité, son texte n'a de romain que le titre. Mais le prince de Metternich est au piano et sa femme, en cantinière de zouaves, chante une chanson en vogue :

« Je suis une guerrière
Au cœur, au cœur joyeux
La vi, la vivandière
Des Turcos bleus. »

Viollet-le-Duc se tient dans le trou du souffleur et Loulou, en uniforme de grenadier, personnifie l'Avenir. C'est lui qui, sur l'air de *T'en souviens-tu ?*, chante le couplet final :

« À des lauriers, si je ne puis prétendre
Et demander à vos mains d'applaudir,
C'est qu'aujourd'hui mon nom me dit d'attendre,
Car vous savez qu'on m'appelle Avenir. »

Puis il se tourne vers le général Mellinet qui, en invalide, représente le Passé :

> *« Mais en voyant le noble visage*
> *Du vieux soldat et son front sillonné,*
> *J'aime à penser aussi qu'à mon courage*
> *Pareil honneur un jour sera donné. »*

Entraîné par l'émotion, le vieux général oublie son rôle ; il enlève le Prince Impérial dans ses bras et le couvre de baisers.

À Compiègne, il y a chasse à courre une fois par semaine. Un soir, de retour au château, l'Impératrice prend le thé avec quelques amis dans le salon de musique, quand l'Empereur paraît sur le seuil et dit :

— Eugénie, voilà un valet de chiens qui te demande.

L'Impératrice, étonnée, fronce un peu le sourcil. S'effaçant, Napoléon laisse entrer un petit bonhomme de neuf ans, en habit de veneur, gilet rouge, culotte courte, bas blancs, chapeau galonné, cor en sautoir, et retenant deux grands chiens blancs qui l'entraînent. C'est le Prince Impérial, que son père vient de costumer de ses mains, pour faire une surprise. Tout le monde applaudit et Eugénie rit, en haussant les épaules. L'Empereur, les yeux humides, embrasse son fils, l'aide à tirer les chiens et sort avec lui.

Le jour où l'enfant reçoit le bouton de veneur et où son cheval n'est plus tenu en bride par M. Bachon est pour lui une journée délicieuse, un premier pas sur la route de la liberté. La chasse à courre en forêt de Compiègne combine pour Louis deux plaisirs : le cheval et le danger. On se donne rendez-vous à un carrefour où aboutissent de larges avenues qui se perdent dans la forêt. D'un côté, se trouve la meute, sous la garde de valets de chiens en livrée rouge. De l'autre, se rangent les voitures venues des châteaux d'alentour. Les hommes sont en habit vert à boutons d'argent et à collet de velours écarlate, couvert aux parements et aux coutures d'un galon or et argent, gilet écarlate avec le même galon, culottes de peau blanche, bottes noires, chapeau forme Louis XV également galonné ; seuls les chapeaux des souverains sont garnis d'une plume blanche. Suivant les cris des piqueurs, les chiens qui aboient, les fanfares des cors, les breaks impériaux filent, pleins de femmes en fourrures. L'Empereur et l'Impératrice, à cheval, en costume Louis XV, prennent la tête des chasseurs.

Quand il fait froid, un rendez-vous général est donné près d'une cabane, dans une clairière, non loin d'un grand chêne. Les dames, descendues de voiture, battent de leurs petites bottes vernies le sol couvert de feuilles rousses et se frappent dans les mains pour se réchauffer ; on entend des éclats de voix. Napoléon, en tricorne, prépare le punch dans un vase d'argent posé sur un trépied ; il l'enflamme et cette clarté bleuâtre, au milieu des arbres, semble fantastique. Puis la chasse reprend pour finir souvent aux flambeaux.

Quand le cerf a été couru, traqué, les chiens l'apportent par les dents aux pieds de l'Impératrice. Elle saute alors sur l'herbe, prend son couteau et frappe en plein cœur la bête qui pleure et sanglote. Après quoi, un homme rouge ayant essuyé le couteau, Eugénie le remet à sa ceinture et saute sur son cheval, légère comme une vision.

À Compiègne, il y a aussi cet extravagant massacre qu'on appelle la chasse à tir. Dès l'aube, des soldats de la garnison rabattent le gibier. L'Empereur s'avance, suivi de son lieutenant de chasse qui, sans cesse, de la main droite, lui passe un nouveau fusil, et, de la main gauche, reprend l'arme qui vient d'être déchargée. Derrière, se trouvent huit sous-officiers qui rechargent les armes. L'Empereur, outre le fusil qu'il a sous le bras, en a donc une dizaine d'autres chargés à sa disposition. De ce fait, il arrive à abattre trois à quatre cents pièces de gibier dans la journée. Parfois, secrètement, pour rendre la chasse plus brillante, on met des perdreaux ou des faisans dans des caissettes qu'on ouvre au passage des chasseurs.

— Papa, on vous fait tirer des perdreaux en boîte ! s'exclame un jour le petit prince, qui a remarqué le manège des gardes.

L'automne suivant, Loulou voit arriver à Compiègne un homme avec une grosse tête barbue sur un corps chétif. Il le trouve amusant et apprend qu'il s'appelle Carpeaux. C'est un sculpteur qui a réussi un joli buste de la princesse Mathilde et rêve de faire maintenant le portrait de l'Impératrice. Mais Eugénie s'excuse, redoutant l'ennui de longues séances de pose. Alors Carpeaux revient à la charge, en offrant de faire le buste du petit prince. Le couple impérial accepte l'idée. Carpeaux est renommé pour son art à rendre la fragilité et la grâce ; l'enfant est si gentil qu'il prendra bien le temps de poser. L'Empereur suggère même de faire aussi une statue en pied. Ce soir-là, à Compiègne, vers sept heures, tout est calme dans le bureau où Louis et son ami Conneau sont assis à faire leurs devoirs sous la lampe, sans autre bruit que le tic-tac de l'horloge et le vent d'automne à la cime des arbres. Une porte s'ouvre. Il y a un léger frou-frou de jupons sur le parquet et un cliquetis de bijoux. Un parfum délicieux de violette emplit peu à peu la pièce. C'est l'Impératrice, en robe du soir, qui vient voir son fils avant d'aller dîner. Loulou lève la tête :

— Est-ce vous, maman ?

— Tu travailles, ne bouge pas, Louis.

Eugénie s'incline pour embrasser son fils, donne à son camarade une petite tape amicale sur la joue et va à la fenêtre jeter un regard à la forêt. Puis elle se retourne :

— Louis, j'ai demandé à M. Carpeaux de faire ton portrait.

Le sculpteur est ravi de la commande qu'il vient d'obtenir. On établit pour lui un atelier à l'Orangerie des Tuileries. Pour préparer son œuvre, il commence toujours par dessiner à la plume. Il demande à ses modèles des heures de pose, en variant les attitudes, les gestes, les expressions du visage. Selon les jours, Louis doit danser, manier le fusil, jouer du violon. Carpeaux, nerveux, incline successivement la tête à droite, puis à gauche, et remplit son carnet de petites esquisses. Louis raidit le cou pour ne pas perdre la pose et n'ose bouger que les prunelles. « Il me regarde exactement comme il ferait d'une pomme dans un compotier », se dit-il patiemment. L'enfant observe avec attention le travail de l'artiste. Entre deux poses, il lui demande la permission de prendre de la glaise et il modèle, seul, une figure de grenadier tenant un drapeau, qui étonne le maître. Il fait aussi un lancier à cheval et, surtout, il exécute avec une ressemblance frappante le portrait de Monnier, son précepteur. Afin d'éviter à Loulou de trop longues séances, on recrute néanmoins un jeune sosie qui, sans avoir exactement le même visage, a du moins sa stature, sa morphologie et ses gestes. En août 1865, la statue en pied, grandeur nature, est achevée.

On peut s'étonner qu'au lieu de représenter l'Enfant de France en uniforme de la Garde, comme on le montre au public depuis l'âge de six mois, ou tout au moins avec les décorations que lui ont décernées les gouvernements de l'Europe, le sculpteur ait choisi le vêtement le plus naturel de Louis : culotte bouffante, veston de velours, cravate nouée négligemment et souliers à boucles. C'est peut-être que les Bonaparte incarnent, outre les valeurs militaires, les valeurs bourgeoises : la propriété, mais aussi la famille. Et, de fait, le costume porté par Louis à cette occasion devient immédiatement à la mode. Pour plus de douceur encore, pour attendrir plus sûrement l'Impératrice, Carpeaux a le bon goût de faire figurer à côté du prince son chien Nero, que l'enfant enlace affectueusement de son bras gauche. Voilà pourquoi, depuis la chute de l'Empire, on appelle *L'Enfant au chien* la statue du Prince Impérial qui se trouve de nos jours au musée d'Orsay.

Les grandes joies du petit prince, ce sont les voyages, assez fréquents car l'Empereur sait que les foules aiment les enfants et que les dauphins sont porteurs à la fois de sympathie et d'espoir. Ces voyages exemptent Louis de quelques thèmes et versions et l'initient aux responsabilités qui l'attendent. Mais il lui faut saluer, avec la crainte perpétuelle de confondre les noms ou les titres, de prendre un préfet pour un recteur et un président de cour d'appel pour un receveur général, faire et dire ce qu'il faut, se montrer intéressé.

En 1866, la Lorraine se prépare à célébrer par de grandes fêtes son rattachement à la France. Napoléon décide qu'Eugénie ira les présider et que Louis l'accompagnera. Ravi, l'enfant monte dans le train impérial. D'un bout à l'autre, le voyage est triomphal : ovations, cadeaux, compliments à tous les arrêts. À Châlons-sur-Marne, sous un concert de cloches, on présente à Louis huit enfants nés le même jour que lui. En costume de velours noir barré du grand cordon rouge, il produit un effet magique. Avec sa mère, il se rend à pied à la cathédrale au milieu de la foule attendrie de voir cette femme si belle, si élégante, qui, l'année dernière, n'a pas craint de visiter à Amiens les malades atteints du choléra. On est charmé aussi à la vue de ce petit garçon qui lui donne galamment le bras. Partout, ce ne sont que banderoles et cris : « Vive la sœur de charité d'Amiens ! Vive le Prince Impérial ! »

À Vitry-le-François, les jeunes filles offrent à Louis une caisse de confitures, des corbeilles de dragées et des madeleines.

« Ses goûters, écrit le correspondant du *Monde illustré,* sont assurés pour plus de trois mois. »

À Nancy, on entre dans la rue Stanislas en passant sous un arc de triomphe en mousseline brodée. Place Stanislas, le Prince Impérial assiste pendant deux heures à un défilé. Trente compagnies de pompiers précèdent les ouvriers des salines de Varangeville escortant un char où scintillent des blocs de sel gemme et les orphéons des sociétés de secours mutuel. Puis les dentellières, les ouvriers de Baccarat, les habitants de Domrémy avec la bannière de Jeanne d'Arc et une longue escouade de sept cents instituteurs se succèdent devant l'estrade où l'Impératrice et son fils répondent debout à tous les saluts, à toutes les acclamations. Eugénie est en robe blanche garnie de branches d'acacia. Louis porte le veston et la culotte de velours noir, les bas rouges et les souliers à boucles. Enfin a lieu la distribution des croix ; au premier cuirassier qui se présente, Eugénie hésite, elle ne sait où piquer la décoration sur le plastron d'acier; le petit prince lui explique tout bas qu'on l'attache à l'épaulière et, avec un sourire, elle suit les indications de son fils.

Lunéville organise en leur honneur un carrousel de flambeaux. Ah, quel spectacle ! L'enfant n'a jamais rien vu de pareil. Rivalisant d'adresse et de vitesse, cuirassiers et dragons multiplient les évolutions et se poursuivent en une course vertigineuse, les crinières s'agitent au vent. Au milieu des hourras de la foule, on entend tonner le canon. Vision étonnante.

Ce rôle d'héritier, Louis le joue à merveille. Spontanément d'ailleurs. En lui, rien de guindé ni d'artificiel. Les mots, les gestes lui viennent du cœur. Chose surprenante de la part d'un enfant si jeune, il sait en toutes circonstances trouver la phrase qui convient. Un jour, aux courses, se tenant seul dans la tribune d'honneur, comme on lui demande de remettre la coupe au vainqueur :

— C'est la première fois que cette mission m'échoit, dit-il, et je suis heureux, Monsieur, d'avoir à commencer par vous.

Ces gestes du petit prince sont popularisés par les images d'Épinal, vendues deux sous, que les colporteurs répandent jusqu'au fond des provinces.

Par une chaude journée de 1866, peu après le déjeuner, Louis est aux agrès dans le parc de Saint-Cloud. M. Monnier, assis à quelque distance, est absorbé dans ses travaux d'érudition personnelle : il écrit une thèse sur un conseiller de Charlemagne. C'est imprudent de la part du précepteur, car l'enfant, depuis son âge le plus tendre, montre une témérité effrayante : il suffit qu'il y ait un danger quelconque pour qu'il s'y précipite. Tout à coup, Louis aperçoit sa mère au bout d'une allée, conduisant elle-même sa voiture à poney.

— Maman, maman ! lui crie-t-il, voyez comme je fais bien du trapèze !

Lâchant les cordes, les pieds retenus par la barre, il se balance la tête en bas. Eugénie, fière de l'adresse de son fils, bat des mains. Soudain, les pieds de l'enfant glissent ; il tombe sur le sol, évanoui. L'Impératrice court à lui, le relève, l'emporte au château avec l'aide de M. Monnier et, dès qu'il est étendu sur un lit, appelle le Dr Corvisart. Loulou reprend connaissance. « Ce ne sera rien », dit le médecin.

Pourtant, la semaine n'est pas passée qu'il se forme un abcès à la hanche. On essaie d'éviter l'opération, mais il faut enfin s'y résigner. On fait venir un chirurgien réputé, Nélaton. Louis dit qu'il ne veut pas de chloroforme, mais on ne l'écoute pas. L'Empereur, qui perd la tête dès qu'il s'agit de son fils, demeure dans la chambre, tambourinant aux vitres. Eugénie, dans la pièce d'à côté, prie à genoux. L'intervention réussit, mais nécessite un long repos et oblige le garçon à rester presque toute l'année à Saint-Cloud, sur une chaise longue. Napoléon vient souvent à son chevet dessiner avec lui ou faire des tours de cartes pour l'amuser. Louis boite plusieurs mois et, de longtemps, ne pourra remonter à cheval. Les adversaires du régime en profitent pour répandre le bruit qu'il est atteint d'une scrofule héréditaire et qu'il ne vivra pas.

Cette convalescence l'empêche d'assister à un extraordinaire feu d'artifice le jour de ses onze ans. Pour préparer l'Exposition universelle qui, en 1867, se tient à Paris, sur le Champ-de-Mars, on arase la colline de Chaillot, de l'autre côté de la Seine, pour en faire une pelouse en forme d'hémicycle traversée par un grand escalier et couronnée par une guirlande de trois cents candélabres. Comme cette butte est truffée de carrières souterraines et que beaucoup d'éboulements se sont produits pendant les travaux, ce jour-là on fait exploser d'un seul coup un chapelet de mille cinq cents mines.

Le 30 mars, nouvelle privation : Louis ne peut aller à l'inauguration de l'Exposition. Le Palais de l'Industrie, bâtisse elliptique de fer, de briques et de verre, qu'on s'amuse à surnommer le gazomètre, est constitué de plusieurs galeries concentriques, dont la plus impressionnante est celle des machines. C'est un monde de roues, d'hélices, de turbines, de machines à extraire le minerai, à draguer, à forer, à laminer. Il y a des locomotives, des grues, des phares. On entend toutes sortes de mécaniques raboter, percer, scier, avec mille bruits de vapeur, de respirations sonores, de sifflements, de grincements. Le plus étonnant est le canon géant de Krupp : il pèse cent quarante-sept tonnes et des soldats l'astiquent à longueur de journée avec de petites brosses.

Tous les souverains d'Europe viennent à Paris visiter l'Exposition. Le roi de Prusse, qui loge au pavillon de Marsan, demande à voir le Prince Impérial et se prend d'affection pour lui. Il le comble de cadeaux et il n'est pas rare de les rencontrer ensemble se promenant à Saint-Cloud, le roi sous son grand casque à pointe tenant l'enfant par la main.

La première sortie de Louis est pour recevoir une carabine d'honneur offerte par les francs-tireurs des Vosges, des mains de leur chef, amputé d'une jambe à Sébastopol. La seconde est pour assister à une revue de soixante mille hommes dans la plaine de Longchamp. Après la revue, tandis que le Prince Impérial repart pour Saint-Cloud, l'Empereur regagne les Tuileries avec le tsar Alexandre II : lorsqu'ils arrivent à l'allée des Acacias, près de la cascade, retentit un coup de pistolet. Un Polonais exalté a tiré sur la calèche où les deux empereurs sont assis côte à côte. Le sang-froid d'un écuyer sauve les deux souverains, mais la foule, en voyant sur leurs uniformes le sang jailli d'un cheval, croit que la balle a atteint son but. Napoléon se lève et salue pour rassurer ceux qui se précipitent autour de la voiture, puis, se tournant vers le tsar, lui dit en souriant :

— Sire, nous aurons été au feu ensemble.

Avant de quitter la France, le tsar, conquis par le charme du Prince Impérial, insiste pour le revoir une dernière fois et passer une heure avec lui, au retour d'une fête à Trianon. Le 24 juin, enfin, Louis peut aller au Champ-de-Mars visiter l'Exposition où le khédive d'Égypte lui fait les honneurs du pavillon consacré au percement du canal de Suez.

Le Prince Impérial y retourne le 1er juillet, pour la distribution des médailles. Le carrosse s'avance entre une double haie de gardes. Les harnais des chevaux sont piqués de soie groseille, la crinière et la queue tressées de passementeries rouge et or. Les laquais sont en livrée de grand gala, cheveux poudrés, tricorne bordé de plumes blanches et vertes, culotte rouge. Vingt mille personnes attendent dans la nef du Palais de l'Industrie. Lorsque l'Empereur paraît, en uniforme, donnant le bras à l'Impératrice, enveloppée d'un nuage de gaze blanche brodée d'épis d'argent, un orchestre gigantesque attaque un hymne triomphal, composé par Rossini pour la circonstance.

Au premier rang de l'estrade, Leurs Majestés sont assises entre le Prince Impérial et le Sultan, impassible sous son fez surmonté d'une aigrette blanche. Derrière eux, le prince de Galles, le duc de Cambridge, quelques autres princes et princesses et tous les cousins Bonaparte, au grand complet. Après le discours de l'Empereur et celui de Rouher, les différents groupes d'exposants défilent, puis les délégations, bannières en tête. Parmi eux, des ouvriers et des instituteurs, venus de France entière ; d'ailleurs, Napoléon est intervenu pour que l'État prenne en charge leurs frais de voyage et de séjour. Le maréchal Vaillant proclame les récompenses et Napoléon remet lui-même les diplômes aux lauréats.

Quand vient le tour des maisons ouvrières et des fermes modèles, le premier nom appelé par le maréchal est celui de « Sa Majesté l'Empereur ». Alors, Louis se lève, prend la médaille et va la remettre à son père. Il est vraiment charmant, le petit prince, un peu intimidé, avec ses bas rouges et son costume de velours noir, sur lequel tranche le grand cordon de la Légion d'honneur. Il tient la médaille et le diplôme et les remet gravement à l'Empereur, qui remercie d'un bon sourire. Tandis que le public applaudit, un artiste sort son carnet de croquis : c'est Carpeaux. Il ébauche la scène : une pyramide, avec, en haut, Louis quasiment seul, sur un fond plus sombre, et, en bas, la foule bariolée qui l'acclame.

Bientôt l'Exposition ferme ses portes, éteignant d'un seul coup les flonflons de la fête impériale et l'éclat d'une époque qu'on ne reverra plus. Louis se rétablit peu à peu, sans cesser toutefois de causer des inquiétudes à sa mère. En novembre, il doit paraître avec ses parents à l'ouverture des

Chambres. Sa présence abattra les calomnies. Près de partir pour la séance, il s'évanouit. Corvisart l'ausculte : le prince a une indigestion, rien de plus ; par bonheur, il peut vomir et, soulagé, le désordre dans ses habits réparé par sa mère, il s'assied dans le fauteuil à roulettes qui, poussé par son précepteur à travers les galeries inachevées du Louvre, le mène jusqu'à la salle des États où la séance va s'ouvrir.

Malgré les flonflons de la fête impériale, Louis reste un petit garçon. Il s'amuse chaque jour avec son âne, présent du roi Victor-Emmanuel, et met à l'épreuve le caractère de l'animal. Il y a quelquefois entre l'enfant et l'animal des luttes d'obstination. Un jour, le petit prince entreprend de faire gravir à la bête les marches de l'escalier tournant qui monte des jardins des Tuileries aux appartements. L'âne se défend bien et rue tout d'abord. Loulou va chercher des laquais, qui le tirent par le licol, lui prennent chaque sabot l'un après l'autre et le placent sur les gradins. De guerre lasse, l'âne se laisse pousser jusqu'en haut de l'escalier, promener dans la chambre à coucher de Louis et jusque dans les salons. Alors l'enfant rit aux éclats.

Une autre fois, le petit prince nourrit les autruches du Jardin des Plantes avec des spaghettis pleins de sauce qu'il tire des poches de sa culotte bouffante de velours noir.

Le lendemain, il aperçoit des fenêtres de sa chambre un homme qui escalade les grilles des Tuileries. Émoi général au palais. L'homme franchit la grille, mais ne tarde pas à être pris. L'enfant fait demander ce que veut cet inconnu ; on lui répond que c'est un malheureux qui désire voir l'Empereur pour lui demander de l'aider à payer son loyer. Vite, le petit garçon ouvre le tiroir où il range les pièces de frappe récente, les belles pièces neuves et scintillantes que son père lui donne, et il les fait porter au quémandeur aux abois. Sur ces entrefaites, on part pour Compiègne et, là, Louis rencontre dans la forêt une pauvre femme en guenilles qui ramasse du bois. Il songe aussitôt à la secourir, mais il n'a pas eu le temps de faire des économies depuis qu'il a donné toute sa bourse.

Alors, il lui vient à l'esprit, sans consulter personne, de faire une quête parmi les invités ; le soir, au salon, son petit chapeau à la main, il demande qu'on veuille bien venir en aide à une pauvre femme qui n'a pas de pain.

Et voilà qu'un jour, Loulou disparaît. Depuis longtemps, il rêve d'aller manger des frites chez une certaine mère Rissole, au coin de la rue du Faubourg-Saint-Honoré. Manger des frites dans un cornet de papier gras, quels délices ! Monnier, Bachon et Uhlmann, le valet de chambre, partent tous à sa recherche, fouillent le jardin des Tuileries, inspectent la rue de Rivoli. En vain. Il faut prévenir l'Empereur. Vers six heures, alors que la police est sur les dents, Louis rentre au palais. Enchanté de son après-midi, il raconte ingénument :

— J'ai causé longuement avec un des clients de la mère Rissole. C'est un monsieur très intéressant, qui m'a raconté des tas de choses sur des pays étrangers. Où se trouve Cayenne, Papa ?

Tout cela agace Eugénie, qui veut faire de son fils un homme et un empereur. Se rendant compte que Napoléon ne peut rien refuser au « petit », comme il l'appelle, et qu'il lui faut une direction plus ferme que celle de Monnier, l'Impératrice décide de lui constituer une maison militaire.

3

« Les quatre-z-officiers »

L'année de ses onze ans, on donne donc à Louis un gouverneur militaire, le général Frossard. Cette nomination est le pur produit du hasard. Mandé aux Tuileries pour affaire de service, Frossard cause avec l'Empereur lorsque Loulou survient en larmes. Les raisons de ce gros chagrin ? L'enfant voulait monter au Bois son poney Bouton d'or et l'Impératrice lui a refusé la permission. Recours à la mansuétude paternelle. Mais Napoléon ne peut déjuger Eugénie en présence d'un témoin ; pour une fois, il se montre ferme et maintient la défense. Colère de l'enfant gâté, qui se met à trépigner, à s'égosiller et refuse de sortir. Jusqu'à ce que Frossard, les sourcils froncés, et de sa plus grosse voix :

— Comment, Monseigneur, vous refusez d'obéir à Sa Majesté ?

Il ouvre la porte et la montre à Louis qui décampe, maté. En apprenant la scène, Eugénie, enchantée, déclare que Frossard serait un gouverneur parfait ; et elle lui fait attribuer le poste. Frossard sait se faire craindre, c'est vrai, mais il est un petit esprit. Avec lui, finies les espiègleries, les désobéissances. Le général gouverneur, qui se prend très au sérieux, commence par désigner à son élève quatre aides de camp, le capitaine de frégate Duperré, le lieutenant-colonel d'Espeuilles, le commandant de Ligneville et le commandant Lamey, « les quatre-z-officiers », comme ils s'amusent à s'appeler entre eux. Pour marquer le caractère militaire qu'il entend désormais donner à l'éducation de son fils, Napoléon décide que le gouverneur aura comme sous l'Ancien Régime autorité sur le précepteur. Se voyant relégué au rôle de sous-ordre, le bon M. Monnier présente sa démission.

Frossard ne veut pas recommencer l'expérience d'un précepteur. Il propose à l'Empereur d'imiter l'exemple de Louis-Philippe, qui a envoyé ses fils au lycée Henri IV. Mais, si Louis-Philippe a bien été le roi des bourgeois, ce n'est pas le cas de Napoléon, surtout en cette année 1867. Il est l'Empereur des soldats, des paysans et des curés, mais pas des classes moyennes, gangrenées de plus en plus par l'esprit d'opposition :

— Si j'envoie mon fils au lycée, je l'exposerai à des insultes, dit Napoléon.

— Si vous l'élevez derrière les murs des Tuileries, sans contact avec l'extérieur, Sire, vous le couperez de la génération dont il doit être le chef, répond le gouverneur.

Alors, on trouve un compromis : puisque Louis ne peut aller en classe, il faut que la classe vienne à lui par professeurs interposés. Le Prince fera les mêmes compositions que leurs élèves et ce sera pour lui une saine émulation. M. Edeline, professeur au lycée Bonaparte, viendra aux Tuileries donner des cours à Louis ; il fera les mêmes leçons, les mêmes devoirs que les autres. Il reste à choisir un répétiteur pour surveiller ses devoirs, faire réciter ses leçons et donner les explications nécessaires. Victor Duruy, ministre de l'Instruction publique, propose pour ce poste un jeune homme, Augustin Filon, reçu premier à Normale supérieure et agrégé des lettres à vingt-deux ans, qui va, pendant sept années décisives, accompagner presque partout son élève, sauf dans les cérémonies et réceptions officielles, et devenir l'ami et le confident du Prince Impérial. Non seulement il va réussir à lui faire rattraper son retard scolaire mais son doigté, son habileté à prendre en toutes circonstances l'attitude qui convient vont lui gagner la confiance et l'estime de l'Impératrice.

Filon a raconté comment il fut reçu par ce général Frossard, « droit et raide dans sa redingote boutonnée et chez qui la parole, le regard, les gestes, tout respirait l'autorité, sentait le gouverneur». L'accueil est courtois, mais il y a tout de suite un froid. La première question est celle-ci :

— Êtes-vous fiancé ?

Et, comme le candidat, interloqué, tarde à répondre, le général explique :

— Nous cherchons un homme qui se consacre sans partage à l'éducation du prince.

«Sans avoir prononcé de vœux éternels», Filon assure «qu'il est libre de tout engagement».

Alors, Frossard expose son propre plan d'éducation de Louis :

— Son Altesse Impériale sera instruite, en chaque matière, par un professeur spécialisé emprunté à l'un ou l'autre des lycées parisiens. Votre tâche, monsieur, sera de l'aider et de le surveiller.

Là-dessus, Frossard introduit le jeune universitaire auprès de l'Empereur, qui l'agrée avec sa courtoisie habituelle et le présente lui-même à l'Impératrice en l'appelant sans doute par inadvertance non pas «répétiteur» mais «précepteur».

C'est au palais de Saint-Cloud que Louis rencontre son nouveau maître. Il se demande ce que sera cet inconnu, qui va prendre et garder auprès de lui une place si importante. Et, pour ne pas assombrir l'accueil qu'il lui doit, il sait dominer et cacher le chagrin réel que lui cause le départ de M. Monnier, auquel il est sincèrement attaché. Finalement, le premier contact avec Filon est bon. Louis lui raconte les légendes de Saint-Cloud et l'emmène jouer au croquet dans le jardin qui communique avec le second étage du château par un pont volant enguirlandé de plantes grimpantes. Frossard règle l'emploi du temps du Prince Impérial comme à la caserne. Lever à sept heures, travail de huit à onze, coupé d'une récréation, qui consiste en une promenade à pied ou en vélocipède dans le jardin des Tuileries. Après le déjeuner, équitation à Bagatelle avec Bachon ou tour de calèche avec Filon et l'aide de camp de service, toujours sous la protection d'une escorte.

Pour son douzième anniversaire, on autorise Louis à donner la comédie à ses amis, à leurs parents et à quelques familiers. C'est une pièce de Labiche, intitulée *La Grammaire*. Dans un des grands salons du pavillon de Flore, on a disposé un véritable théâtre. Ils sont six acteurs. L'unique rôle féminin est tenu par Louis Conneau, travesti en jeune fille. Louis joue le rôle principal, celui d'un vieil antiquaire entiché de recherches archéologiques, qui voit partout des débris gallo-romains. Il est vraiment charmant avec son jeune visage grimé en vieux savant ; une longue redingote grenat à boutons de métal lui bat les talons, un pantalon de nankin, un grand gilet blanc, une grosse cravate et une perruque grise. Comme il est amusant, le petit prince, et comme il récite bien ses couplets ! L'Empereur rit fort et préside le souper avec les enfants, prenant sa part de leur gaieté.

C'est chez la princesse Mathilde que Louis « entre dans le monde ». Elle donne un bal en son honneur, le premier où il danse, car, jusque-là, il n'a assisté que de loin aux fêtes de la Cour, se contentant d'admirer les toilettes que sa mère porte avec un charme et une élégance incomparables. C'est un spectacle que de le voir danser avec sa tante. Jamais l'atmosphère n'a été aussi douce, aussi ne voit-on que des sourires dans ce beau monde, les renfrognés sont restés à la porte. Parmi les sourires, il y a pourtant une grimace, celle de l'ambassadeur de Turquie, lequel, ayant vu passer devant lui le vice-roi d'Égypte, salue la compagnie et prend la porte tout fâché.

Le moment est venu pour Louis de faire sa première communion. Chose curieuse, malgré la dévotion de sa mère, on ne lui a pas encore imposé trop d'éducation religieuse. S'il fait un caprice, on ne lui dit pas qu'il a péché, mais qu'il a « offensé l'uniforme ». Il va chaque dimanche à la messe mais connaît moins les martyres des premiers chrétiens que les exploits de Du Guesclin, de Bayard et de Napoléon. Son entourage, au lieu de confesseurs, est formé de soldats, « les quatre-z-officiers ». Tous ses camarades de jeux se destinent à être officiers, aucun à entrer dans les ordres. L'abbé Deguerry, curé de la Madeleine, est chargé de le préparer à la communion. C'est un prêtre courtisan, qui s'est mis en évidence au début de l'Empire. Le Prince-Président, au retour d'une tournée électorale, avait suivi les boulevards au milieu de la foule et allait passer devant la Madeleine pour rentrer à l'Élysée, lorsque les portes de la Madeleine s'ouvrirent toutes grandes. Précédé de la croix, accompagné de son clergé, le curé descendit alors les marches en procession et vint apporter les félicitations et les bénédictions de l'Église à celui que la France considérait déjà comme l'Empereur.

L'esprit logique de Louis ne s'accommode pas aisément des leçons du bon père, étonné de le voir insensible à la scène de la Passion :

— Comment, Monseigneur, vous n'êtes pas attendri ? Y a-t-il au monde plus grand sujet de larmes que la Passion de Notre-Seigneur ?

— Sans doute, monsieur l'abbé. Mais vous m'avez enseigné que Dieu savait tout, voyait tout, pouvait tout.

— Oui.

— Alors, il a donc voulu souffrir et faire souffrir sa mère ? C'est ce qui m'empêche de pleurer.

La cérémonie a lieu dans la chapelle des Tuileries. Louis vient s'agenouiller sur la première marche de l'autel et reçoit l'eucharistie tandis que le général Frossard et le prince Murat, assistés de deux vicaires, étendent devant lui la nappe de communion.

Cependant, Louis continue de vivre dans l'illusion. On prend soin de tendre sans cesse entre son regard et le monde réel une sorte de rideau. Il ne peut voir ni les choses ni les hommes tels qu'ils sont. Un jour où Viollet-le-Duc monte une charade sur le mot Harmonie, Loulou figure Cupidon caché sous un nid et dérobé à la vue d'un essaim de jolies femmes armées de filets à papillons. Et l'Impératrice confie à Filon son inquiétude : «Louis connaît-il la misère ? Sait-il seulement ce qu'est un pauvre ?»

De sa mère, il tient ce visage transparent, délicat, mais aussi cette pétulance qui, dans le jeu, à la chasse, le fait se jeter dans l'action avec une frénésie qui va jusqu'à la témérité. Malgré son apparence frêle et fluette, il est inlassable à la chasse. De son père, ce père qu'il admire, qu'il aime par-dessus tout, il tient la volonté tenace de se dominer. C'est peut-être pour cela que le danger le fascine. Un jour, à Saint-Cloud, en entrant dans sa chambre, Filon l'aperçoit en train de se promener au-dessus du vide, de l'autre côté du balcon, en passant par la corniche d'une fenêtre à l'autre. Le précepteur se rejette en arrière pour ne pas troubler l'élève et risquer de lui faire perdre l'équilibre. Une autre fois, Louis escalade la façade du palais des Tuileries en s'accrochant aux pierres en saillie.

Intraitable sur la discipline, le général Frossard, dès qu'il est l'heure de se coucher, fait signe à son élève ; Louis embrasse alors ses parents et se retire. Un soir qu'il a particulièrement envie de rester, en allant dire bonsoir à son père qui joue aux cartes, il lui confie son désir de prolonger la soirée. L'Empereur ne veut pas enfreindre la consigne et saper l'autorité du gouverneur, mais il veut faire plaisir à son fils. Se soulevant, il saisit d'un geste rapide la casquette du garçon, la place sur sa chaise et s'assied dessus. Le général, s'apercevant que l'enfant n'a plus la casquette à la main, la cherche partout. Napoléon, impassible à la table de whist, jette un regard heureux vers son fils qui, grâce à ce répit, peut continuer de jouer.

Un sport nouveau occupe les récréations : le bicycle, que vient d'inventer Michaux, un charron parisien. C'est une machine à deux roues, avec un cadre et une selle, qui permet à un piéton, en restant assis, de se déplacer à la vitesse d'un cheval au trot. Elle n'a pas encore de chaîne, mais déjà un pédalier. C'est le sport à la mode, depuis qu'un club, fondé au Pré Catelan, organise des courses. Les élégantes sont émoustillées à l'idée de voir ces messieurs du Tout-Paris rivaliser de force et de virtuosité. Les roues sont parfois en bois des îles, amarante, hickory, ébène, citronnier ; les cadres et les guidons en acier incrusté de filets d'or et d'argent, avec des poignées en ivoire. Louis Conneau et Scipion Corvisart font la course avec le Prince Impérial dans les jardins des Tuileries. La Compagnie parisienne des vélocipèdes, fondée par Michaux, et la revue *Cycling Record* font disputer un concours de vitesse dans le parc de Saint-Cloud, mis à leur disposition par Leurs Majestés Impériales. Il y a une centaine de cyclistes, on dit alors les *velocemen*. Le gagnant de la course, James Moore, surnommé « The Parisian Flyer » — le Parisien volant —, reçoit une médaille à l'effigie de Napoléon III.

Maintenant que son fils grandit, qu'il raisonne, qu'elle se retrouve dans ses goûts, dans sa pétulance, Eugénie s'attache davantage à lui. Bien plus que l'Empereur, il est sa raison de lutter, d'entreprendre. Parfois, le soir, avant de paraître au dîner ou de partir pour une ambassade, dans une grande robe, les épaules ruisselantes de joyaux, elle glisse jusqu'à la salle où son fils écrit ou lit avec Louis Conneau. Auprès d'eux, se tient Augustin Filon, jeune homme aux cheveux bruns ondulés et au visage fin. Eugénie caresse la tête de Louis Conneau, donne un baiser à son fils, puis cause avec Filon :

— Êtes-vous content du Prince ?

Le précepteur ne la flatte pas :

— Sa maladie l'a mis en retard. C'est un élève distrait. Mais il comprend, sa mémoire est bonne. Qu'il s'applique encore davantage et tout ira bien.

En réalité, Louis n'a aucun goût pour les études et un précepteur n'a pas grand moyen d'obliger à travailler une Altesse Impériale. Son père, on le sait, ne peut se décider à gronder cet enfant qu'il adore ; quant à sa mère, elle pense que plutôt que de lui bourrer l'esprit avec du latin, il vaut mieux développer l'esprit d'initiative, la volonté et le bon sens. Pourtant, le système préconisé par Frossard a du bon. Au cours de ses leçons, M. Edeline parle à Louis de ses élèves du lycée Bonaparte (aujourd'hui Condorcet), raconte les petits incidents de sa classe, les progrès des uns et des autres, si bien qu'il s'établit une sorte d'émulation entre le Prince Impérial et ses condisciples. Il fait quelques progrès et, à une composition, il devient même premier ex-aequo en mathématiques. C'est un tel événement qu'on le célèbre en lui permettant de participer au banquet de la Saint-Charlemagne et de boire, avec ses camarades dont il a tant entendu parler et qu'il n'a encore jamais vus, le champagne offert par l'Empereur. On a bien redouté des troubles, mais les garçons se montrent sympathiques, respectueux et le petit prince rayonne au milieu d'eux.

Comme ce banquet n'a donné lieu à aucun incident fâcheux, le ministre Victor Duruy et le général Frossard ont alors la fâcheuse idée de mettre Louis une seconde fois en contact avec la jeunesse universitaire, en lui faisant présider la distribution des prix du Concours général. Idée malencontreuse, car l'échec de l'expédition du Mexique et l'inertie du gouvernement après la victoire de la Prusse contre l'Autriche à Sadowa indisposent l'opinion contre la famille impériale. Des journaux parlent même de France humiliée, comme si c'était notre armée qui avait été battue par les Prussiens. Depuis quelques années, Louis sait que son père a des ennemis, les républicains, mais il ne les a encore jamais rencontrés face à face.

Dès l'entrée dans la grande salle de la Sorbonne, on sent que la présence du fils de l'Empereur jette un froid. Les applaudissements des professeurs ont quelque chose de contraint ; le recteur, roulant çà et là des yeux inquiets, fait peine à voir. Cependant, tout commence bien. La popularité personnelle du ministre, l'air naïvement heureux de Louis, sa gentillesse en accueillant les lauréats, détendent l'atmosphère. La séance touche à sa fin lorsque le lecteur de palmarès appelle : « Eugène Cavaignac, second prix de version grecque. » Tout le monde applaudit et Louis se lève en souriant, le livre de prix à la main, attendant le lauréat. Les têtes se tournent vers le rang où celui-ci est assis et, quand il se lève, un frémissement parcourt la salle : c'est le fils du général Cavaignac, principal adversaire de Louis-Napoléon Bonaparte aux élections présidentielles de 1848 et emprisonné lors du coup d'État du 2 décembre. On croit un moment qu'on va assister à un beau spectacle, voir la République et l'Empire se donner l'accolade en la personne du fils de Cavaignac et du fils de Napoléon III. Mais la veuve du général Cavaignac est là, au premier rang de la tribune. On la voit se dresser d'un air impérieux et faire signe à son fils de se rasseoir sur son banc : un Cavaignac ne doit rien recevoir des mains d'un Bonaparte.

Louis ne comprend pas ce qui se passe et attend toujours debout. Le ministre se décide à lui souffler quelques mots à voix basse. Surpris, gêné, le jeune prince se rassied tristement sur son fauteuil de bois doré et de velours rouge. Alors, les applaudissements crépitent et se prolongent avec insolence. Puis il se fait à nouveau un silence et l'on appelle le nom suivant. Louis reprend son rôle et réussit à se montrer impassible jusqu'à la fin. À la sortie, les acclamations redoublent et, au milieu des « Vive Cavaignac », on entend des « Vive la République », si bien que Louis et sa suite préfèrent quitter discrètement la Sorbonne.

Pendant le voyage de retour jusqu'à Fontainebleau, Louis a l'air calme, la tête tournée contre la vitre du train. Mais Frossard s'aperçoit qu'il pleure. Le jeune garçon a reçu un choc auquel rien ne l'avait préparé, lui, toujours si heureux et confiant, qui aime tant le peuple français, tous les Français. Depuis sa plus tendre enfance, les foules l'ont toujours acclamé et voilà que ses camarades se retournent contre lui. Ce soir-là, le dîner est triste. L'Empereur fait son entrée en silence, en tenant son fils par la main. Les convives sentent que quelque chose ne va pas, que le petit prince a du chagrin. Chacun affecte l'insouciance, mais observe attentivement le père et le fils. L'Impératrice fusille du regard ceux qui trouvent moyen de rire au cours de la conversation. Plusieurs fois, Napoléon caresse doucement les cheveux de Louis et tous deux échangent un sourire. L'Empereur a pris la chose avec philosophie : « Tôt ou tard, il fallait bien que le Prince rencontre l'opposition. »

En sortant de table, on passe au salon. Mais on s'aperçoit alors qu'Eugénie a disparu. Par cette chaude journée d'été, les fenêtres du château sont restées ouvertes. Soudain, on entend deux cris à glacer le sang : cela semble venir de la chambre de l'Impératrice. Puis des éclats de rire et, à nouveau, des cris et encore des rires. C'est terrible. Impossible de faire semblant de ne pas entendre ; tout le monde se regarde avec effroi. L'Empereur a déjà connu de tels débordements d'émotion, mais toujours derrière fenêtres et portes closes. Impassible devant le danger physique, Eugénie s'est effondrée en pensant à l'affront fait à son fils. Tandis qu'on cherche le Dr Corvisart, le rire effrayant se fait encore entendre. Une heure s'écoule, puis on voit l'Impératrice reparaître dans le jardin. Elle renifle une bouteille d'éther et se laisse tomber dans un fauteuil, où elle reste à regarder les étoiles. Ses dames de compagnie cherchent à la distraire en lui parlant de choses et d'autres ; elle essaie de se joindre à leur conversation, mais ne parvient à dire que des paroles incohérentes. De temps à autre, elle s'essuie les yeux et répète d'une voix brisée : « Mon petit garçon ! » Elle finit quand même par se lever comme un fantôme et par aller se coucher.

Cette scène, et même ces deux scènes en une seule journée sont une terrible épreuve pour Louis. Non seulement c'est la première fois qu'il rencontre les ennemis de son père mais, surtout, il n'a encore jamais vu sa mère dans un tel état. Pourtant, il réfléchit et cherche dans sa mémoire. N'a-t-il pas déjà entendu des éclats de voix, lorsque, enfermée avec Napoléon, Eugénie semblait l'accabler de reproches ? Enfin, Louis se rappelle le départ précipité de sa mère, il y a deux ans, seule dans le train impérial, ses voyages incompréhensibles en Allemagne et en Écosse, son absence interminable, à tel point qu'on se demandait si elle reviendrait jamais. Et cette dureté pour l'Empereur ! Louis ne peut pas savoir que, depuis la liaison de son père avec Margot la Rigoleuse, ses parents ont cessé toute intimité. Mais il sent que le ton et l'attitude de sa mère ont changé.

Un soir d'été, comme Margot se pavanait dans une villa des environs, on a ramené Napoléon évanoui ; il avait pris mal dans une visite à sa chère amie. Eugénie l'a soigné, en silence, sans un reproche, mais en cuvant sa colère. Le lendemain matin, elle a commandé à son cocher de la conduire chez la favorite ; personne n'a pu l'arrêter. En entrant chez sa rivale, elle lui a dit : « Mademoiselle, vous êtes en train de tuer l'Empereur. » La fille s'est jetée à ses pieds et lui a demandé pardon. « Je vous donne jusqu'à demain pour partir. » Telle a été la réponse. Et l'Impératrice est remontée en voiture au grand scandale de tout le village. Mais la démarche a fait long feu, car Napoléon, une fois averti, a interdit à sa maîtresse de s'en aller.

En 1869, l'opposition républicaine jubile. Napoléon est si faible qu'il ne peut se concentrer plus de vingt minutes sur un sujet. Il a de plus en plus de mal à marcher et s'appuie souvent sur une canne. Il se plaint tout le temps d'avoir froid, même en été, et se tient continuellement à côté du feu. Mais, craignant l'effet d'informations sur sa santé, il s'efforce de maintenir la fiction de crises de rhumatismes. Il se couche tôt pour échapper aux lamentations et aux récriminations incessantes d'Eugénie sur l'inconstance et l'ingratitude du peuple français. Elle dit de son mari qu'il est un homme fini et se persuade qu'elle est seule capable de sauver un régime qu'elle sent craquer de toutes parts. Tantôt elle croit posséder l'énergie nécessaire pour imposer silence à l'opposition et faire respecter la France par la Prusse, tantôt, au contraire, elle menace de quitter la France avec son fils, pour lui épargner « le péril et la charge de vouloir gouverner une telle populace ».

En juillet, l'Empereur est trop souffrant pour aller à Châlons ; c'est la première fois qu'il manque ce voyage traditionnel. Il se fait représenter par le Prince Impérial. Quelle joie pour un enfant d'avoir une armée pour jouet, une armée en chair et en os ! Cavalier accompli, le garçon se passionne pour les manœuvres et vit au milieu des troupes comme si c'était sa famille. Le général Bourbaki lui fait les honneurs du camp : les généraux trinquent avec lui et le promènent au milieu de leurs soldats. Chaque jour, manœuvres nouvelles, petites guerres, retraites aux flambeaux, réceptions. Mais

Bourbaki va trop loin : dans un ordre du jour, il déclare aux troupes que le Prince Impérial est content d'elles. Cette phrase soulève quelques murmures, des vétérans s'estimant froissés qu'on croie leur faire honneur en déclarant qu'ils plaisent à un enfant de treize ans.

En proie à une nouvelle crise, Napoléon doit renoncer à se rendre en Corse aux fêtes du centenaire de la naissance de « l'Autre », le 15 août 1869 ; pour le représenter, il envoie sa femme et son fils. Eugénie commet alors la bévue de faire un détour par Toulon, qui l'empêche d'arriver dans l'île à la date de l'anniversaire. Mais quelle joie pour le garçon qui l'accompagne de monter à bord d'un cuirassé, de dîner avec les officiers et d'ordonner un branle-bas de combat ! Du balcon de l'hôtel de ville de Bastia, Louis voit défiler les députations. Voici maintenant le bataillon des Enfants de la Corse, sous les ordres de Louis Conneau qui, depuis deux ans, consacre ses vacances à faire manœuvrer trente soldats en herbe dont l'aîné a quinze ans. Tous ces garçons derrière leur drapeau prennent un air martial avec leur veste de zouave, leur pantalon de toile grise bordée de passementeries bleues, le képi bleu, le sac au dos et leur petite carabine. En passant devant son ami, le commandant d'opérette, monté sur un poney, salue de l'épée, fier du succès de sa troupe.

A Bastia, ils reprennent le bateau pour Ajaccio, font le tour du Cap Corse et des calanques de Piana, arrivent enfin en rade d'Ajaccio. Depuis deux jours, les paysans sont descendus de la montagne et campent aux portes de la ville. D'autres se sont installés sur le rivage même, voulant être les premiers à apercevoir le fils de l'Empereur. Devant la maison Bonaparte s'élèvent un olivier et un palmier, plantés le 16 mars 1856, le jour où le canon de la citadelle annonçait à Ajaccio la naissance de l'héritier du trône. Une foule vibrante se bouscule dans la ruelle ; le service d'ordre, débordé, n'arrive plus à protéger l'entrée de la maison. Sur le seuil, l'enfant, en regardant tous ces gens qui l'acclament, trouve le mot qui porte : « Bah, laissez-les entrer, ils sont de la famille ! »

Six semaines plus tard, Louis fait ses adieux à sa mère ; elle s'embarque pour une croisière de deux mois, qui doit se terminer par l'inauguration du canal de Suez. Il est heureux de se retrouver seul avec son père. Souvent, on les voit se promener tous les deux avec Nero. Un jour, Napoléon, qui a emporté un tome de Bossuet, en lit une page à son fils. Et, comme le garçon demeure rêveur :

— Vois-tu, Louis, tu t'imagines que je suis le maître du monde, mais je ne suis rien que le jouet de la destinée. Dieu peut me foudroyer demain ou me rejeter en exil.

Le Prince Impérial se met à rire comme si son père s'amusait à lui faire peur.

— Louis, ne ris pas. Tu sais déjà que toute ma vie est un rêve. J'ai beau croire que je bâtis sur la terre ferme, la terre tremble. Tu sais que demain est à Dieu.

— Papa, pourquoi Dieu vous frapperait-il ?

— Parce que Dieu s'amuse à frapper l'orgueil des hommes. Il en a frappé de moins grands et de plus grands que moi. Tu as lu l'histoire de Louis XVI, tu sais par cœur celle de Napoléon.

— Oui, mais maman m'a dit que Louis XVI n'a pas voulu faire le roi et que Napoléon Ier a trop voulu faire le maître.

— On ne gouverne bien un peuple que lorsqu'on marche avec lui. Et l'on ne sait jamais si l'on marche avec lui. Ce château de Saint-Cloud où nous sommes si heureux a été le château de Napoléon le Grand.

— Il y en aura deux, répond son fils.

— Si l'on pouvait dire seulement « Napoléon le Sage » !

Il se fait un silence. Alors, Louis, voyant son père méditatif et sombre, lui dit :

— Papa, pourquoi cette inquiétude ? Ce beau château de Saint-Cloud, où je vois toujours passer l'image de Napoléon Ier, nous gardera dans ses murs, vous, maman et moi.

L'Empereur a des raisons d'être inquiet. Aux élections de 1869, l'opposition a gagné beaucoup de voix, surtout dans les grandes villes. Pour tenter de retrouver sa popularité, il décide de s'orienter vers l'Empire libéral. Profitant de l'absence d'Eugénie, il commence à négocier avec l'un des députés les plus en vue de la gauche, Émile Ollivier, et le rencontre souvent en secret à Compiègne. Il y a bien des problèmes à régler, beaucoup de différends à résoudre, mais Ollivier finit par accepter de former le gouvernement. Après ce premier pas, Napoléon en effectue un second : il fait rétablir par sénatus-consulte la responsabilité des ministres devant le Corps législatif. Il reste à accomplir le dernier pas, le plus spectaculaire : un plébiscite. Il faut que ce soit un triomphe pour l'Empereur, qu'il marque la solidité de la dynastie, la confiance que le peuple français lui témoigne. Habilement, Napoléon organise un référendum en formulant la question de manière à embarrasser les opposants. Le vrai problème est de savoir si la majorité des Français préfèrent l'Empire ou la République ; mais, ainsi posée, la question pourrait mettre le régime en péril. Aussi préfère-t-il le texte ambigu que voici :

« Le peuple approuve-t-il les réformes libérales opérées dans la Constitution depuis 1860 par l'Empereur avec le concours des grands corps de l'État et ratifie-t-il le sénatus-consulte du 20 avril 1870 ? »

Les partisans de Napoléon ne pourront pas se permettre de voter contre ses propres réformes ; quant à ses adversaires, comment voter contre des mesures libérales conformes à leurs idées ?

Aux Tuileries, les premières dépêches provoquent le trouble : les résultats déjà connus, ceux des grandes villes, sont catastrophiques. Eugénie est d'humeur massacrante, les courtisans ne tarissent pas d'exclamations indignées. Louis est exaspéré. Seul l'Empereur garde son calme, en homme aguerri contre les émotions hâtives. Il a raison, les campagnes font le nombre et elles lui restent fidèles, massivement. Et, le matin du 8 mai 1870, l'Empereur, radieux, vient retrouver son fils dans la salle d'étude du pavillon de Flore où Filon le fait travailler. Il lui montre un papier :

— Tiens, Louis, voici les résultats du plébiscite.

Louis regarde : 7 300 000 « oui » contre 1 500 000 « non »,

et se jette au cou de son père. En s'embrassant, chacun pense à l'autre. Louis ne voit que la victoire de son père, la reconnaissance de sa sagesse et de sa générosité, mais Napoléon voit l'assurance d'un empire pour son fils, pour Napoléon IV. Par l'une des fenêtres, sous le beau soleil de ce jour-là, on aperçoit de biais le dôme des Invalides, rayonnant comme une promesse de gloire.

Pour obtenir ce succès, Napoléon a sacrifié les ambitions politiques d'Eugénie. C'est un des points sur lesquels Émile Ollivier s'est montré intraitable. Sachant qu'elle aurait du mal à s'effacer et qu'elle chercherait toutes les occasions de s'immiscer dans les affaires de l'État, il a exigé qu'elle ne soit plus admise à participer au Conseil des ministres. Elle s'exécute, mais de mauvaise grâce, en pensant que l'Empereur va bientôt se retirer; d'ailleurs, la plupart des attributs du pouvoir personnel ont disparu. Il ne demeure que le décorum. Le succès du plébiscite semble assurer les chances de son fils de monter sur le trône, ce fils qui seul compte, car son mari n'est plus rien pour elle.

L'Impératrice, éliminée de la vie politique depuis la formation du ministère Ollivier, va chercher une occasion de revenir sur le devant de la scène. Une guerre ferait l'affaire, car, tandis que son mari, un Bonaparte, serait forcément à la tête des armées, c'est elle qui exercerait la régence, comme au temps de Magenta et de Solferino. La guerre, comment en douter, se terminerait par une victoire, et alors quelle gloire pour faire débuter le règne de son fils ! La dynastie serait sauvée.

Peu à peu, s'insinue dans l'esprit d'Eugénie l'idée d'une guerre contre la Prusse. Cette Prusse dont les journaux français, depuis quatre ans, dénoncent l'arrogance. La France aurait bien voulu annexer la Sarre et le Luxembourg comme, dix ans plus tôt, elle a fait de Nice et de la Savoie; mais Bismarck, le chancelier prussien, ne s'est pas laissé faire et Eugénie en a de la rancœur. L'Impératrice, s'imaginant que sa séduction personnelle sur les ambassadeurs d'Autriche et d'Italie suffira à entraîner ces deux nations, le moment venu, aux côtés de la France, ne craint pas de déclarer, le 26 juin 1870 :

« Il faut en finir. La France est menacée de perdre son rang dans le monde. Il faut qu'elle le reprenne ou qu'elle meure. »

Cependant, en ce début de l'été 1870, personne en France, sauf peut-être Eugénie, ne pense à la guerre et, depuis le 21 juin, la famille impériale se trouve à Saint-Cloud, pour quelques semaines sans doute, avant de partir pour Biarritz. C'est déjà un lieu de vacances, avec moins de cérémonies officielles qu'aux Tuileries et Napoléon peut y mener une vie plus tranquille, plus intime. Le parc permet d'agréables promenades ; on va parfois jusqu'à Versailles admirer les grandes eaux, pour ne rentrer qu'au clair de lune. Louis monte à cheval dans les bois ou joue avec ses amis d'interminables parties de croquet. Souvent son père s'assied à l'ombre pour le regarder passer dans le train miniature qu'il lui a fait construire dans un coin du parc. Le convoi, construit sur le modèle du train impérial, se compose d'une locomotive, d'un salon, d'une salle à manger et d'une chambre à coucher et circule sur une voie en forme de huit, avec une gare, un viaduc, un aiguillage et des signaux.

Soudain, alors que règne déjà une chaleur estivale, Napoléon est pris de frissons, au point qu'il faut allumer un feu dans la cheminée. Pendant des heures, il reste prostré sur une chaise longue, enveloppé de couvertures, en disant :

— Je sens à la vessie comme un paquet de pointes d'épingles qui m'enlèvent toutes mes forces.

Il a du mal à uriner et, lorsqu'il y parvient, son urine est chargée de sang et de pus. Cela se complique de sciatique, d'hémorroïdes, d'arthrite du gros orteil.

— Je suis persuadé, dit-il, que c'est le symptôme d'un mal qu'on pourrait guérir, si les médecins savaient en découvrir la cause.

Mais il juge insupportable la pensée qu'une consultation, un traitement, une opération soient l'occasion de bulletins, de commentaires de presse, d'intrigues politiques ou de spéculations en Bourse. C'est aussi l'avis du Dr Conneau qui veut encore tout cacher derrière le mot commode de rhumatismes. Cette fois pourtant, Eugénie insiste et obtient que son mari se soumette à l'examen d'un médecin qu'elle admire, le Dr Sée. Ce mystère dont on entoure la santé de l'Empereur explique le procédé employé pour introduire à Saint-Cloud le jeune spécialiste : on va le chercher sur la route, on le fait changer de voiture et on l'introduit par une porte dérobée ; il ne faut pas que la Bourse baisse !

Après un examen minutieux, Sée identifie une grosse pierre dans la vessie. Retenu à déjeuner par l'Empereur, il le rassure pleinement sur l'état de son cœur et de la moelle épinière et préconise d'extraire la pierre de la vessie. Même diagnostic que celui de Larrey, cinq ans plus tôt. À cette époque, on ne sait pas encore bien extraire un calcul et recoudre une vessie ouverte par le scalpel d'un chirurgien, aussi Sée est-il partisan de la lithotritie, c'est-à-dire l'introduction d'un instrument pour broyer cette pierre en plusieurs morceaux et les expulser. Mais le rein et la vessie sont enflammés, et il y a risque d'urémie : il préfère consulter des confrères.

Le 1er juillet, six praticiens se réunissent en consultation pour examiner l'Empereur. La discussion est longue, passionnée. Conneau, Corvisart et Nélaton commencent par nier l'existence du calcul, puis ils l'admettent mais invoquent l'insuffisance rénale pour différer l'opération. C'est surtout Nélaton qui s'oppose à Sée, car s'il faut opérer, c'est lui qui sera désigné et il ne veut à aucun prix prendre de risques sur l'Empereur. Il vient d'essuyer deux échecs retentissants en pratiquant la lithotritie, l'un sur Troplong, le président du Sénat, l'autre sur le maréchal Niel, qu'il a opéré l'été dernier : un mors de son outil s'étant cassé dans la vessie, il a fallu l'ouvrir et le malade est mort de septicémie.

Les médecins décident à la majorité de retarder l'intervention jusqu'à ce que le patient soit mieux en état de la supporter; le malade doit être soumis au repos le plus absolu, à une immobilité presque complète avant d'être opéré. Mais le plus étonnant est que, fuyant leurs responsabilités, aucun de ces médecins familiers du couple impérial, aucun de ces chirurgiens dévoués ne juge bon d'informer l'Empereur ou l'Impératrice et que, réciproquement, ni Napoléon ni Eugénie ne leur réclament leurs conclusions. Le salut de la France va tenir à la maladie de vessie d'un homme et cet homme qui souffre ne cherche pas à prendre connaissance du diagnostic des médecins ! Eugénie ne connaîtra la vérité que plus tard, en découvrant dans un tiroir le rapport dissimulé par Conneau pour des raisons mal connues.

Et voilà que deux jours plus tard, le 3 juillet 1870, éclate un incident diplomatique qui, attisé par des apprentis sorciers, va mettre le feu aux poudres. La reine Isabelle d'Espagne, déconsidérée par son inconduite, a abdiqué en faveur de son fils, le jeune Alphonse XII. Mais on apprend que le véritable maître du pays, un certain général Prim, préfère offrir le trône d'Espagne à Léopold de Hohenzollern, un arrière-petit-neveu du roi de Prusse. L'annonce de cette candidature produit en France une émotion considérable. La presse travaille les cerveaux. Elle persuade peu à peu les Français que leur sécurité dépend de leurs poings et elle éveille dans le pays une hystérie collective. Partant de cette idée que le conflit est inévitable, on va, au lieu de chercher à écarter la guerre, tout faire pour la précipiter. Les journaux de multiples tendances se déchaînent avec violence contre la Prusse.

« Enfin, voilà levé le linceul de Sadowa qui nous étouffait. Jamais nous ne retrouverons pareille occasion… Il faut en profiter… L'épée est tirée, sa lame luit au soleil et ce serait triste de la remettre au fourreau pour discuter à l'amiable de problèmes que la force seule peut et doit résoudre… Autant en finir maintenant, battons-nous tout de suite. »

Le ministre français des Affaires étrangères, Gramont, au lieu de modérer les esprits, s'ingénie à mettre de l'huile sur le feu :

— Cette candidature, déclare-t-il, lèse nos intérêts et offense notre honneur ; nous nous y opposerons par tous les moyens, fût-ce au prix de la guerre avec la Prusse.

Et le 6 juillet, il monte à la tribune du Corps législatif, pour s'écrier avec emphase :

— Nous ne devons pas supporter qu'une puissance étrangère, en plaçant un de ses fils sur le trône de Charles Quint, dérange à notre détriment l'équilibre actuel des forces en Europe. Pour empêcher pareille éventualité, forts de votre appui, Messieurs, et de celui de la nation, nous saurons remplir notre devoir sans hésitation ni faiblesse.

L'opposition n'est pas moins ardente que la majorité à prétendre que la France est humiliée et à vouloir en découdre avec la Prusse. On peut lire ces lignes enflammées dans un journal :

« France ! Nation généreuse, fille de la parole et de l'épée, lève-toi maintenant ! Ramasse le tronçon de tes armes brisées à Waterloo ! »

À Saint-Cloud, Louis entend le maréchal Vaillant dire à son père :

— Sire, vous ne pourriez trouver de plus belle occasion, il faut en profiter. Vous avez envoyé vos conditions ; en garde, maintenant !

Après le déjeuner, Louis le voit repartir avec Lebœuf, un autre maréchal, ministre de la Guerre, celui-là. Devant le perron, une sentinelle présente les armes ; Lebœuf, sans se donner le mal de regarder le soldat, lui met la main sur l'épaule et, avec un bel enthousiasme, dit à Vaillant :

— Avec des soldats comme celui-ci, la France est invincible.

Fou rire de Vaillant et de Louis, car le factionnaire auquel son ministre fait tant d'honneur a juste un mètre cinquante de haut.

Le seul pourtant, ou presque, à échapper à l'hystérie collective, c'est l'Empereur. Comme les ministres, comme l'état-major lui-même, il ignore que les tableaux d'effectifs sont faux et que l'armée française est une armée d'opérette, incapable de s'équiper et de se déployer en quinze jours. Mais lui au moins connaît la forte organisation militaire de la Prusse et l'isolement diplomatique de la France. Il sait que la lutte peut se terminer par un désastre et que, dans le meilleur des cas, elle sera longue et sanglante. De toute façon, la partie n'est pas égale ; le roi de Prusse peut se permettre de perdre plusieurs batailles, tandis que pour lui, Napoléon, si c'est la défaite, ce sera la Révolution.

Alors, pour éviter le drame, l'Empereur cherche à négocier. Sans consulter ses ministres, il envoie des émissaires à la reine Victoria et au roi des Belges afin de les prier d'user de leur influence personnelle pour inciter Hohenzollern à retirer sa candidature. D'ailleurs, l'Europe est stupéfaite. Le roi Guillaume de Prusse ne voit pas en quoi le libre choix d'un roi par l'Espagne peut atteindre l'honneur de la France et il juge que cette affaire touche à la folie. Mais, comme il ne tient pas à envenimer les choses, il intervient auprès du prince Antoine, le père de son arrière-petit-neveu Léopold. Et, le 12 juillet, Antoine de Hohenzollern télégraphie à Madrid « pour annoncer que son fils Léopold retire sa candidature en raison des complications qu'elle paraît soulever », ce qui permet au roi Guillaume d'écrire à l'ambassadeur de France qu'il considère que « l'incident est clos ».

À Saint-Cloud, Napoléon est soulagé.

— Je suis bien heureux que tout se termine ainsi. Une guerre est toujours une grosse aventure.

Louis l'entend dire au général Fleury :

— Cela signifie la paix. La guerre serait inutile, absurde : supposez qu'une île surgisse dans la Méditerranée, près de la côte française. L'Allemagne désire en prendre possession. Je m'y oppose. Mais, tandis que nous discutons, l'île a disparu. Ni la France ni l'Allemagne ne seraient assez folles pour combattre pour une île qui aurait disparu.

C'est compter sans l'Impératrice. En apprenant que la paix est sauvée, elle entre en fureur :

— *Qué vergüenza !* Quelle honte ! Cette renonciation est inacceptable. Le royaume de France est entré en quenouille !

Eugénie fait une crise de nerfs. Louis est affolé : « Venez, venez ! » crie-t-il à un aide de camp. « Je ne sais pas ce qu'a Maman. » Ce qu'elle a, c'est qu'elle se sent frustrée de manquer l'occasion d'exercer la régence, de gagner cette guerre courte, triomphale — comment pourrait-il en être autrement avec l'armée française, victorieuse en Crimée, victorieuse en Italie — et de voir s'évanouir cette promesse d'un baptême de gloire pour Napoléon IV.

On aurait dû être content de mettre au rancart les canons, les discours, les chants patriotiques, tout le tra-la-la dont on s'était volontairement enivré. Mais, au lieu de faire preuve de diplomatie, Gramont revient à la charge :

— Croyez-vous, dit-il, qu'on puisse faire confiance à la Prusse ? D'ailleurs, l'opinion ne se contentera pas du retrait de la candidature, elle exigera de la Prusse des excuses publiques. Il y va de l'avenir de la dynastie et du Prince Impérial.

Et, en effet, la presse parisienne se répand en sarcasmes :

«Cette victoire qui n'a coûté ni une larme ni une goutte de sang sera pour nous la pire des humiliations... Si la Prusse refuse de se battre, nous la contraindrons, à coups de crosse dans le dos, à repasser le Rhin, et à évacuer la rive gauche... C'est une paix sinistre que celle dont on parle depuis vingt-quatre heures.»

Sur les boulevards, aux terrasses de cafés, bondées de monde, *La Dépêche du père Antoine* déchaîne la fureur plus encore que la plaisanterie. Les Parisiens, en proie à une folie contagieuse, marchent en colonnes en criant : «À bas la Prusse ! À Berlin !» La foule des manifestants envahit la chaussée ; les voitures ne peuvent plus avancer et les omnibus sont obligés de prendre des rues parallèles.

Épuisé par la maladie, l'Empereur se sent isolé, abandonné. Sa femme est pour la guerre ; tous les ministres influents sont pour la guerre, presque tous les journaux sont pour la guerre. Il n'a plus l'énergie de résister. Alors, il cède et demande à Gramont :

— Que faut-il faire, à votre avis ?

— Sire, il faut donner instruction à notre ambassadeur de rencontrer à nouveau le roi de Prusse et d'exiger de lui la promesse écrite de ne plus permettre à son neveu de renouveler sa candidature.

En recevant de tels ordres, notre malheureux diplomate est bien embarrassé : demander un engagement pour l'avenir, c'est s'exposer à un refus et qui sait si ce refus n'entraînera pas la guerre ? Pourtant, les ordres sont les ordres et l'ambassadeur se résigne à aborder le roi Guillaume au cours de sa promenade matinale. Le roi sursaute :

— Quoi ? On exige de moi des garanties ! Non. Cette affaire m'a déjà donné trop de soucis. Je la considère comme terminée.

Et lorsque, sur ordre réitéré par Gramont, le diplomate revient à la charge, il refuse de le recevoir et lui envoie dire qu'il n'a « rien à ajouter ». Le cabinet royal télégraphie le récit de la journée à Bismarck, qui en donne à la presse un compte rendu incomplet et délibérément provocateur *.

À Paris, la nouvelle de ce refus fait à nouveau l'effet d'une bombe. On s'estime insulté. Vingt mille manifestants, drapeaux en tête, se dirigent vers le Palais-Bourbon, pour réclamer la guerre. Des balcons, on agite des mouchoirs pour applaudir ces imbéciles qui prétendent défendre l'honneur par l'assassinat anonyme.

À Saint-Cloud, l'Empereur préside avec tristesse un Conseil des ministres. Pendant deux heures, on discute. Napoléon est pour la paix, il propose de réunir une conférence internationale ou de demander la médiation de l'Angleterre. Dans le camp opposé, l'Impératrice est appuyée par le maréchal Lebœuf, qui jette avec violence son portefeuille par terre et jure que, si on ne fait pas la guerre, il ne le ramassera pas et qu'il rendra son bâton de maréchal.

— La guerre avec la Prusse est inévitable, dit-il, dans un avenir plus ou moins proche. Nous sommes prêts, notre ennemi ne l'est pas. Nous avons une armée superbe, admira-

* On a souvent prétendu que ce compte rendu, connu sous le nom de « dépêche d'Ems » avait été la cause de la guerre. En fait, le gouvernement français avait déjà pris sa décision de la déclarer.

blement disciplinée; nous ne retrouverons jamais pareille occasion. De Paris à Berlin, ce sera une promenade, la canne à la main.

Napoléon est loin d'être convaincu. Hélas, sous prétexte que l'Empire est devenu libéral, parlementaire, il se comporte en monarque qui règne mais ne gouverne pas. Au moment de passer au vote, il quitte la salle en disant :

— Je suis un souverain constitutionnel, je dois me soumettre à la majorité du Conseil.

Et il va se coucher. Voilà sa faute, elle est grande. Mais à peine est-il endormi que l'Impératrice, reprenant tous les ministres en main, les rappelle au Conseil. Il est minuit, dans cette triste nuit du 14 au 15 juillet 1870. Conseil funèbre, présidé par la mort. Eugénie sait se montrer éloquente; elle prouve aux ministres que, si l'on s'abstient, c'est la Prusse qui nous envahira : «Prenons les devants, et attaquons les premiers. Et puis, si la France offensée ne se hâte pas de souffleter la Prusse, il n'y aura pas de Napoléon IV.» Quand elle cesse de parler, ils ne sont plus que des courtisans. Ils obéissent comme si elle était déjà régente, comme si chacun avait peur de tomber en disgrâce. Au lieu de regarder la Prusse en face, ils ont regardé Eugénie. On décrète avec enthousiasme la mobilisation. On réveille l'Empereur, on lui donne une plume et il écrit son nom en rêvant, ce rêveur légendaire. S'il était mort la veille, sans doute son règne serait-il considéré comme l'un des plus grands de notre histoire. Hélas, en signant ce papier, il a signé sa part de responsabilité dans le désastre.

Le lendemain, le gouvernement se présente devant le Corps législatif pour demander les crédits pour la guerre. Un député demande à Lebœuf :

— Maréchal, sommes-nous prêts?

— Entièrement prêts!

— Réfléchissez bien, ce serait un crime d'engager la France sans avoir tout prévu, pensé à tout.

— Je vous donne ma parole d'honneur; nous sommes parfaitement prêts.

— Encore un mot, qu'entendez-vous par « prêts » ?

— J'entends par là que, si la guerre devait durer un an, nous n'aurions pas besoin d'acheter un bouton de guêtre.

Gambetta, chef des républicains, monte à la tribune :

— Le but de cette guerre est de régler à jamais la question de la prépondérance entre la race française et la race allemande.

Puis c'est le tour du président du Conseil, Émile Ollivier :

— De ce jour, je le sais, commence pour les ministres, mes collègues, et pour moi, une grande responsabilité. Nous l'acceptons d'un cœur léger.

— Vous avez le cœur léger, crie un député, et le sang des nations va couler !

— Je veux dire d'un cœur que le remords n'alourdit pas, d'un cœur confiant.

Et, par 247 voix contre 10, les députés se prononcent pour la guerre.

Le 18 juillet, Louis passe l'après-midi à Bagatelle, à faire de l'équitation avec Bachon. Après l'exercice, il rejoint sur la terrasse l'Impératrice, qui prend le thé avec ses dames d'honneur. Dans le lointain du parc, on voit venir un grand gaillard un peu voûté appuyé sur le bras d'un homme plus jeune : c'est lord Hertford et son fils, Richard Wallace. À peu près en même temps, l'Empereur et le général Fleury, tous deux en civil, débouchent d'une autre allée.

— Quelles nouvelles ? demande Eugénie en criant.

— Bonnes pour vous, Madame. Dans vingt-quatre heures, la guerre sera déclarée à la Prusse.

Alors Eugénie se précipite vers Napoléon, lui étreint les mains et répète :

— À Berlin ! À Berlin !

Après avoir raccompagné les souverains jusqu'à la grille d'honneur, lord Hertford a l'air bien pensif ; il incline tristement la tête et soudain, se redressant d'un air prophétique, il a ces mots :

— Pauvre France ! Pauvre France ! Et pauvre petit prince ! Ah, cette femme va nous plonger dans l'abîme !

Dans la voiture qui ramène à Saint-Cloud la famille impériale, Louis boit les paroles exaltées de sa mère. Pourtant, pendant le dîner, son père reste pâle comme un spectre, sans dire un mot. En prenant connaissance des télégrammes qui arrivent coup sur coup, l'Empereur paraît accablé, épuisé. On dirait que des choses terribles et irrémédiables sont en train de se déclencher. Il a le teint jaune, l'air bouffi, et jette de temps en temps comme un regard de détresse sur Eugénie, en soulevant avec un visible effort ses paupières alourdies. Le repas fini, il s'entretient à voix basse avec ses aides de camp. Louis, les yeux fixés sur le visage paternel, écoute avidement ce qui se dit.

Le 19 juillet, les dés sont jetés : la France déclare officiellement la guerre à la Prusse. Et Napoléon, ce malade qui souffre affreusement, ce malheureux qui peut à peine diriger la paix, va commettre la folie de se mettre à la tête de l'armée pour diriger la guerre. Et, comme il a le sens de la publicité, il décide d'emmener son fils avec lui. Le jeune prince a toujours été populaire dans les défilés et les camps, pourquoi ce qui marche en temps de paix ne marcherait-il pas en temps de guerre ? En apprenant qu'il part avec son père, Louis est au septième ciel. Il va pouvoir réaliser ses rêves d'enfant, revivre l'épopée napoléonienne. Ne vient-il pas, pour ses quatorze ans, de recevoir les épaulettes de sous-lieutenant d'infanterie ? Souvent, il a envié la liberté de mouvement des enfants de son âge, mais, cette fois, c'est lui qui a cette chance inouïe : partir en guerre avec son père, un Napoléon, merveille des merveilles ! Est-il ridicule ou simplement pathétique, cet enfant qui met sa fierté à vouloir être un soldat comme les autres et qui se prend tellement au sérieux ?

Louis se fait couper des mèches de cheveux pour les envoyer à sa grand-mère en Espagne et, du matin au soir, il met son uniforme de sous-lieutenant — sans galons ni épaulettes, il est vrai. Le fourreau de son sabre bat sans cesse contre ses jambes. Il est dans ses rêves et chante en sourdine des airs militaires. On le surprend même à passer les mains entre les boutons de sa tunique, comme Napoléon Ier. Son professeur d'allemand lui dit :

— Monseigneur, mes parents habitent Mayence. Comme Votre Altesse ne peut manquer de faire bientôt son entrée triomphale dans cette ville, je les recommande à votre protection.

Ses jolies cousines espagnoles, Marquinita et Chiquita, font de lui leur héros. Tous ses amis garçons, Bourgoing, Corvisart, Espinasse, Frossard, les Fleury, meurent d'envie de partir avec lui. Louis Conneau, les larmes aux yeux, ne se résigne pas à rester ; il va carrément voir l'Empereur et lui demande d'accompagner son ami à la guerre. Mais Napoléon, d'habitude si affable, lui répond sèchement :

— Ne m'ennuie pas avec cette sottise. Mon fils ne part pas en campagne pour jouer au soldat. Il y va pour apprendre son métier de souverain.

C'est alors que les deux Louis, avant de se séparer, décident de se choisir une devise commune, une devise en vieux français : « *Passavant le meillor.* »

Deux jours plus tard, le jeune prince se rend au quartier des lanciers de la Garde, pour le visiter en détail. Il parcourt la caserne, s'intéresse à tout et pose beaucoup de questions au maréchal des logis qui lui en fait les honneurs. Soudain, il se retourne vers lui et lui dit, en le regardant en face :

— Vous savez, maréchal des logis, je pars aussi, moi.

Et il insiste sur le « moi », pour bien montrer qu'il n'est plus un enfant et qu'il veut être traité en homme. Le lendemain, Filon trouve Louis en sueur occupé avec son ordonnance Uhlmann à serrer ses effets dans la petite caisse noire réglementaire pour un sous-lieutenant. L'enfant lui dit, tout excité :

— C'est ma cantine. Toutes mes affaires doivent tenir là-dedans, vous comprenez, monsieur Filon.

Les deux hommes se doutent que toutes les affaires du Prince ne tiendront pas là-dedans, mais ils prennent soin de ne pas lui retirer ses illusions. Le soir, après le dîner, on le voit arriver, traînant avec difficulté quelque chose : c'est son lit de camp, qu'il prépare et sur lequel il se couche.

— Prince, lui dit un officier en souriant, vos bagages prendront trop de place et vous n'êtes que sous-lieutenant. C'est abusif.

— Ah ! pour moi, ce n'est pas du tout la même chose, je suis de l'état-major.

Là-dessus, l'enfant entame une discussion avec un lancier sur l'opportunité de la lance.

— Je la ferais tomber d'un seul coup de sabre, votre lance ! s'écrie-t-il.

Questionné sur la date du départ, l'Empereur se montre évasif. Louis finit par dire que ce sera dans cinq ou six jours.

— Mais tout sera fini, alors ! s'exclame un officier.

— Soyez tranquille, répond Napoléon, vous aurez encore à faire.

Le malheureux Empereur a le visage couleur de cendre. Au lieu du repos, du calme, des soins nécessaires pour préparer une opération que les médecins recommandent pour un peu plus tard, Eugénie laisse ce grand malade partir pour l'armée où l'attendront nécessairement les soucis et les fatigues. Comme il se traîne dans le parc de Saint-Cloud, quelques pas derrière lui la princesse Mathilde dit à Eugénie, qu'elle n'aime guère :

— Comment, c'est cet homme-là que vous envoyez à la guerre ?

— Ma foi, réplique l'Impératrice d'un ton leste, le vin est tiré, il faut le boire.

Eugénie, comme Gramont, croit pouvoir compter sur l'alliance de l'Autriche et de l'Italie, mais à leur grande déception, ces deux pays restent prudemment à l'écart. Les quatre États allemands du Sud, au contraire, la Bade, la Bavière, la Hesse et le Wurtemberg, donnent tous les torts à la France et se joignent à la Prusse, si bien que, de franco-prussienne, la guerre devient franco-allemande. Napoléon, de plus en plus cerné par le péril, tente à la dernière minute de négocier avec le roi de Prusse ; pourtant, une fois encore, il cède et finit par se résigner à la guerre. Assis avec son vieil ami, le maréchal Randon, il lui dit à voix basse :

— Je suis trop vieux, bien trop malade, hors d'état de faire une campagne.

Cette pierre qu'il a dans la vessie lui fait souffrir le martyre et il ne sait comment il supportera tout cela. Mais on attend d'un Bonaparte qu'il conduise l'armée à la victoire ; il est hors de question qu'il renonce à son commandement.

Quand les sénateurs viennent lui offrir leurs vœux à l'occasion de son départ, c'est un concert de félicitations : la victoire ne peut lui échapper. Le regard las, il les écoute et attend patiemment qu'on fasse silence. Puis, d'une voix grave, lente, il leur fait une réponse funèbre :

— Ce serait folie de crier victoire avant que la bataille ait commencé. La guerre sera longue et difficile.

Lorsque l'Empereur quitte la salle, les sénateurs laissent éclater leur indignation. Louis est bien le seul à ne pas prêter attention à la gravité de son père. Sa gaieté à lui n'en est pas troublée.

La veille du jour fixé pour le départ, l'Impératrice offre un dîner d'adieux à la maison impériale. Les officiers qui doivent servir d'aides de camp à l'Empereur sont les invités d'honneur et la table est chamarrée d'uniformes. Louis est entouré de ses amis. Marquinita est à sa droite, Chiquita à sa gauche. Tout le monde est exalté. Soudain, au dessert, il se fait un silence général : la musique de la Garde joue l'air interdit, *La Marseillaise*. Il y a un moment de surprise, puis tout le monde se lève et reprend les paroles avec passion, même les valets en livrée vert et argent ; Louis et ses amis sont debout sur leurs chaises. Seul, dans cette maison de fous, Napoléon reste assis, à les regarder. Après la réception, Filon, qui s'est assis à son balcon pour profiter de la douceur de la nuit, entend des voix d'adolescents chanter sous les arbres : c'est encore *La Marseillaise*, et il se demande comment ils ont pu si bien apprendre les paroles de l'air interdit*. C'est une superbe nuit d'été, avec plein d'étoiles filantes, et l'une des deux cousines dit sérieusement à Louis que si on a le temps de crier « Victoire » pendant que l'étoile demeure visible, la France est sûre de gagner la guerre.

Le 28 juillet, enfin, c'est le départ. Le matin, les ministres sont réunis dans les salons de Saint-Cloud avec les habitués du palais, pour les adieux à l'Empereur. À neuf heures, Napoléon fait son entrée. Il est en tenue de général, le dos voûté, le teint blafard, les paupières gonflées. Derrière lui, Eugénie, en robe de soie grise, serre la main de Louis, pimpant dans sa nouvelle tenue de sous-lieutenant, où brille la plaque de la Légion d'honneur, et ses hautes bottes. Avec des gestes lents, l'Empereur, le képi à la main, va de l'un à l'autre et serre toutes les mains. Il s'efforce de paraître calme, mais fume un cigare au lieu de cigarettes, ce qui, chez lui, dénote un certain trouble. Quelqu'un lui dit :

— Dans quinze jours, Votre Majesté sera à Berlin.

Il répond tristement :

— Non, n'espérez pas cela, même si nous sommes heureux.

Puis, se tournant vers Émile Ollivier :

— Je compte sur vous.

Le Prince Impérial semble bien fluet, mais ses yeux brillent ; il parle beaucoup et plaisante, l'air grisé, sans se rendre compte que son père souffre. L'Impératrice, elle non plus, ne remarque pas l'extrême lassitude de l'Empereur, son œil atone, l'affaissement de son visage. Elle n'a jamais pris son mal vraiment au sérieux ; tant de fois déjà son mari a subi des crises qui ont passé ! À vivre si près de lui, elle s'est habituée à cette décadence. Pourtant, par précaution, elle a fait placer une impressionnante pharmacie dans ses bagages ;

* *La Marseillaise* a été interdite comme chant séditieux peu après le coup d'État du 2 décembre 1851, remplacée comme hymne national par *En partant pour la Syrie,* une romance composée par la reine Hortense et chantée par la Grande Armée.

d'ailleurs, les Drs Conneau et Corvisart ne le quitteront pas. Napoléon a terminé ses adieux, il tire sa montre :

— Allons, dit-il, c'est l'heure.

Avec sa femme et son fils, il traverse la cour du palais, et les salons se vident derrière eux. Devant la grille se tient un valet, avec la voiture à poney d'Eugénie, précédant une file de calèches. L'Impératrice aide son mari à monter, puis elle saisit les rênes, voulant conduire elle-même. Louis, les jumelles en sautoir, prend place avec Filon dans la seconde voiture. Radieux, il prodigue aux domestiques le salut militaire, la main au képi, ce qui a le don d'énerver le prince Napoléon, assis dans la calèche suivante avec la princesse Clotilde. Les ministres, les dignitaires, quelques dames, des généraux montent dans les autres voitures. Eugénie lève son fouet, pour donner le signal du départ. L'Empereur, tête nue, s'incline vers les personnes demeurées dans la cour. Puis, la petite voiture des souverains part au trot, au son des grelots. Les autres lui emboîtent le pas et prennent la route de la rotonde couverte de chaume, au bout du parc, qui sert de gare à l'usage exclusif de Leurs Majestés, sur la ligne de chemin de fer de Paris à Versailles.

Louis est déçu : il aurait voulu un départ en fanfare et une cavalcade à travers Paris au milieu d'une belle escorte militaire. Mais son père en a rejeté l'idée, car le spectacle de Paris en liesse pour cette guerre stupide lui est devenu intolérable. Et, pour éviter les ovations qu'on lui prépare sur le parcours de Saint-Cloud à la gare de l'Est, il a choisi d'emprunter une petite ligne circulaire qui se raccorde à la grande ligne de Metz en évitant Paris. Le ciel s'est chargé de nuages, des coups de vent arrachent les premières feuilles mortes de l'année. Napoléon, l'air épuisé, affalé sur la banquette, regarde loin devant lui, sans dire un mot. Eugénie conduit, bien droite ; de temps à autre elle se tourne vers son mari et, voyant son regard abattu, fronce les sourcils.

Devant la gare, le train impérial allonge la succession de ses wagons-salons. Il règne un silence lugubre, personne ne sait quoi dire. Chacun peut voir que l'Empereur n'est pas en état physique de faire campagne. Il promène un sourire vague et triste, comme pour s'excuser. À droite et à gauche, il échange quelques paroles, d'une voix douce et mélancolique, à briser le cœur. Eugénie se tait, comme gagnée à son tour par l'inquiétude. Seul Louis bavarde sans arrêt, tenant ferme le pommeau de son épée tout en échangeant des poignées de mains. Chacun n'a plus qu'une hâte : que le train s'en aille. Alors, Napoléon embrasse sa femme ; elle, à son tour, étreint longuement leur fils. L'enfant, tout à l'heure si fier, est maintenant ému ; il se met à pleurer. Sa mère essuie son visage et son père, le prenant par la main, le fait monter dans le wagon.

— Adieu, Louis, lance Eugénie, fais ton devoir.

— Nous le ferons tous, répond l'Empereur en promenant un regard terne, lointain, sur l'assistance.

Un instant plus tard, Eugénie crie :

— Je veux encore embrasser Louis.

Le Prince Impérial descend du wagon. Sa mère l'embrasse avec emportement et le bénit en traçant un signe de croix sur son front.

— Je serai brave, maman, dit l'enfant, vous verrez.

Sur un signe de l'Impératrice, il remonte près de son père. De ses mains, Eugénie cache ses larmes. Enfin, la locomotive siffle, il y a des grincements, quelques heurts sourds. On entend un grand cri :

— Vive l'Empereur !

Louis agite son képi. Napoléon, debout à la portière, salue d'un air accablé tous ceux qui restent sur le quai, émus, le chapeau à la main. Et, apercevant un de ses valets de chambre, il lui crie :

— Du Manoir, j'ai oublié de vous dire au revoir.

Avec l'Empereur et le Prince Impérial, le train emmène une dizaine de généraux, un secrétaire et deux médecins. D'Espeuilles et Ligneville, qui ont pris un commandement, ne sont pas avec Louis, mais outre Larrey, Uhlmann, son ordonnance, et Bachon, son écuyer, on lui donne un nouvel aide de camp, qui va rester auprès de lui toute la campagne : il s'appelle Clary, a été élevé dans le culte de Napoléon et vient d'épouser une demoiselle d'honneur d'Eugénie. Quant à Filon, il reste aux Tuileries, pour assurer la liaison entre l'Impératrice, Clary et Larrey. Lorsque le wagon de queue a disparu, la princesse Clotilde monte avec Eugénie dans la voiture à poney et prend les rênes. Filon, de la voiture suivante, s'aperçoit que l'Impératrice pleure, le visage entre les mains. Pourtant, elle ne sait pas encore que son mari et son fils, emportés par le destin, ne reviendront jamais en France.

DEUXIÈME PARTIE

LE PÈRE HUMILIÉ

1

La débâcle

Durant le voyage de Saint-Cloud à Metz, l'Empereur parle peu, comme enfermé dans une profonde rêverie. Les gares que l'on traverse restent, pour la plupart, silencieuses. On trouve pourtant, plusieurs fois, des jeunes filles chargées, comme d'habitude, d'offrir des bouquets et le vin d'honneur préparé par la municipalité ; mais l'Empereur, d'ordinaire si affable et courtois, les accueille d'un air indifférent. Louis, au contraire, est tout à sa joie. Pour lui, le plan de son père semble lumineux : on va franchir le Rhin avant que les Prussiens ne soient prêts, couper l'Allemagne du Nord de l'Allemagne du Sud grâce à quelque succès éclatant, persuader aussitôt l'Autriche de s'allier avec nous et effectuer ensemble une marche glorieuse sur Berlin.

À cinq heures, on arrive à Metz. Si la gare est à moitié déserte, par contre une fourmilière humaine rend presque impraticables les rues qui mènent à la préfecture et le cortège impérial s'avance rue Serpenoise dans l'enthousiasme. Napoléon et le maréchal Lebœuf sont dans la première voiture ; Louis est dans la seconde, avec son oncle le prince Napoléon ; il salue, sourit, heureux à la vue de cette foule fanatisée qui les bombarde de fleurs. Le cœur du jeune prince bat à tout rompre au milieu des brillants uniformes qui entourent les orchestres militaires.

La France s'est accoutumée à considérer son armée d'Afrique — en fait une société d'admiration mutuelle —

comme l'héritière glorieuse de la Grande Armée d'Austerlitz et d'Iéna et, dans une carrière d'officier, le séjour en Afrique compte beaucoup. Hélas, si les guerres d'Afrique privilégient la bravoure, c'est au détriment de la stratégie : ces marches de nuit, ces razzias, ces attaques surprises de nuées de cavaliers tourbillonnant en désordre ne préparent pas aux énormes concentrations de canons ; or, cette fois, l'ennemi détient la supériorité de l'artillerie. L'état-major prussien excelle aussi dans la préparation et dans l'emploi des chemins de fer ; il a concentré quatre cent cinquante mille hommes sur un front de cent vingt kilomètres, tandis que les Français sont trois cent mille, étirés sur deux cent cinquante kilomètres.

Napoléon va découvrir un désordre indescriptible. Il manque la moitié des effectifs prévus. Sur les bureaux s'empilent des télégrammes de chefs de corps réclamant, qui des hommes, qui du matériel ou des munitions, qui des chevaux ou des ambulances. Des généraux courent à la recherche de régiments absents, des artilleurs ne trouvent pas leurs canons, les harnais sont trop petits pour le cou des chevaux, les dragons n'ont pas de selle. Le matériel reste immobilisé sur les voies de garage, faute d'instructions ; le foin qu'on expédie aux dépôts de cavalerie revient à la gare sans affectation. Les zouaves sont envoyés du sud au nord et du nord au sud de la France, crevant de faim, épuisés, souvent pris de vin. Les magasins qui doivent tout fournir sont vides : ni tentes, ni marmites, ni ceintures de flanelle. Personne ne commande, tout le monde donne des ordres. Bientôt, Napoléon reçoit des dénonciations anonymes, par centaines ; sans doute des subalternes qui tentent de signaler l'incurie d'Untel ou d'Untel. Nulle part, on ne voit personne capable de prendre des initiatives. De grosses gouttes de sueur perlent sur le front de l'Empereur. Il télégraphie à Eugénie :

« Tout n'est que désordre, incohérence, retard, dispute et confusion. Rien n'est prêt. Nous n'avons pas assez de troupes. Je nous considère d'avance comme perdus. »

Cependant, Louis, ébloui par les uniformes, n'a pas la moindre idée de la situation. Il va d'un cantonnement à l'autre, infatigable, demandant si tout va bien, faisant des prédictions enthousiastes, souriant. Partout, on lui fait bon accueil. C'est vrai, il y a du désordre, mais les Français sont les meilleurs : on se débrouillera. D'ailleurs, la pagaille, il y en a eu aussi en Crimée et en Italie, c'est naturel, cela commence toujours ainsi.

Plusieurs jours se passent dans l'inaction. Le 1er août 1870, Louis accompagne son père à un conseil de guerre, à Saint-Avold. Enfin, le 2 août, pour donner quelque chose en pâture à la presse et calmer l'opinion, on envisage un semblant de bataille, à Sarrebruck, la première ville de l'autre côté de la frontière. Un millier de Prussiens y tiennent garnison avec quelques canons et occupent une ligne clairsemée d'avant-postes sur la hauteur. C'est un combat insignifiant, avec une vingtaine de morts de part et d'autre, mais, pour Louis, un jour inoubliable, le lever de rideau d'une grande épopée. Assis en voiture à côté de son père, l'adolescent s'enthousiasme en voyant six mille soldats français avancer au son des fifres, des tambours et des trompettes de cavalerie. Partout, ce ne sont que colonnes de baïonnettes et d'uniformes bleus et rouges. La lumière se réfléchit sur la pointe des lances et la poitrine des cuirassiers. La terre tremble sous les pas de milliers de chevaux. Quand la berline impériale, entourée de la Garde en tunique blanche et bonnet à poil, rejoint la première ligne, les voltigeurs en uniforme vert gravissent la hauteur. Bientôt, on les voit se grouper sur la crête et agiter les bras en signe de victoire. L'Empereur fait arrêter sa voiture et descend. On amène des chevaux. Le père s'élance vers la colline, suivi de son fils. En entendant siffler les balles, Louis a un moment de frayeur et fait une prière. Mais très vite, fasciné par le bruit et l'odeur de la poudre, il soulève son képi et le brandit avec joie. Après trois ou quatre heures de résistance, les Prussiens se retirent en bon ordre sur l'autre rive de la Sarre. Les Français négligent de les poursuivre, se contentant de camper sur la hauteur et voilà à quoi se réduit la marche tant annoncée sur Berlin. À la fin de la journée, l'Empereur, épuisé par ces longues heures passées à cheval, met soudain pied à terre et va s'effondrer dans les bras du général Lebrun.

— Votre Majesté est souffrante ?

— Je souffre horriblement, gémit Napoléon.

Il ne parvient pas à uriner. Plutôt que de faire appeler sa voiture, il préfère marcher à pas lents, cherchant à se maîtriser. Le cheval est devenu une torture pour lui, car l'exercice fait bouger la pierre qu'il a dans la vessie ; mais avec du temps, il espère que cela diminuera et qu'il pourra à nouveau se remettre en selle.

Louis ne s'aperçoit de rien, et part galoper avec ses aides de camp, d'un régiment à l'autre, salué par des « Vive le petit prince ! ». C'est la première fois que la guerre, cessant pour lui d'être une abstraction, s'impose à son imagination dans sa réalité sanglante. Et, le soir même, tout fier d'avoir vu, même de loin, se dérouler l'action, il écrit à Filon pour lui en faire le récit :

« Les batteries prussiennes étaient en retraite et traversaient les ponts de la Sarre au grand trot pour aller se remettre en position un peu plus loin. Les Prussiens occupaient un poste, c'est-à-dire un cabaret où il y avait écrit "Zür Bellevue". Mais nous les en avons chassés. Il y avait là deux cadavres : un officier et un soldat prussiens... Les batteries prussiennes s'étaient retirées derrière les bois qui dominent la ville, mais deux obus seulement vinrent jusqu'à nous. Ils avaient encore deux ou trois compagnies embusquées derrière un pont et tiraient sur tous les cavaliers qui se montraient. Papa voulut voir néanmoins, et nous entendîmes quelques balles. On ramassa un éclat de bombe tout près de l'Empereur. J'avais entendu au-dessus de ma tête un bruit de vieille ferraille, mais je ne sus que plus tard ce que c'était... Nous entrons à l'heure qu'il est dans Sarrebruck... Toutes les musiques ont joué *La Marseillaise* et tout le monde la chantait, c'était très beau. Les Prussiens l'ont entendue, ça n'a pas dû les rassurer. »

De cette escarmouche, les comptes rendus d'état-major font une bataille : « la bataille de Sarrebruck » et la presse un véritable triomphe : « Nous n'avons rencontré presque aucune résistance... nos mitrailleuses ont eu un effet dévastateur.» Paris pavoise. Mais, surtout, Napoléon ne résiste pas au plaisir d'envoyer à Eugénie un long télégramme pour raconter le courage de leur fils : «Louis a été admirable... il semblait se promener au bois de Boulogne... Il a ramassé une balle tombée près de lui pour la conserver en souvenir... Il y a des hommes qui pleuraient en le voyant si calme.» Eugénie est au comble de la joie. Elle est fière de son fils : il a reçu le baptême du feu et n'a pas été touché; il aura de la chance comme tous les Bonaparte. Mais elle se sent jalouse : c'est à son précepteur qu'il a adressé sa première lettre, quel ingrat! Il commence à lui manquer. En flattant son orgueil de mère, Louis la rend folle de lui. Elle ne se soucie plus de son mari. L'avenir c'est son fils; elle lui envoie un trèfle à quatre feuilles que la petite-fille du maréchal de Mac-Mahon a trouvé dans le parc de Saint-Cloud.

La dépêche que lui a envoyée l'Empereur, de caractère privé, était seulement destinée à la mère; pourquoi le hasard veut-il qu'Émile Ollivier soit présent lorsqu'elle arrive et qu'Eugénie la lui fasse lire?

— Il faut publier cela, s'écrie Ollivier, politicien avant tout, l'effet sur l'opinion sera prodigieux.

L'Impératrice hésite, le ministre insiste; elle finit par accepter. Mais le lendemain, en lisant les journaux d'opposition, elle serre les poings : l'incident de Sarrebruck y soulève un immense éclat de rire, on tourne en dérision «le dernier des Bonaparte, l'héritier de la dynastie, ce jeune héros qui se promenait pendant la bataille pour collectionner les souvenirs».

Et tout Paris va surnommer Louis «l'enfant à la balle» et se mettre à chanter :

«Et le jeune prince ramassait les balles
Qu'on avait mis là tout exprès...»

Cela fait tant de peine à Eugénie que le jour même, à Saint-Cloud, l'abbé Pujol, en disant sa messe, entend, de l'autel, les sanglots de la souveraine.

Le succès de Sarrebruck sera sans lendemain. Le 4 août, au dîner, Louis remarque la figure bouleversée d'un aide de camp qui apporte une longue dépêche ; l'officier ne cesse de sortir et d'entrer, mais personne n'ose lui demander ce qui se passe. Sitôt après le repas, on voit l'Empereur déployer des cartes dans le salon, faire signe à un général et s'enfermer avec lui. Tout le monde semble consterné. Pourtant, ce n'est encore que la défaite de Wissembourg, où l'une de nos divisions a été écrasée. Mais ce premier échec affecte beaucoup l'Empereur, qui ne peut cacher sa déception.

Le 6 août, c'est bien pire encore : l'armée de Mac-Mahon est taillée en pièces à Reichshoffen, malgré la charge héroïque de nos cuirassiers à travers les vignes et les houblonnières ; les chevaux, empêtrés dans les perches à houblon et les fils de fer, ont été de belles cibles pour les tireurs ennemis. On commence à évacuer l'Alsace. Et le même jour, l'armée de Lorraine, battue à Forbach, se trouve aussi en pleine retraite ; le général Frossard, le gouverneur soi-disant infaillible de Louis, reflue devant un adversaire supérieur en nombre. À tous ses appels à l'aide, Bazaine, qui le jalouse, s'est contenté de répondre, en haussant les épaules :

— Le pion est dans la marmelade, qu'il y reste !

Trois défaites en trois jours. Cette fois, l'état-major est désemparé. Au quartier général de Metz, Napoléon écoute tout le monde, mais ne répond à personne. Le maréchal Lebœuf lève les bras au ciel en disant :

— Que voulez-vous que j'y fasse, on m'a trompé, on s'est joué de ma bonne foi, on a abusé de ma loyauté ; les états d'effectifs qu'on m'a remis sont faux ; il me manque douze mille hommes, que voulez-vous que j'y fasse ?

Tous deux paraissent assommés, ensevelis sous le poids des responsabilités. Ils flottent d'irrésolution en irrésolution, incapables de prendre une décision. Louis, toujours debout à quelques pas, dresse l'oreille ; malgré le malaise de l'attente, il garde encore la certitude de la victoire.

Le 7 août, tout n'est pas encore perdu et Clary, son aide de camp, conserve quelque espoir :

« Mac-Mahon, écrit-il à sa jeune femme, n'a pas été poursuivi depuis hier. Il est donc presque certain qu'aujourd'hui l'ennemi ne fera rien et j'espère bien que nous allons employer cette journée de répit à nous masser et non plus à nous échelonner comme nous l'avons fait jusqu'à présent, par petits paquets, pour nous faire battre régulièrement, régiment par régiment. C'est la grande guerre qu'il faut faire, et non la guerre d'Afrique. »

Mais en ce dimanche, l'Empereur a l'air abattu quand, pour aller à la messe avec son fils à la cathédrale, il traverse à pied la place où sont rangées les troupes. Et lorsque, devant le porche, l'évêque leur fait un discours, ils l'écoutent tête baissée et Louis a les larmes aux yeux. Hélas, les deux seules mesures que décide Napoléon contribuent à accélérer la catastrophe. Il prescrit d'abord un repli général, puis recommande à Bazaine, dont le potentiel est encore intact, de se retirer sans combat vers le camp retranché de Metz. En même temps, il donne l'ordre à Mac-Mahon de se réfugier dans un autre camp, celui de Châlons. Au lieu de regrouper ses forces en un puissant corps de bataille, il les divise, les contraignant à la retraite, puis à l'immobilité.

Louis sent qu'il est arrivé une catastrophe. En écoutant aux portes, il essaie de comprendre ce qui se passe. Tout le monde a l'air sinistre, plus personne ne lui sourit. Désormais, on l'ignore, comme s'il était un simple petit tambour. Effrayé, ne sachant plus ce qu'il doit croire, il tâche de se rassurer auprès de son père et reprend espoir en le voyant impassible. Mais Napoléon, comprenant que plus personne n'a confiance en lui, télégraphie à sa femme, la Régente, pour lui demander ce qu'il faut faire :

« Immense désastre, défaite complète. Nos troupes sont en pleine retraite. »

Les habitants des villages placés sous les canons des forts de Metz, pris de panique, chargent sur des voitures à foin, sur des voitures à bras, leurs lits, leurs chaises, leur vaisselle, et se réfugient dans la ville, poussant leurs bêtes devant eux. Tout est bien changé. L'attaque est proche, on attend l'ennemi. Metz est grave, recueillie, sombre ; on a détaché des balcons les drapeaux officiels. Le 7 août, un capitaine lit à Napoléon les dépêches entassées sur sa table de chevet. L'Empereur l'interrompt : « Je souffre trop… Je n'en peux plus… Laissez-moi. » Et il dit à son fils : « Louis, appelle M. Anger, s'il te plaît, là, dans la pièce à côté. » C'est un jeune médecin, qui garde à portée de la main la trousse laissée à l'Empereur par Nélaton pour le soulager. Après un répit, Napoléon fait bourrer sa culotte de serviettes et se rend à la gare pour se placer à la tête de l'armée. Puis il se ravise, revient à la préfecture et donne l'ordre de se replier sur Châlons. Mais voilà qu'il reçoit un télégramme : « Paris n'est pas d'accord, Metz doit être le centre de la résistance. »

Alors il cède.

Le lendemain, l'Empereur souffre terriblement, son visage ruisselle de sueur. Il saisit la main de son fils ; Louis, étonné, le regarde en silence. Le 9 août, Napoléon pousse jusqu'à Faulquemont, puis revient à Metz. Personne n'a plus confiance dans sa capacité d'exercer son rôle de commandant en chef. Il n'a plus la force physique de contrôler l'exécution de ses ordres et d'apparaître sur le champ de bataille au moment crucial. Le maréchal Canrobert, les généraux Changarnier et du Barail, qui viennent d'arriver à Metz, le pressent d'abandonner le commandement de l'armée. De Paris, Eugénie appuie dans le même sens. Mais qui trouver pour le remplacer dans cette tâche ? La débâcle qui a suivi les défaites d'Alsace a déconsidéré Mac-Mahon. Bazaine, au contraire, n'a encore jamais été battu ; il est courageux et plein de santé ; de plus, il est populaire auprès de la gauche, car il est sorti du rang ; mais Bazaine a déjà atteint et même dépassé son seuil de compétence. Incapable de se décider, l'Empereur réunit ses généraux et leur demande de choisir eux-mêmes son successeur. Le visage caché dans les mains, il attend leur verdict. Après un débat orageux, la voix de Changarnier domine, persuadant ses camarades de choisir Bazaine. Napoléon se soumet à cette décision et, le 12 août, il se rend à Courcelles, à seize kilomètres de Metz, pour lui remettre le commandement en chef.

Pendant ce temps, à Paris, le ministère Ollivier, qui n'a d'autre appui que l'Empereur, est renversé par le Corps législatif. Eugénie, outrepassant ses pouvoirs de Régente, s'empresse de le remplacer par des hommes à elle. Quand on lui fait observer qu'il faut consulter Napoléon, elle répond : « Nous suffisons ici » ; et elle confie présidence du Conseil et ministère de la Guerre à un général de soixante-quatorze ans, Cousin Montauban, comte de Palikao, dont le seul mérite est d'avoir organisé le sac du palais d'Été, à Pékin. Voilà l'homme auquel va incomber désormais la tâche de réunir de nouvelles armées, de maintenir l'ordre à Paris, de sauver la France et l'Empire !

Resté face à face avec lui-même, Napoléon se demande ce qu'il peut bien faire d'utile. L'idée de demeurer à la traîne des armées, à donner des conseils que personne ne suivra, lui paraît dégradante. Mieux vaut rentrer à Paris ; là, au moins, il pourra aider à la défense de la capitale et parer à tout risque d'émeute. Il télégraphie à sa femme pour lui annoncer son retour à Paris. Colère de la Régente, qui ne peut supporter l'idée que les Parisiens insultent son mari, le traitent de lâche, de faible comme Louis XVI. Elle lui interdit de revenir :

« Ne pensez pas rentrer à Paris, si vous ne voulez pas déclencher une épouvantable révolution. On dirait ici que vous quittez l'armée parce que vous fuyez le danger. »

Napoléon, dessaisi à la fois de ses pouvoirs militaires et civils, n'est plus rien. Dès lors, il ne pense plus qu'à son fils, ce pauvre garçon qui vit dans un cauchemar, épiant les conversations, toujours à la recherche d'une lueur d'espoir, sans bien savoir qui peut redresser la situation ni comment. Uhlmann a prévenu l'Empereur que Louis a perdu le sommeil et que bientôt il va tomber malade, et Napoléon regrette amèrement de l'avoir embarqué si jeune dans une telle aventure. Maintenant que lui-même va donner le spectacle d'un père humilié, traînant sans but avec l'armée, à quoi bon le garder auprès de lui ? Mieux vaut le renvoyer à Paris. Mais il n'ose plus rien faire sans le consentement de la Régente. À nouveau, il lui télégraphie. À Paris, on ne peut plus faire entendre raison à Eugénie :

— Que voulez-vous, Madame, que votre fils fasse à l'armée ?

— Mais il sait monter à cheval.

— À quoi servira-t-il qu'il sache monter à cheval ?

Elle, d'une voix exaltée :

— Il peut se faire tuer ! Oh ! Laissez-le se faire tuer !

— Non, Madame, il ne faut pas qu'il soit tué. Il faut qu'il revienne avec son père. Il devrait être déjà revenu.

Rien à faire. Eugénie expédie un message à Napoléon ordonnant que Louis reste avec lui.

Après d'interminables hésitations, Bazaine décide de quitter Metz et d'emmener son armée à Châlons, opérer sa jonction avec celle de Mac-Mahon. Dès qu'il apprend l'ordre de marche, l'Empereur fait préparer les voitures impériales pour devancer le mouvement et ne pas se trouver dans une situation trop embarrassante. Le 14 août, aux premières heures du jour, les rues de Metz sont remplies de soldats, de canons et d'équipages prêts au départ. Napoléon et Louis assistent à la messe dans la cathédrale, puis montent dans la calèche aux portières timbrées des aigles impériales, à l'intérieur tapissé de pourpre. Elle est conduite par deux postillons en perruque poudrée et escortée de soixante-douze Cent-Gardes, tout cuirassés d'argent, qui encadrent la voiture de l'Empereur. Derrière, suivent les voitures de vingt-deux officiers, de huit valets de pied en livrée vert et or comme aux Tuileries, des cuisiniers et des secrétaires, et quatre fourgons de bagages. Car Napoléon, qui n'a plus de place dans son armée et que Paris repousse, est condamné à traîner avec lui l'ironie de sa maison impériale, ballottée sur les routes interminables comme un paquet inutile et encombrant parmi les bagages de son armée.

Dans un silence lugubre, tout le monde recule pour laisser passer la caravane de l'Empereur vaincu, qui prend la route de Châlons. Napoléon est assis, l'air absent ; sa maladie le fait cruellement souffrir. Lui qui a toujours arboré une tenue impeccable pendant la guerre d'Italie, le voilà maintenant obligé de déboutonner sa tunique sur son gilet. Parfois, il croise des unités en marche et, se redressant, le visage maquillé, car il faut paraître gai et bien portant, il répond d'un geste lent, entre deux bouffées de son éternelle cigarette, aux officiers qui lui font le salut de l'épée, et aux soldats, de plus en plus rares, qui crient : « Vive l'Empereur ! »

Parfois aussi, un fidèle lance : « Vive le Prince Impérial ! » Vite, Louis porte la main à la visière de son petit képi rouge et noir galonné d'or. Le pauvre enfant, assis dans la calèche à côté de son père, passe la tête à droite et à gauche, l'air anxieux, comme implorant, effaré par ces choses qu'il ne comprend pas. Il n'avait rêvé qu'entrées triomphales sur son cheval favori auprès de ce père adoré, d'un Napoléon dont le nom à lui seul semblait synonyme de victoires. Et voilà que tous ses rêves s'effondrent et qu'on roule vers l'inconnu. Il se tait, regarde son père avec des yeux tristes et lui serre la main lorsqu'il souffre trop. On double des colonnes de soldats couverts de poussière de la tête aux pieds, qui vous regardent passer avec indifférence. Au bout d'une heure, l'Empereur, épuisé par les cahots de la route, ordonne la halte et fait porter ses bagages dans une maison ; c'est à Longeville. Louis, sans même prendre le temps de dîner, s'endort profondément. Son père, apprenant que Bazaine a tenu l'ennemi en échec à Borny, va complimenter le maréchal, mais bientôt il déchante en visitant le champ de bataille : les cadavres, entassés jusqu'à un mètre de hauteur, projettent des ombres sinistres sous la clarté de la lune.

Le lendemain, il fait jour quand Louis se réveille. On entend siffler et exploser des obus. Son père le secoue avec force :

— Lève-toi, Louis ! Habille-toi. Il faut partir, les Prussiens nous bombardent.

L'enfant boutonne sa tunique, tout en regardant par la fenêtre. La canonnade s'est arrêtée. Dans le jardin, en bas, trois officiers sont attablés pour prendre du café au lait avec des brioches. Soudain, la table disparaît dans la fumée. Quand la nuée se dissipe, il n'y a plus que des cadavres et des décombres. On reprend la route. Louis, qui retient ses larmes, chevauche maintenant à côté de la calèche de son père. Le convoi impérial se fraie difficilement un chemin au milieu de l'armée de Bazaine, qui a rattrapé l'Empereur et avance sous le soleil comme une marée humaine. Les soldats en sueur voient passer avec étonnement les voitures armoriées et, dans la plus belle, cet homme malade, affalé sur le siège. Lorsqu'il arrive aux Cent-Gardes de les pousser un peu sur les bas-côtés, les fantassins leur jettent un regard de colère et les menacent de la crosse de leur fusil.

Pour échapper à cette atmosphère, l'Empereur ordonne à son escorte de prendre par des routes secondaires, sur lesquelles on avance tranquillement sans être bousculés, mais avec le risque d'être surpris par l'ennemi. Chemin faisant, Louis aperçoit, porté sur une civière, un officier français qu'un obus a coupé en deux. Les aides de camp observent le visage du jeune prince qui réussit à se montrer impassible. Dans l'après-midi, Bazaine, accompagné de son état-major, rejoint Napoléon pour tenir conférence. Louis, se rendant compte qu'il se passe quelque chose de grave, pose des questions aux officiers, allant de l'un à l'autre, l'air anxieux. Mais on ne lui donne que des réponses évasives, chacun essayant, autant que possible, de lui cacher la vérité. Dans la soirée, poussiéreux, sale, méconnaissable, le cortège de l'Empereur arrive à Gravelotte. À quelque distance, on peut entendre tonner le canon, le claquement sec et régulier des coups tirés par les grosses pièces et le crépitement décousu des mitrailleuses. L'Empereur et sa suite s'arrêtent dans une petite auberge pour laisser passer un convoi de troupes. Louis s'approche aussitôt des militaires et tâche d'obtenir des renseignements sur la bataille de Borny. Il s'occupe aussi de faire apporter autant de verres de vin qu'on peut en trouver et les distribue aux fantassins qui lui paraissent les plus fatigués. À peine a-t-on fini de discuter et de boire qu'un déluge de pierres s'abat dans la cour, mettant à mal les voitures impériales : c'est un obus prussien.

Triste 15 août ! Le soir, à la table impériale, mal éclairée, alors que l'on sent l'ennemi rôder très près, personne n'ose entamer la conversation. Chacun pense au 15 août d'autrefois, fête de la dynastie. Nul ne dit mot. Soudain, Louis, levant son verre, s'écrie : « À notre victoire prochaine ! » Tous restent silencieux, tandis que Napoléon jette sur son fils un regard d'une indicible tristesse. L'adolescent se rassied, confus, conscient tout à coup d'avoir commis un impair.

À l'auberge, la nuit se passe en allées et venues. Bazaine, croyant voir des Prussiens partout, mais ne sachant rien de leurs plans, demande l'avis de l'Empereur, qui lui conseille de poursuivre sa marche sur Châlons, pour rejoindre Mac-Mahon et renforcer les troupes qui se rassemblent pour défendre Paris. Mais finalement, le maréchal décide de faire demi-tour et de rentrer à Metz. Napoléon continuera sans lui jusqu'à Châlons.

À cinq heures le lendemain, on sonne la diane. Dans les campements, fantassins et cavaliers se lèvent, les membres raides, et allument le feu pour préparer le café ; on donne l'avoine aux chevaux avant de les seller, puis on serre les tentes et l'on plie bagage. Bazaine attend devant l'auberge, pour faire ses adieux à l'Empereur. Il se montre à peine poli : il reste à cheval, ne se donne pas la peine de mettre pied à terre et se contente de s'incliner pour lui serrer la main, montrant même de l'impatience lorsque Napoléon lui dit :

— Maréchal, je vous confie la dernière armée française : souvenez-vous du Prince Impérial !

L'Empereur et son fils montent alors dans une calèche découverte et prennent la route de Verdun. L'escorte est renforcée ; des lanciers trottent maintenant avec les Cent-Gardes.

En croisant sur sa route les colonnes qui remontent vers

Metz, pour la première fois depuis le début de la campagne le visage de Napoléon trahit son émotion. Les soldats, stupéfaits et ulcérés de le voir partir dans la direction opposée à la leur, poussent des cris hostiles, montrant qu'ils le tiennent pour responsable de tous leurs maux. En filant sur une route de traverse, le convoi de l'Empereur manque de tomber dans les mains d'une patrouille allemande surgie au coin d'un bois. Ce sont des lanciers prussiens en tunique noire, des uhlans. On s'arrête. Chacun, instinctivement, tire son sabre du fourreau ou met la main à sa carabine. Louis, grisé par le danger, serre le pommeau de son épée. Mais l'ennemi s'enfuit au galop, peut-être pour aller chercher des renforts. On fait claquer les fouets et l'on se remet en route. Alors, comme un rayon qui perce la brume, un espoir saisit Louis : « Rien n'est perdu, tout est encore possible. » En arrivant à Étain, l'étape suivante, encore excité, il saute à terre, sans se rendre compte que son père a besoin d'aide pour descendre. Il disparaît et file à la poste pour envoyer à sa mère un télégramme incroyable : « Ça va de mieux en mieux. Louis. »

Et, d'un air triomphal, il en rapporte le double à son père. Le pauvre petit est-il devenu fou ? Attendri, Napoléon fait semblant de partager sa joie.

Mais il a le cœur serré en pensant à Louis, qu'il sent à la fois si proche et si loin de lui en cet instant. S'il reste aveugle à tout ce qui se passe, n'est-ce pas parce que ses parents l'ont constamment tenu à l'écart de la réalité ? Cet enfant est enfermé dans un mythe ; longtemps cela a uni le fils et le père, mais maintenant, c'est ce mythe qui les sépare, en empêchant le fils de comprendre ce qui arrive à son père. N'aurait-il pas dû suivre l'exemple du roi Louis-Philippe et mettre Louis au lycée ? Une voix — celle de la bonne conscience — lui dit qu'il a eu raison de le protéger, en lui épargnant le risque d'avanies. Mais une autre voix — celle du remords — lui dit qu'en le faisant constamment acclamer par la foule et par l'armée, en le déguisant en caporal de grenadiers, puis en sous-lieutenant d'infanterie, il s'est servi de son propre fils. Cela a été un merveilleux moyen de propagande pour la dynastie et le régime, qui, dans un juste retour des choses, finit par jouer contre lui.

Cette nuit-là, Louis trouve la paix dans le sommeil. Le lendemain, à l'aube, le curé de la petite ville fait irruption dans la maison où logent l'Empereur et son fils, en criant que les Prussiens sont dans la rue. Les hussards accourent en se tirant les uns sur les autres. C'est une fausse alerte.

Le 16 août, on arrive à Verdun. Napoléon, qui ne peut plus supporter les cahots de la route, se fait conduire à la gare et demande le train pour Châlons :

— Il n'y a plus de train. Tout le matériel roulant a été évacué.

— Si, il faut un train.

On finit par découvrir sur les voies de garage une locomotive, un wagon de troisième classe et plusieurs wagons à bestiaux. En attendant de former le convoi, l'Empereur demande un verre de vin. Le chef de gare lave celui qui vient de lui servir pour le déjeuner et le tend à Napoléon. Louis, très fatigué, voudrait bien se nettoyer la figure et les mains ; on lui passe alors le même verre, avec de l'eau et un mouchoir. Le chef de gare apporte à l'Empereur des oreillers pour mettre sur les banquettes de bois de son wagon et le train s'ébranle.

C'est dans ce train peu protocolaire que le voyage continue, au grand étonnement des villages traversés. Il est là, le malheureux Empereur, affaissé sur la banquette de ce wagon ; seul le point lumineux de sa cigarette troue l'obscurité. Le train marche très lentement. Plusieurs fois il faut s'arrêter : des troupes barrent la voie. « C'est l'Empereur ! » dit le conducteur. Les officiers libèrent le passage et le train fugitif reprend sa marche entre deux haies de soldats ahuris. Louis s'endort et rêve de Châlons : là, tout ira mieux, comme autrefois, on battra le tambour et on acclamera son père. Mais il se réveille au milieu de la nuit : c'est son père qui râle et ruisselle de sueur.

À l'aube du 17 août, on entre en gare de Châlons. Napoléon et Louis retrouvent le camp dans un état lamentable. Ce qui était, seulement quelques mois plus tôt, la vitrine de l'armée française, que l'on montrait fièrement aux souverains et aux ambassadeurs, est devenu l'image du chaos. Les sentinelles ne paraissent même pas les reconnaître. Le camp n'est plus que rangées de tentes sales et de matériel hors de combat. Les rescapés de Wissembourg et de Reichshoffen semblent indifférents au monde extérieur. Ce ne sont que lignards sans fusil ni giberne, zouaves en caleçon, turcos sans turban, dragons sans casque, cuirassiers sans cuirasse, hussards sans sabretache. Toute la journée, ces hommes errent dans le camp sans autre but que de s'enivrer, de danser ou de se battre. Pourtant Louis, toujours à l'affût de deux sous d'espoir, court prévenir son père, affalé sur un lit, que des masses de soldats arrivent de toutes parts pour les acclamer. Hélas, ce n'est pas ce qu'il pense. Ces visages sinistres, mal rasés, qui entourent maintenant le pavillon impérial, ce sont des gardes mobiles, étudiants ou boutiquiers parisiens, presque tous républicains, troupe armée à la hâte et sans discipline, improvisée pour combler les vides creusés dans les rangs par la défaite. Bientôt, on les entend crier :

— Où est Badinguet* ? Tu nous as trahis ! On n'a pas besoin de toi ! Va-t'en ! Déserteur ! On ne veut pas de toi ! Va en Belgique ! Va au diable ! À bas Badinguet ! Vive la République !

Ou encore, goguenard, l'un d'entre eux fait semblant de crier : « Vive l'Empereur ! » pour que tous les autres répondent d'une seule voix : « Un… deux… trois… merde ! »

Les officiers ne disent rien, mais Louis pleure. L'adolescent, qui a tant rêvé de victoires, n'entend plus parler que de désastres ; et voilà maintenant qu'on fait de son père un bouc émissaire, qu'on le tient pour responsable de tout, qu'on

---

* Badinguet était un ouvrier maçon dont le prince Louis-Napoléon emprunta les vêtements en 1846 pour tromper la surveillance de ses gardiens et s'évader du fort de Ham (où il était emprisonné depuis 1840, après l'échec de l'expédition de Boulogne). Plus tard, les adversaires de l'Empereur prirent plaisir à lui donner ce surnom pour tenter de le ridiculiser.

l'insulte. Louis en tombe malade, avec de violentes migraines. Pourtant, il continue à se montrer et à visiter les troupes dans leurs cantonnements, comme il le faisait à Metz ; hélas, on ne l'acclame plus. Ainsi, le 20 août, par un temps superbe, il se rend, accompagné d'un écuyer, au bivouac du 6ᵉ Lanciers, un peu à l'écart du camp ; en dehors du colonel qui, par ordre, va au-devant de lui pour le recevoir, pas un officier ne se dérange ; les soldats le regardent, muets, indifférents. On ne lui en veut pas, mais l'enthousiasme a disparu, faisant place à l'accablement et à l'angoisse.

Napoléon se demande ce qu'il est venu faire à Châlons. Personne ne veut de lui : ni Mac-Mahon, ni l'état-major, ni les soldats. Le lendemain de son arrivée, il convoque un conseil de guerre, le dernier qu'il préside. Il est assis au centre de la pièce, avec à ses côtés le prince Napoléon et le maréchal de Mac-Mahon, également assis ; trois généraux se tiennent debout. Chacun est frappé par le teint blafard de l'Empereur et par ses yeux vitreux, comme noyés d'eau, sans regard. Comme il souffre le martyre, il ne parvient pas à fixer son attention et ne prend aucune initiative ; il se montre courtois, bienveillant, calme, mais comme absorbé, muet, et semble tout accepter avec philosophie. Mac-Mahon reste lui aussi silencieux. Le prince Napoléon se lève et prend la parole avec autorité ; il a toujours détesté la guerre et va diriger toute la conférence.

— Sire, vous ne commandez plus l'armée, vous ne gouvernez plus. Alors, que faites-vous ici ? N'êtes-vous plus que le correspondant du *Times* ? À moins de repasser en Belgique, il faut rentrer à Paris. Que diable ! Si nous devons tomber, tombons comme des hommes ! Voilà un homme, dit Plon-Plon en montrant le général Trochu, dont vous connaissez le souhait de reconstituer et de concentrer nos forces militaires sur Paris. Seul de tous nos généraux, il était opposé à cette guerre ; cela l'a compromis. Nommez-le gouverneur de Paris, chargez-le de défendre la capitale. Qu'il vous y précède de quelques heures et annonce votre arrivée à la population. Vous verrez que tout ira bien.

— Vous avez entendu le prince Napoléon, dit tranquillement l'Empereur à Trochu. Acceptez-vous cette mission ?

— Oui, Sire, répond Trochu.

— Je dois demander l'avis de la Régente, murmure alors Napoléon, à demi abruti par les médicaments.

Cette remarque met son cousin en fureur :

— Quoi ! Consulter la Régente ? N'êtes-vous pas l'Empereur ? Décidez-vous immédiatement !

Napoléon finit par adresser à Eugénie un télégramme annonçant le départ de Trochu et son intention de le suivre à Paris. À cette nouvelle, Louis se sent soulagé : il est écœuré par le spectacle de Châlons ; à Paris, on trouvera certainement de vrais soldats. Son père est moins confiant, ne sachant comment réagira sa femme. Hélas, il a raison de douter. En recevant le télégramme, Eugénie entre dans une colère hystérique, profère les pires insultes contre son mari et dicte aussitôt cette affreuse réponse :

« Si tu rentres à Paris couvert de défaites, ce ne sont pas des pierres qu'on te jettera à la tête, mais des ordures. Reste où tu es et attends les ordres. »

Cependant, Trochu s'est mis en route sans attendre la réponse de la Régente. Sitôt arrivé à Paris, il se rend aux Tuileries, chez Eugénie, sur le coup de minuit, et lui confirme sa nomination au poste de gouverneur de la capitale ; l'armée de Châlons, composée de recrues mal instruites et de soldats démoralisés par les défaites d'Alsace, sera mieux employée à se masser devant Paris, donnant ainsi le temps de réunir les réserves. Et Trochu soumet à Eugénie un projet de proclamation annonçant le prochain retour de l'Empereur. C'est compter sans l'ambition de cette femme. Bon sang ne saurait mentir ; elle se montre à la fois Don Quichotte et Chimène. Avec véhémence, elle lui répond :

— Ceux qui ont conseillé à l'Empereur les résolutions que vous annoncez sont des ennemis. Si l'Empereur revenait à Paris, ce serait l'émeute et tout serait perdu. Il ne faut pas y compter, car il n'y rentrerait pas vivant. Non et non ! L'armée de Châlons, avec l'Empereur et le Prince Impérial, doit se remettre en marche pour Metz et donner la main à Bazaine. Quant à vous, général, l'Empereur vous confie la défense de Paris ; cette mission reste entière et vous la remplirez.

Et la Régente, prenant la plume, biffe dans le projet de proclamation que Trochu tient à la main tout ce qui concerne l'intention, manifestée par Napoléon, de venir partager les dangers de Paris. Elle ne se doute pas qu'en éloignant ainsi l'armée et l'Empereur vers l'est, elle les envoie au désastre et à la captivité, alors qu'avec l'armée à Paris l'insurrection n'aurait pu réussir et que la défaite n'aurait sans doute pas tourné à la catastrophe. Trochu se retire sous les insultes, mais bien décidé à rester à Paris. L'Impératrice se précipite à son bureau, griffonne une longue lettre à son mari et la tend à Filon — devenu maintenant son secrétaire — en le priant de la recopier mot à mot. Filon lit avec stupeur : « Maintenant qu'il est déshonoré, l'Empereur ne pourra plus jamais rentrer à Paris. Il n'y a plus que deux issues : vaincre ou mourir sur le champ de bataille. » Filon juge le texte incroyablement dur. Sans doute, elle est la Régente, mais quand même ! Il tente de la raisonner.

— Bien sûr, c'est horrible, répond-elle. Me croyez-vous insensible à la peine de l'Empereur ? Mais votre projet de lettre ne suffirait pas à l'arrêter et, s'il ne s'arrête pas, il est perdu.

Filon trouve moyen d'apporter à ce texte quelques adoucissements, mais, en le recevant, Napoléon comprend parfaitement l'essentiel : sa place et celle de Louis sont aux armées et pas ailleurs ; quant à Mac-Mahon, il doit retourner opérer sa jonction avec Bazaine. L'Empereur sait que les ordres de l'Impératrice sont absurdes, mais il n'a plus la force de résister : il ne quittera pas l'armée et ne rentrera pas à Paris. Mac-Mahon, pourtant, hésite, car nul ne sait où se trouve Bazaine. En réalité, après deux nouvelles défaites, Bazaine, restant plusieurs jours indécis, comme incapable de penser par lui-même, a fini par retourner s'enfermer dans Metz, où il attendra tranquillement de se faire encercler.

En marchant à sa rencontre, Mac-Mahon craint d'être surpris, à l'aveuglette, par une ou deux armées ennemies. Finalement, le 24 août, il se résigne à exécuter les ordres de la Régente et lève le camp de Châlons après l'avoir fait incendier. Derrière lui, cent mille hommes se mettent en marche, coulant bientôt tel un ruissellement immense en direction de Reims, puis de Metz. Malgré les rumeurs qui ont couru la veille, beaucoup sont surpris de voir qu'au lieu de continuer le mouvement de retraite, on tourne le dos à Paris et que l'on va, là-bas, vers l'est, vers l'inconnu. La cavalerie, au lieu de marcher en avant pour éclairer l'armée, est forcée de rester à deux ou trois étapes en arrière, car les distributions de fourrage ne sont jamais effectuées à temps. Au travers de la campagne éclatante sous le grand soleil d'août, il souffle un vent de panique. Une dépêche recommande aux maires de prévenir les habitants de cacher ce qu'ils ont de précieux. Souvent, les soldats quittent les rangs pour piller les fermes et basses-cours qui ont le malheur de se trouver sur la route. On dirait un nuage de sauterelles.

L'Empereur et sa suite sont coincés à l'arrière de l'armée entre les ambulances, le train des équipages, les fourgons de l'intendance et ses troupeaux de grands bœufs qui piétinent dans la poussière, poussés à coups de fouet. Sous le soleil torride, personne sur la route ne songe plus à crier « Vive l'Empereur ! » en voyant passer cet homme misérable, cadavre ambulant, qui se traîne en queue de colonne. Car, dans les paupières tombantes de Napoléon, dans son air détaché, ils ne comprennent pas la souffrance et ne voient qu'indifférence à leur sort. Même les officiers commencent à dire : « Nous traînons notre boulet d'or. » Cependant, le jeune prince se porte mieux qu'à Châlons ; il ne sait pas trop ce qui se passe, mais, au moins, on se dirige vers l'ennemi. Et, malgré la montée des griefs contre son père, les soldats continuent de fêter l'adolescent lorsqu'il passe dans leurs rangs. Ils secouent la tête en disant :

— Celui-ci est trop jeune et celui-là trop vieux.

Un soir où la pluie se met à tomber sur les colonnes de soldats, les trombes d'eau les empêchent au bivouac d'allumer leurs feux de cuisson. En voyant scintiller la lumière de la cuisine impériale, ils se rapprochent des gens de l'Empereur et c'est une exécration, un concert de mots abominables, lorsqu'ils les voient déballer leurs provisions, leur vaisselle d'argent et leurs bouteilles de champagne. Mais le lendemain, c'est pire encore quand l'armée, fatiguée par une longue marche, forme les faisceaux. Des soldats, assis sur le bas-côté pour regarder passer l'intendance et plaisanter avec les conducteurs, font soudain silence lorsqu'aux fourgons succède la cohorte des berlines aux armes de l'Empereur. En voyant arriver la voiture de Napoléon, un soldat s'avance sur la chaussée et, avec un méchant rictus, jette en l'air son képi pour se faire remarquer de tous. Alors, il lance ces mots insultants : « Voilà l'Empereur Bagage ! Vive Bagage Ier ! Voilà l'Empereur Bagage et le petit prince des Bagages ! » Il y a un moment de stupeur, puis un formidable éclat de rire. Ses camarades reprennent le slogan à tue-tête et les képis virevoltent ; de toutes parts, des soldats accourent pour participer à la rigolade. Le soir même, l'armée connaît le surnom de l'Empereur : désormais, il est l'Empereur Bagage.

Napoléon n'a plus confiance dans cette armée qui, à coup sûr, court au désastre. D'ailleurs, il souffre au point de perdre le goût de vivre ; pour un peu, il aimerait mieux mourir pour l'honneur sur un champ de bataille. Mais il lui reste au monde un bien trop précieux pour être sacrifié aux rodomontades absurdes d'Eugénie : c'est Louis, son fils tendrement aimé. Alors, au diable l'Impératrice et ses idées à la Chimène ! Il ne transigera pas et n'exposera pas son garçon à la mort ou à la captivité. Il faut l'envoyer en lieu sûr, près de la frontière belge, pour qu'il puisse la traverser si nécessaire. Le 27 août, comme on fait halte à Tourteron, près de Vouziers, Napoléon profite d'une éclaircie — un ami, en zouave, est venu un moment distraire Louis — pour lui annoncer qu'ils doivent se séparer. C'est un ordre, il n'y a pas à discuter ; lui-même poursuivra avec Mac-Mahon la marche à l'abîme. Le petit bonhomme est pâle, il a dans les yeux de grosses larmes qu'il retient de son mieux en embrassant son père. Un espoir lui reste cependant, espoir qu'il conservera jusqu'à la fin : il compte obstinément sur une victoire qui remettra tout en ordre et lui fera retrouver l'Empereur.

Quelques changements sont faits dans son escorte : Bachon, malade, est retourné à Paris ; Duperré est venu rejoindre les deux autres aides de camp, Larrey et Clary. Tous les trois montent en berline avec Louis. Vingt Cent-Gardes, commandés par le lieutenant Watrin, les escortent. La mort dans l'âme, Napoléon regarde son enfant chéri prendre la route de Mézières.

Après Tourteron, en traversant les forêts d'Argonne, où il n'y a rien à manger, on commence à entendre des bruits de trahison. Un jour, un officier arrête juste à temps un soldat qui se prépare, agenouillé derrière une haie, à tirer sur la voiture de l'Empereur.

— Misérable, que fais-tu là ?

— Oh, répond l'homme calmement, j'avais envie de descendre le cochon qui nous a mis dans ce pétrin.

Napoléon ne sait pas qu'il a échappé à la mort, il continue de gravir son calvaire et pisse le sang. Dans cette agonie, pas une plainte, pas un cri. Sans cesse, il pense à son enfant. Jusque-là, aux pires moments de souffrance ou d'humiliation, il pouvait trouver un soulagement dans la proximité de cet être cher, saisir sa main, et son regard lui prouvait que leur tendresse était intacte. Mais reverra-t-il jamais son fils ? Il n'y compte pas, car il ne voit pas comment lui-même pourrait rester en vie. Le 29 août, à Raucourt, l'Empereur ne quitte pas son appartement de la matinée. Marchant de long en large, la tête et l'épaule penchées du côté droit, il s'arrête de temps en temps pour appuyer son front contre la vitre. Les troupes défilent, affamées, épuisées et en désordre, sans saluer ce visage cadavérique, aux yeux hagards, qui les regarde d'un air absent. Quand les paysans demandent aux soldats où ils vont, ils répondent : « À la boucherie ! »

— À la boucherie ! répète Napoléon.

Le rideau qu'il a soulevé s'échappe de ses doigts et des pleurs roulent sur ses joues.

— Le déjeuner de Sa Majesté, annonce un domestique.

— À quoi bon ? répond-il avec un geste de désespoir, et il se cache la figure dans les mains.

Mac-Mahon ne connaît pas le pays, les cartes sont imparfaites quand il y en a et la plupart des généraux ignorent tout de la géographie. « C'est bien la Moselle ? » demande l'un d'eux en montrant la Meuse. Enfin, après une série de marches et de contremarches, d'avances et de retraites, l'armée, sans cesse pourchassée par l'ennemi, finit par échouer à Sedan, une cuvette, un véritable entonnoir. Si l'on néglige d'occuper les hauteurs environnantes, c'est un piège ; et Mac-Mahon laisse l'artillerie prussienne s'installer sur les crêtes.

— Nous sommes dans un pot de chambre et nous y serons emmerdés, observe le général Ducrot. Sedan est un cul-de-basse-fosse ; une fois enfournés là-dedans, on y sera étouffés.

— Mais la place est très forte.

— Elle était forte, oui, avec la vieille artillerie à courte portée, mais avec l'artillerie moderne, la place sera mortelle.

Et, avisant une casserole placée sur un poêle, il ajoute :

— Tiens, voilà Sedan ; si nous sommes au fond et les Allemands sur les bords, il n'y aura plus qu'à mourir.

De fait, cent quatre mille Français à demi insoumis vont se trouver sous le feu plongeant de deux cent quarante mille soldats prussiens et bavarois.

On conjure l'Empereur de se retirer sur Mézières tant que la route est encore libre. Là, il sera en sûreté et pourra revenir activer la défense de Paris ou traiter de la paix avec l'ennemi. Mais, toujours impassible, il refuse, préférant partager le sort de son armée. Le soir, il se promène à pas lents, les mains derrière le dos, courbé et triste. La nuit tombe. Depuis les remparts, on voit distinctement les feux allemands. Le silence se fait peu à peu dans la ville qui s'endort. Seul, assis au bord de la fenêtre ouverte, Napoléon songe, en regardant les étoiles : « Que se passe-t-il à Paris ? » Que fait Eugénie, cette femme qu'il a tant aimée, qu'il a assise sur le trône de

France et à qui il a confié la Régence ? Et son fils Louis, le petit prince si populaire, où se trouve-t-il maintenant ? N'est-il pas tombé aux mains des Allemands ? Minuit sonne. C'est le 1er septembre, le dernier jour de l'Empire.

Le matin, Napoléon est averti que l'on se bat du côté de Bazeilles. Alors, se sentant rejeté de tous, de son armée, de Paris, de sa femme, il s'habille pour aller au-devant de la mort. Pour ne pas offrir à ses soldats l'effroi d'un masque blême, il farde ses joues et cire avec soin le bout de ses moustaches, puis il met son uniforme de général avec toutes ses décorations, se raidit pour dominer la souffrance et monte à cheval. Alors, tel un fantôme aux chairs ravivées de vermillon, il s'avance vers son destin et arrive sur le champ de bataille au moment où l'on emporte sur une civière MacMahon blessé. Le maréchal, s'il sait mal lire les cartes, n'a pas peur du danger et il s'est exposé sur une hauteur pour étudier le terrain ; c'est là qu'il a reçu un éclat dans la cuisse. L'Empereur s'arrête pour échanger quelques mots avec lui, puis il reprend la direction de Bazeilles sous une pluie d'obus, car le petit groupe d'officiers empanachés qui l'entoure attire l'attention de l'ennemi.

Soucieux de ne pas exposer inutilement son escorte, Napoléon lui ordonne de s'abriter derrière un mur et ne garde avec lui que son écuyer, son médecin et trois officiers. Seul avec eux, il continue impassible son chemin sous la mitraille. On dirait qu'il attend le projectile qui va le frapper. Les balles sifflent et labourent le sol. Il continue de pousser en avant son grand cheval bai, les crins de l'animal se hérissent, toute sa peau tremble. L'Empereur gravit lentement un mamelon et y demeure longtemps, bien en vue de l'ennemi. En voyant l'infanterie de marine faire retraite, il envoie aux nouvelles un de ses officiers ; à peine celui-ci a-t-il salué Napoléon qu'il est tué par un éclat d'obus ; l'Empereur est couvert de terre et de fumée. Sentant tout effort désormais inutile, il cherche dans la mort une délivrance, mais la Faucheuse ne veut pas de lui. Alors, avec son fatalisme habituel, comprenant que son destin n'est pas là, il revient tranquillement comme s'il avait voulu seulement reconnaître une position ennemie. Son médecin écrira :

« De huit heures à midi, je ne l'ai pas quitté. Les obus et les balles sifflaient sans cesse à nos oreilles ou éclataient sous nos pas. Si cet homme-là n'est pas venu pour se faire tuer, je ne sais en vérité ce qu'il venait y faire. »

Plus tard dans la journée, Napoléon s'expose à nouveau au danger, délibérément et à plusieurs reprises. Un moment, il se trouve pris sous un feu de salve ; ses deux derniers aides de camp sont blessés et ont leurs chevaux tués sous eux. Parfois, il descend de cheval et s'appuie contre un arbre en serrant les poings, tant son mal de vessie est insupportable, puis il marche à petits pas avant de se remettre en selle.

Trois commandants en chef se succèdent en quelques heures. Le dernier, Wimpffen, qui se prévaut d'une lettre de la Régente, est aussi le plus stupide. Sur les hauteurs de Givonne, le voici qui vient à la rencontre de l'Empereur. Plein d'illusions, il lui déclare :

— Que Votre Majesté soit sans crainte. D'ici deux heures, j'aurai jeté les Prussiens dans la Meuse !

Napoléon hausse les épaules et, après avoir vainement tenté de le raisonner, il part se poster à nouveau sur une hauteur, sous une pluie d'obus. Deux chevaux hennissent et s'effondrent près de lui, blessés à mort. Incessamment, la mort passe et repasse, sans vouloir de lui. Au crépuscule, après avoir vu tant de massacres, tant de souffrances, Napoléon a la nausée, comme au soir de Solferino. Au moment où il franchit la Meuse, un obus explose sur le pont juste devant lui et il disparaît dans un nuage de fumée ; on le croit mort, on s'approche. Mais, lorsque la poussière se dissipe, on le voit reparaître sur son cheval, impassible, sans une égratignure ; il ne remue pas un muscle de son visage et se contente de faire signe d'arrêter les acclamations. Bientôt, fantassins, cavaliers, équipages du train, voitures d'ambulance, fourgons de toutes sortes se mettent à converger vers le centre de Sedan, se mêlant, s'étouffant, s'écrasant sur les ponts-levis. C'est une tempête de gémissements et de malédictions. Les obus allemands tombent, éclatent et font des vides. En sept ou huit endroits, la ville se met à flamber. Les soldats se disputent les abris et menacent les officiers. Folles de terreur, des femmes crient : « C'est la fin du monde ! »

La plupart des généraux se regroupent autour de l'Empereur à la sous-préfecture. Leurs soldats, exténués, affamés — car depuis deux jours on n'a plus de rations à distribuer —, ne sont plus en état de résister. Tous lui disent que la lutte est devenue sans espoir. Tous, sauf un seul, Wimpffen. Alors, Napoléon III se ressaisit. Sans doute a-t-il abdiqué le pouvoir civil, puis le commandement militaire. Mais il n'en reste pas moins l'Empereur. Certains lui conseillent de profiter de la nuit pour traverser les lignes ennemies avec une petite escorte de cavaliers. Cette fois encore, il refuse, préférant assumer seul la responsabilité d'une capitulation. Ainsi espère-t-il à la fois arrêter l'effusion de sang et épargner l'honneur de ses généraux :

— Oh ! ce canon ! Courez vite, qu'on le fasse taire ! Prenez un drap, n'importe quoi !

Et il donne l'ordre de hisser le drapeau blanc sur la citadelle, pour demander un armistice. Wimpffen envoie un contrordre et fait retirer le drapeau. L'Empereur insiste et le fait hisser à nouveau, cette fois pour de bon. Et il adresse un message au roi de Prusse :

« Monsieur mon frère,

N'ayant pu mourir au milieu de mes troupes, il ne me reste plus qu'à remettre mon épée entre vos mains. »

Au petit jour, Napoléon, accompagné de quatre généraux, va à la rencontre des vainqueurs. Partout, sur son passage en voiture découverte, où il ne peut s'empêcher de fumer son éternelle cigarette, il traverse un silence menaçant, le mépris et une rage concentrée. C'est dans une petite pièce blanchie à la chaux, meublée d'une table et de deux chaises de paille, qu'il est mis en présence de Bismarck. Les Prussiens croient que la guerre est finie, que la paix s'impose par la seule force des choses. Il n'en est rien, Napoléon ne veut pas demander la paix, de peur de compromettre l'Empire, qui va pourtant mourir dans la semaine ; il veut seulement rencontrer le roi de Prusse, lui rendre son épée, non celle de la France. Et le roi Guillaume, bien embarrassé, l'assigne à résidence au château de Wilhemshöhe, près de Cassel, et, pour lui épargner des manifestations hostiles de la part de ses troupes, il l'autorise à faire un grand détour en passant par la Belgique.

Mais revenons à Louis que nous avons laissé à Tourteron, près de Vouziers, il y a tout juste une semaine. Il porte encore son uniforme, mais a enlevé sa plaque de grand-croix de la Légion d'honneur, en disant avec un sourire triste : « Ce n'est pas le moment. » En le voyant passer au sortir du village, des soldats qui se trouvent là, de corvée d'eau, posent leurs seaux et s'arrêtent pour crier : « Vive le Prince Impérial ! Vive le petit prince ! » Pourtant, ce voyage va être pour lui un vrai cauchemar. Il ne pense plus à rien et avance comme dans le brouillard. Il croit entendre le galop du malheur, là-bas, dans l'inconnu.

Pour commencer, à peine a-t-il fait halte à Mézières avec son escorte qu'un hussard arrive au galop avec un message de l'Empereur : on signale, paraît-il, des Prussiens dans les environs de Mézières ; l'endroit est trop dangereux ; il faut se rendre immédiatement à Sedan et y attendre les ordres. On part, sous un orage épouvantable. À Vrigne-aux-Bois, Louis, apercevant des ambulances sur le pont, donne l'ordre d'arrêter ; il descend de voiture et vide sa bourse entre les mains des blessés. À Sedan, nouvelle alerte : Louis s'installe dans la maison que le sous-préfet met à sa disposition, lorsque le tocsin se met à sonner à l'église voisine. On crie dans la rue : « Les Prussiens arrivent ! Les Prussiens ! » Clary va aux nouvelles : des officiers lui disent que le Prince serait plus en sécurité à Mézières. Duperré donne l'ordre du départ ; Louis ne dit pas un mot, monte en voiture et s'affale sur son siège.

À Mézières, l'ambiance s'est dégradée en quelques heures. Toute la ville est descendue dans la rue. La place est pleine de charrettes où des réfugiés ont entassé leur mobilier. Dans la foule, des déserteurs racontent des histoires à faire peur. En voyant la voiture du Prince Impérial, les gens crient et montrent le poing. Des habitants entourent les aides de camp et leur disent que la présence de Louis risque d'attirer un bombardement ; à nouveau, le tocsin se fait entendre. Duperré annonce à Louis qu'il ne faut pas rester et qu'ils doivent partir pour Avesnes, plus à l'ouest. Alors, le jeune prince se met en colère :

— Quoi ! Vous dites que les Prussiens arrivent ? Eh bien, nous nous défendrons !

Les larmes aux yeux, la voix tremblante, il refuse de partir. Les valets attendent patiemment, tenant la tête des chevaux par les rênes. Mais Duperré va frapper la corde sensible :

— Monsieur, j'ai les ordres de l'Empereur. Il vous a confié à moi. En tant que soldat, vous devez m'obéir.

— Eh bien, répond-il en soupirant, allons-y.

Les aides de camp conduisent Louis à la gare de Charleville et, de là, prennent avec lui le train pour Avesnes, tandis que l'escorte et les voitures suivent par la route. Tandis que Louis et Duperré attendent dans le bureau du chef de gare d'Avesnes, Clary va réveiller le sous-préfet. Celui-ci descend tout effaré : en apercevant les voitures à la livrée des Tuileries, il s'imagine que l'Empereur vient sonner à sa porte. Clary le détrompe. Mais la sous-préfecture, vétuste, n'est pas très confortable ; il indique un meilleur logement, celui du président du tribunal ; c'est justement la maison où Napoléon Ier a passé une nuit avant Waterloo et où il a rédigé sa dernière proclamation à la Grande Armée.

L'après-midi, pour faire prendre l'air à Louis, on l'emmène dans une voiture dont on rabat la capote ; on sort par la porte de France et on suit la chaussée de Landrecies jusqu'au château du Coutant, puis on prend la route du Quesnoy. Tout à coup, le garçon se lève, en sursaut, prêtant l'oreille. De sourds grondements, à peine perceptibles, arrivent par bouffées fugitives ; on dirait un orage, un orage très lointain. Reconnaissant le bruit, les deux aides de camp se taisent. Mais Louis s'écrie :

— Mon Dieu, on se bat, c'est le canon !

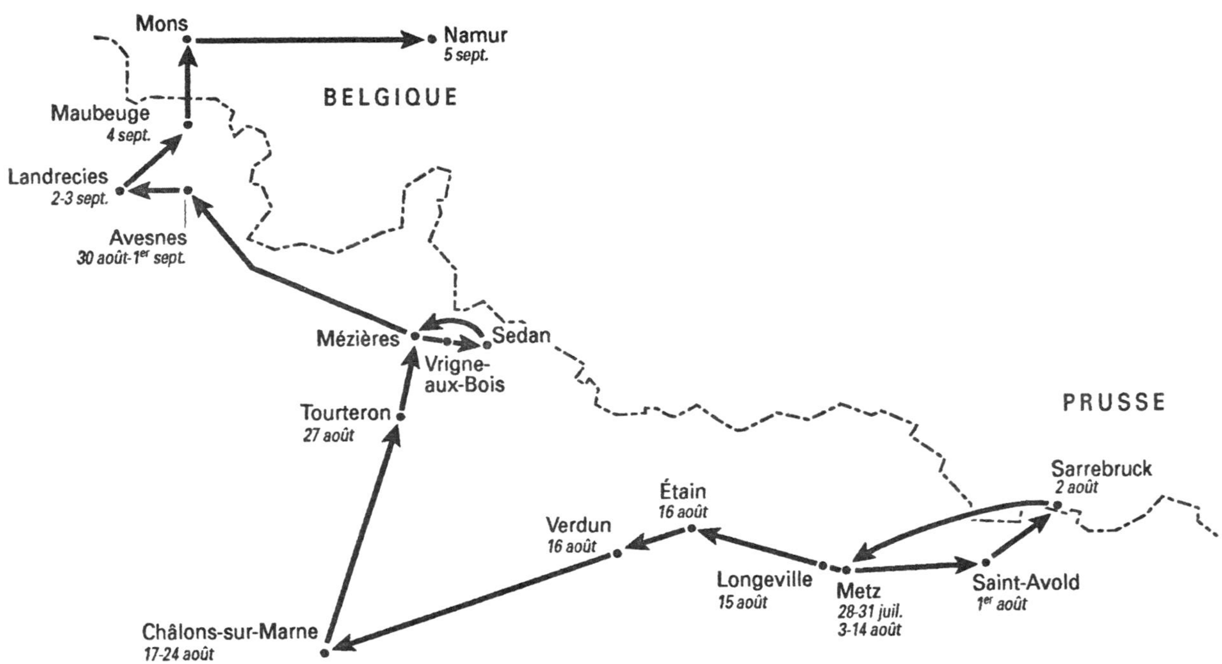

L'odyssée du Prince Impérial pendant l'été 1870.

Comme un Sioux, il colle son oreille sur le sol pour entendre d'où vient le bruit. Et ses mains se joignent dans une prière. Ce canon qu'entend le fils, à l'heure où, sur le champ de bataille, le père cherche lentement la mort, c'est le canon de Sedan.

Le Prince Impérial reste trois jours à Avesnes. De temps à autre, l'Impératrice télégraphie : la rumeur court d'une grande victoire remportée par les Français, tandis qu'en réalité, à quelques dizaines de kilomètres de là, notre malheureuse armée agonise. Et, le 2 septembre, Avesnes est envahie par des soldats en déroute, des fuyards qui ont réussi à traverser les lignes prussiennes. Sales, couverts de sang et de boue, ces hommes se conduisent en sauvages dans les rues et cassent tout dans les cabarets. Craignant qu'il ne leur vienne à l'esprit de lyncher le fils de l'Empereur, Duperré donne l'ordre de départ pour Landrecies. Il a si bien réussi à lui cacher les nouvelles que Louis, qui n'a pas mis les pieds dans les rues d'Avesnes, ne se rend compte de rien et parle encore de « reflux » et de « victoire finale ».

Son entrée dans Landrecies entretient cette illusion. C'est l'une des rares villes de France encore dévouées à l'Empire. Non seulement le bourg, mais les paysans des alentours attendent leur arrivée en agitant drapeaux et mouchoirs. Les pompiers font la haie, les cloches sonnent, puis un orchestre se met à jouer *Partant pour la Syrie*. Malheureusement, l'escorte du prince, traumatisée par le désastre, interprète ces démonstrations de fidélité comme une insulte. Un Cent-Garde repousse brutalement une jolie petite fille qui s'approche de la voiture de Louis pour offrir un bouquet. Mais, lui, stupéfait par ce geste, fait arrêter le convoi pour embrasser la fillette, provoquant ainsi l'enthousiasme de la foule et, arrivé à la maison du maire, il doit se montrer plusieurs fois au balcon pour répondre aux acclamations.

Duperré reçoit alors de l'Impératrice une lettre extravagante :

« Je désapprouve toutes vos allées et venues. L'honneur compte plus que la sécurité. Moi aussi, j'ai ma part de soucis et d'anxiété, mais je veux absolument que chacun fasse son devoir. Mettez-vous bien en tête qu'il vaut mieux avoir à pleurer la mort ou la blessure d'un fils que d'avoir à déplorer sa fuite. Je ne vous le pardonnerais jamais ! »

Au lieu de montrer cette lettre à Louis, Duperré part sur-le-champ pour Paris, seul, pour tenter de rencontrer sa mère. Eugénie ne veut pas le recevoir, mais il réussit à voir Filon, décidément devenu son secrétaire, et se montre si persuasif qu'il repart pour Landrecies avec l'autorisation de se rapprocher encore de la frontière belge. Toute la journée du 3 septembre se passe à fêter la présence du Prince Impérial à Landrecies.

Hélas, le soir arrive un télégramme du maire d'Avesnes : « L'Empereur a été fait prisonnier. » On ne dit rien à Louis, mais Duperré décide qu'on s'éloignera le plus tôt possible pour éviter que la foule en ébriété ne se retourne avec violence contre le Prince et son escorte. Comme les chevaux ne sont pas en état de prendre la route, il met le chef de gare dans la confidence et lui demande de préparer un train pour Maubeuge avant l'aube.

À la gare de Maubeuge, le 4 septembre au matin, les soldats de l'escorte entendent des porteurs parler du désastre de Sedan, mais Louis n'a pas l'air de comprendre. On a quelque peine à obtenir un logement et il doit patienter un bon moment dans le bureau du chef de gare, un farouche républicain ; finalement on le conduit chez Mme Marchand, la veuve d'un sénateur. Les rues silencieuses, les visages sinistres qui font la haie, le pas des chevaux, tout a un air funèbre. Duperré remarque une affiche pendue à un lampadaire. De la voiture, on peut la lire : elle annonce la capitulation ; heureusement, Louis regarde de l'autre côté. Jugeant qu'il ne peut plus continuer à dissimuler, Duperré attend de se trouver en tête à tête avec lui, dans sa chambre, pour lui dire la vérité sans fard. En l'écoutant, le jeune prince baisse le front, mais semble prendre la nouvelle avec calme. Pourtant, après un silence, il murmure : « Tout est perdu, même l'honneur, laissez-moi mourir ! » et, un peu plus tard, Duperré, par la porte laissée entrouverte, entend un sanglot, puis une crise de larmes interminable. Enfin, Louis se calme et réussit même à faire honneur au déjeuner offert par Mme Marchand.

L'après-midi, Duperré reçoit un télégramme expédié de Bouillon en Belgique : c'est Napoléon qui demande des nouvelles de son fils. Aussitôt, il lui répond qu'il est en bonne santé et il lui demande ses ordres. Mais il se ravise peu après : l'Empereur n'a pu communiquer que sous le contrôle des Prussiens ; ses instructions risquent donc d'être celles de l'ennemi ; faut-il leur obéir ? Alors, par acquit de conscience, il télégraphie aux Tuileries, pour rendre compte du message reçu de Napoléon et demander les ordres de la Régente. Il ne va pas tarder à recevoir deux télégrammes, l'un de l'Empereur : « Partez immédiatement pour l'Angleterre, via la Belgique », l'autre des Tuileries, signé Filon : « Vous recevrez des ordres avant la nuit. L'Impératrice vous demande de ne faire aucun cas des instructions reçues de Bouillon. L'Empereur n'est pas en état d'apprécier la situation. »

Maubeuge est maintenant en effervescence. Les nouvelles de Paris reçues par le télégraphe échauffent les esprits. Les Parisiens ont proclamé la République et constitué un gouvernement provisoire présidé par le général Trochu, qui avait pourtant juré à l'Impératrice « sur son honneur de soldat, de catholique et de Breton » de ne pas l'abandonner. Déjà, on entend dans les rues de la petite ville les cris de « Nous sommes trahis » et de « Vive la République ! ». Des agitateurs, debout sur les tables dans les cafés, commencent à insulter la famille impériale ; les Maubeugeois risquent d'attaquer ou d'arrêter Louis. On apporte à Duperré un nouveau télégramme de Paris, toujours signé Filon : « Partez immédiatement pour la Belgique. » Il faut faire vite et discrètement.

Le lieutenant Watrin, qui commande l'escorte de Cent-Gardes, organise une diversion : il s'arrange pour attirer l'attention sur lui en faisant semblant d'attendre le Prince, toutes fenêtres allumées. Pendant ce temps, une carriole se fraie un chemin parmi les curieux assemblés devant la maison Marchand, tourne dans une ruelle qui longe la propriété parderrière et s'arrête devant la grille du jardin. Duperré se met en civil et ordonne à Louis et aux deux autres aides de camp d'en faire autant. L'adolescent ne comprend pas :

— Pourquoi ? demande-t-il en s'efforçant de rester calme.

— Parce que nous allons à l'étranger et qu'il faut éviter une curiosité gênante.

— À l'étranger ! Nous nous sauvons donc ?

— C'est un ordre, Monseigneur, un ordre de l'Impératrice.

— Maman ne veut pas que j'aille la retrouver à Paris ?

Et, comme Duperré ne répond pas, il demande encore :

— Mon uniforme, au moins, je le remettrai bientôt ?

— Certainement, Monseigneur.

Hélas, cet uniforme d'officier français et son pays, il les quitte pour toujours. Au moment de partir, Louis remercie Mme Marchand et lui dit : « Bientôt je reviendrai ! », puis, se tournant vers Watrin, il l'embrasse et, le pressant sur sa poitrine, lui dit : « Allons, du courage, adieu, Watrin ! ». Ensuite il monte dans la carriole avec ses trois aides de camp. Tandis que la voiture s'éloigne, le lieutenant continue d'amuser les curieux en faisant ostensiblement les cent pas sur le balcon, comme s'il attendait le Prince avec impatience pour aller dîner en ville. Vingt minutes plus tard, Louis entre en Belgique, tandis que la foule commence à jeter des pierres sur les vitres de la maison où elle croit que se trouve encore le « petit Badinguet ».

Les fugitifs s'arrêtent à Mons pour dîner à l'hôtel de la Couronne, mais les habitants, craignant une expédition punitive des Prussiens, leur demandent de quitter la ville. Il faut continuer jusqu'à Namur où ils arrivent dans la nuit. Le gouverneur de la province leur offre l'hospitalité au château et, animé des meilleures intentions, croit bien faire en mettant Louis au courant des événements — et quels événements : le désastre de Sedan et la captivité de l'Empereur ! Le pauvre garçon est déjà extrêmement fatigué et abattu. Affreusement pâle, la tête dans les mains, il écoute sans mot dire ni manifester la moindre émotion, mais, le récit terminé, il demande qu'on le laisse seul. Livré à lui-même, il résiste longtemps, étouffant des sanglots qu'on entend de la pièce voisine, puis donne libre cours à son chagrin. Cependant, Duperré reste perplexe. On lui a confié l'héritier de la dynastie, et voilà qu'il n'y a plus de dynastie. Officier, il a quitté le sol de la patrie pour fuir à l'étranger, alors que son pays est toujours en guerre ; au sens de la loi, il peut passer pour déserteur. Il sait que Napoléon III se trouve à cent kilomètres de là, à Verviers, en route, sous escorte prussienne, vers sa captivité à Wilhemshöhe et que Bismarck autorise Louis à voir son père. Mais ne vaut-il pas mieux épargner à l'adolescent, déjà si éprouvé, le choc d'une rencontre avec un père prisonnier et sans doute démoralisé ? Duperré prend le parti de cacher les choses au jeune prince et d'envoyer Clary à Verviers, dire à l'Empereur que son fils est sain et sauf, mais complètement épuisé.

Napoléon attend sur le quai de la gare de Verviers. Il fait peine à voir, recroquevillé sur un banc de bois, son uniforme taché et froissé, le képi souillé et déformé tombant sur les yeux, comme on va le représenter bientôt sur les caricatures. Chacun connaît sa moustache historique aux pointes cirées, qui lui donne un cachet militaire et un air de distinction, et sa mèche soigneusement arrangée. Il n'y a plus trace de tout cela, sa moustache négligée tombe lourdement sur ses lèvres fermées, montrant son désespoir, et pas un trait de son visage ne bouge lorsque Clary le salue. Ses yeux semblent devenus vides de pensées et, s'il regarde ce qui l'entoure, c'est certainement sans rien voir. Ce n'est vraiment pas un spectacle à montrer à son fils.

En apprenant que Louis se trouve à Namur, qu'il va lui être permis de le revoir, Napoléon semble sortir de sa torpeur. Quelle joie s'il peut l'emmener avec lui en Allemagne ! Louis lui tiendra compagnie, Louis auquel il tient par-dessus tout ! Mais, lorsque Clary décrit l'épuisement de l'enfant, c'est une terrible déception et l'Empereur se ravise avec philosophie : « Emmenez-le immédiatement en Angleterre. »

Le 5 septembre au matin, quand Louis se rend en fiacre avec Duperré et Clary à la gare de Namur pour prendre le train d'Ostende, des milliers de gens font la haie pour le voir et le saluent en silence quand il descend en costume noir, son chapeau à la main. Très pâle, encore sous le coup des propos que lui a tenus le gouverneur de Namur, il essaie néanmoins de sourire, mais il a besoin de solitude et se réfugie dans le bureau du chef de gare, où il a une violente crise de larmes. Par délicatesse, on fait manœuvrer le train pour qu'il n'ait que la largeur du quai à traverser jusqu'à la portière de son wagon. Mais déjà le garçon a repris son sang-froid. Il salue poliment, et même assez bas, les badauds qui ont trouvé moyen d'être là. Et les femmes, dont beaucoup pleurent, lui font une profonde révérence.

Louis embarque à Ostende pour l'Angleterre et c'est seulement lorsque le paquebot est au large qu'il se décide à monter sur le pont. Le regard tourné vers la France, il a le cœur gros.

Il pense avec nostalgie à sa dernière traversée en mer, il y a tout juste un an. C'était sur un navire de guerre battant pavillon français, au retour de Corse. Accoudé au bastingage, il répondait aux saluts de la population d'Ajaccio. Puis il avait couru à l'avant du bateau, pour regarder le soleil décliner sur les îles Sanguinaires et la mer scintillante. Enfin, il était retourné à l'arrière, auprès de l'Impératrice ; sans un mot, il lui avait étreint la main en voyant disparaître la terre natale des Bonaparte. Cette mère, qui lui manque tant en ces jours cruels, comment se fait-il qu'il n'en ait aucune nouvelle ?

Louis s'interroge enfin sur l'absence surprenante de son père pour ce voyage en Corse. Comment l'Empereur avait-il pu s'abstenir de paraître aux fêtes du centenaire de la naissance de Napoléon Ier ? L'an dernier, tout à la joie de remplir un rôle et de retrouver son ami Louis Conneau, le Prince Impérial ne s'était pas posé trop de questions sur cette étrange absence. Mais maintenant, elle lui revient en mémoire et tout s'explique : si l'Empereur avait manqué une telle occasion, c'est qu'il était déjà malade. Son pauvre père souffrait en silence et, lui, il ne le savait pas.

2

L'exil

Le lendemain, Louis débarque à Douvres avec ses trois aides de camp. Après la catastrophe, il est le premier de la famille impériale à trouver refuge en Angleterre. Là encore, malgré une pluie battante, une centaine de personnes l'attendent pour lui souhaiter la bienvenue. Le pauvre garçon se contente de saluer de la main avant de prendre le train pour Hastings. Duperré a fait réserver des chambres au Marine Hotel, établissement de second ordre où, il y a trente ans, son père s'est caché sous un nom d'emprunt pour préparer le coup de Boulogne. Les patrons de l'hôtel, le voyant pâle et anxieux, se montrent pleins d'attentions :

— Qu'est-ce qui pourrait vous faire plaisir, Monseigneur ?

Louis, dépaysé sur cette terre étrangère, a cette réponse :

— Ce serait que vous hissiez le drapeau français sur le toit.

Du coup, la rumeur de son arrivée se répand et, en ouvrant ses volets, il aperçoit un rassemblement de fillettes les bras chargés de fleurs. Tout ému, il descend et, dans un anglais approximatif, les remercie de son mieux. Peu à peu, le calme et le grand air commencent à lui faire du bien, et lorsque l'ambassadeur de France à Londres, prévenu de son arrivée, vient le voir, il ne lui trouve pas trop mauvaise mine. Mais Louis se tourmente. Qu'est devenue sa mère ? Les journaux n'en parlent pas. On sait seulement qu'elle a fui les Tuileries devant l'émeute.

Le 8 septembre, à sa grande surprise, on lui annonce une

visite : un certain Dr Evans. Ne serait-il pas, par hasard, ce dentiste américain, ami de ses parents ? Oui, il n'y a pas de doute, c'est bien lui, ce gros homme affable, à favoris grisonnants. Tout de suite, Louis le presse de questions :

— Avez-vous des nouvelles de ma mère ? Est-elle encore à Paris ? A-t-elle quitté la France ? Depuis huit jours, je ne sais plus rien d'elle.

— Votre mère est en bonne santé. Elle vient d'arriver en Angleterre.

— Où est-elle ?

— Chez des amis, avec lesquels elle a quitté Paris. Si Votre Altesse veut bien attendre, je vais m'informer et, à mon retour, je pourrai lui donner son adresse exacte.

Craignant l'effet d'une émotion trop forte, Evans n'a pas voulu lui dire que sa mère se trouve à Brighton, à une heure de là à peine. Mais Louis ne tient plus en place. Lorsque le bon dentiste revient avec elle, Eugénie, au comble de l'excitation, se heurte aux hôteliers qui la prennent pour une sœur de charité, parce qu'elle a mis le capuchon de son manteau sur la tête : « Le Prince ne reçoit personne. » Mais elle les bouscule et se précipite plutôt qu'elle n'entre dans la chambre de Louis. Le garçon se jette en sanglots dans ses bras, incapable d'articuler un mot ; elle aussi se met à pleurer doucement.

C'est, pour l'Impératrice, l'heureux dénouement d'une tragédie qui a commencé cinq jours plus tôt par un télégramme laconique reçu de Sedan : « L'armée est défaite. N'ayant pu me faire tuer au milieu de mes soldats, j'ai dû me constituer prisonnier pour sauver l'armée. Napoléon. »

Eugénie raconte son odyssée avec exaltation :

— On est venu m'avertir que la foule ébranlait les portes du Carrousel et du jardin des Tuileries. On allait forcer les grilles. Un ministre m'a dit : « Rappelez-vous la princesse de Lamballe » et m'a suppliée de quitter les Tuileries ; j'ai fini par accepter. En traversant le Louvre, j'ai levé les yeux, et, sais-tu ce que j'ai vu ? *Le Radeau de la Méduse* de Géricault. Quelle coïncidence ! Place Saint-Germain-l'Auxerrois, je suis montée dans un fiacre avec Mme Lebreton et j'ai donné

Napoléon III en 1852. *(Huile sur toile de A. Tissier, musée de Compiègne)*

L'Impératrice Eugénie à Biarritz en 1858. *(Huile sur toile de E. Defonds, musée de Compiègne)*

Le berceau du Prince Impérial, offert en 1856 par la Ville de Paris. *(Musée Carnavalet, Paris)*

Réception des ambassadeurs du Siam par Napoléon III à Fontainebleau, le 27 juin 1861. *(Huile sur toile de Gérôme, Versailles. Photo RMN)*

La famille impériale.

(Dessin de Jézéquel, imprimerie Pinot-Sagaire, Fonds imagerie d'Epinal. RMN)

Loulou en 1861. *(Huile sur toile de Bénédict Masson, 1861, collection Hermès)*

Le Prince Impérial et son chien Nero. *(Marbre de J.-B. Carpeaux, musée d'Orsay, Paris).*

Juillet 1870. Le Prince Impérial en uniforme de sous-lieutenant (sans galons ni épaulettes mais avec la croix de la Légion d'honneur). *(Collection Sirot)*

Le Prince Impérial
au camp de Châlons.

Le Prince Impérial à Saint-Cloud en 1870.
(Musée de Compiègne)

Le Prince Impérial en
1874. *(J. Lefèvre, musée
de Versailles)*

Vue de Camden Place, Chislehurst. *(Collection Frerejean)*

La famille impériale en exil à Chislehurst, en 1872.
(Photo de E. Flamant)

Le Prince Impérial en uniforme d'officier britannique. *(Monteverde, huile sur toile, 1879)*

Le 1er juin 1879, le Prince Impérial est surpris par les Zoulous et meurt frappé de 17 coups de sagaies. *(P. Jamin, dessin, musée de Versailles)*

au cocher une adresse de gens chez qui je croyais pouvoir chercher refuge. Mais ils étaient sortis et, tu ne le croiras pas, leur domestique a refusé de me laisser entrer. De là, nous sommes allés chez Evans, qui s'est montré un ami fidèle. Il m'a conseillé de gagner l'Angleterre, en passant par Trouville, où justement sa femme se trouvait en vacances, et il a proposé de nous accompagner. On me connaît trop pour que je puisse voyager en train incognito ; mieux valait prendre une voiture. Nous avons convenu qu'en cas de contrôle, on me ferait passer pour une folle qu'on emmenait en maison de santé.

— Et Mme Lebreton ?

— Elle devait jouer à l'infirmière et Evans prétendrait être un médecin de famille. Pendant toute la route, je pensais à Marie-Antoinette et à Varennes. Justement, à la porte Maillot, des soldats ont arrêté notre voiture.

— Alors, que s'est-il passé ?

— Evans a eu la présence d'esprit de tendre un journal pour me cacher le visage. Après, le voyage s'est déroulé sans encombre jusqu'à Trouville. Il restait encore à passer en Angleterre. Deux yachts se trouvaient à l'ancre au port. L'un d'eux appartenait à un Anglais. Evans demanda la permission de le visiter et, une fois à bord et sûr que leur conversation ne pouvait être entendue, il a mis l'Anglais dans la confidence. L'homme a d'abord hésité, mais a fini par accepter. Nous avons attendu minuit pour aller tous les trois à pied depuis l'hôtel jusqu'au quai sans nous faire remarquer. Il y avait un vent terrible.

— Oui, il y a eu une tempête. On dit même que plusieurs bateaux ont coulé.

— Justement, le propriétaire du yacht, en voyant courir les nuages d'un bout à l'autre du ciel, hésitait à prendre la mer ; pourtant, hier matin, il s'est décidé à lever l'ancre. La traversée a été horrible, le bateau sautait sur les vagues comme un bouchon. Mme Lebreton a passé la journée à genoux sur le pont à réciter des prières ; Evans lui-même se croyait perdu. Ce matin, à l'aube, nous avons fini par débarquer à Ryde, dans l'île de Wight, trempés jusqu'aux os, nos vêtements tachés et déchirés. Un hôtelier a refusé de nous recevoir, notre tenue pouvait nuire à la réputation de son établissement. Un autre s'est montré moins difficile ; il ne lui restait plus que des chambres au dernier étage, nous les avons prises. Après le petit déjeuner, Evans est allé faire un tour ; il a acheté un journal et a appris ton arrivée en Angleterre. Et, sur la digue, des amis rencontrés par hasard lui ont donné ton adresse.

Si Eugénie est volubile, excitée de raconter son extravagante odyssée, Louis, au contraire, semble ne se souvenir de rien. D'ordinaire, au retour de ses voyages en province, il parlait avec agitation de ce qu'il avait découvert. Cette fois, il semble avoir tout enseveli dans l'oubli. En le retrouvant fermé comme un masque, sa mère comprend la profondeur des émotions qu'il a dû traverser. Son visage, où ses impressions se reflètent d'habitude avec vivacité, est devenu impassible comme celui de son père. On y lit une immense et douloureuse fatigue, celle d'un garçon qui vient de subir une épreuve au-dessus de son âge. On essaie de le distraire en l'emmenant promener ou en lui racontant la bataille d'Hastings. En vain, Louis ne s'intéresse plus à rien. Ou plutôt à une seule chose : ce qui se passe en France. Le jour, en dépit de nouvelles toujours mauvaises, il se cramponne à l'idée d'un retour de fortune pour son pays. Mais la nuit, en proie à des cauchemars, il lui arrive de crier : « Les pauvres soldats ! Les pauvres soldats ! » Et il replonge à nouveau dans la torpeur, épuisé. Eugénie s'installe au Marine Hotel avec son fils. Le lendemain de son arrivée, grippée, elle garde la chambre et fait appeler un médecin. Quelle coïncidence ! C'est le même docteur qui, vingt-deux ans plus tôt, a donné ses soins au roi Louis-Philippe, débarqué à Newhaven, lui aussi après sa fuite des Tuileries.

Bientôt accourent à Hastings les premiers fidèles. Ils ont appris par les journaux l'arrivée d'Eugénie. L'oncle d'Albe et ses deux filles ; les Conneau et leur fils, l'ami inséparable de Louis ; la comtesse Clary, venue retrouver son mari ; « Nana », miss Shaw, accourue auprès de *her boy* ; Filon, qui, après le 4 septembre, a vainement cherché à s'engager dans l'armée ; et finalement, à la surprise de tous et à la grande joie de l'Impératrice, Pauline de Metternich. L'hôtel va manquer de place.

Louis et sa mère recueillent partout des marques de respect et de sympathie. La première fois qu'ils se rendent à la messe, les fidèles se lèvent spontanément sur leur passage. Mais la curiosité du public finit par les importuner. Des groupes de badauds stationnent souvent devant les larges baies vitrées de l'hôtel, cherchant à voir ce qui se passe à l'intérieur. Bientôt, les journalistes tentent d'obtenir des interviews et, sans se laisser décourager par les refus, se mettent à glaner des nouvelles et à surveiller les allées et venues :

— L'Impératrice part en promenade en voiture... Le Prince fait une excursion en bateau... Il est monté sur la falaise avec l'Impératrice pour regarder la mer... Il s'intéresse beaucoup aux musiciens nègres qui jouent sur la digue... Le précepteur l'a emmené visiter le champ de bataille d'Hastings...

Un journaliste américain réussit même à pénétrer dans la chambre d'Eugénie. Après l'avoir étourdie sous un flot de questions, il termine de façon un peu abrupte :

— Avez-vous assez d'argent pour vivre en Angleterre, ou bien devez-vous en emprunter à la reine Victoria ?

— Rassurez-vous. Avant d'en arriver à cette extrémité, je me sens capable de gagner ma vie comme couturière ou dresseuse de chevaux, répond Eugénie qui, le jour même de l'émeute à Paris, a pris la précaution d'envoyer ses bijoux en lieu sûr en Espagne.

L'Impératrice, qui a toujours aimé se donner en spectacle, s'accommode de cette atmosphère. Louis, en revanche, est à bout de nerfs. Chaque fois qu'il sort se promener, il se sait observé, suivi à distance à la longue-vue. Il en souffre et se sent humilié. Aussi Eugénie cherche-t-elle à quitter Hastings. Un moment, elle pense habiter Trieste, mais elle change d'avis en recevant une lettre de son mari :

« Quand je serai libre, c'est en Angleterre que je désire

vivre avec toi et avec Louis, dans un petit cottage avec des fenêtres en saillie et des plantes grimpantes. »

Elle charge Evans de prospecter dans le Kent les propriétés à louer, de préférence isolées dans un parc et facilement accessibles aux visiteurs qui pourraient venir de Paris ou de Londres. Tandis que l'obligeant dentiste bat la campagne en quête d'une telle résidence, Eugénie reçoit une lettre charmante du prince de Galles. Il a gardé si bon souvenir de sa première visite en France et de l'accueil de l'Impératrice qu'il lui offre Chiswick House, sa maison de campagne. Elle se rappelle avec nostalgie la visite à Paris de la reine Victoria, du prince Albert et de leur fils. C'était en 1855, un an avant la naissance de Louis. Le petit Bertie était alors en kilt et veste de velours, avec un béret écossais. Aux Tuileries, les dames de la Cour le complimentaient sur sa façon de danser et lui faisaient la révérence en plongeant très bas leur décolleté parfumé. Eugénie se souvient aussi des Invalides, où le prince de Galles s'était agenouillé devant le tombeau de Napoléon Ier. Un orage avait éclaté tandis que vacillaient les lueurs des torches ; quelqu'un s'était alors mis à l'orgue et avait joué le *God Save the Queen*. Et, au moment de quitter Paris, le petit prince de Galles lui avait dit :

— Madame, votre pays est très beau. J'aimerais être votre fils et je voudrais rester chez vous.

Comme Eugénie protestait que cela ferait sans doute de la peine à sa mère, Bertie avait répondu :

— Nous sommes neuf à la maison et mes parents ne s'apercevront pas de mon absence.

Mais l'invitation du prince de Galles arrive trop tard.

Car, se souvenant que Napoléon a un jour évoqué en sa présence les moments agréables passés sous les arbres de Tunbridge Wells, Evans a prospecté activement les environs et découvert une belle demeure à Chislehurst, à une demi-heure de Londres par le train et à quelques centaines de mètres d'une église catholique, ce qui, pour Eugénie, a son importance. Et il vient de louer Camden Place pour un prix incroyablement bon marché. Le propriétaire, un certain Mr. Strode, a des raisons particulières de consentir un prix de faveur : il a connu l'Empereur autrefois, ainsi que deux de ses belles amies, et lui a servi d'intermédiaire pour verser de grosses sommes provenant des fonds secrets. On dirait même que Strode a prévu la chute du Second Empire et préparé cette demeure pour en faire le refuge de Napoléon, tant on y trouve de souvenirs de Paris et de ses environs. De tout cela, il ne dira jamais rien à l'Impératrice ni à son entourage, mais, un jour, Filon s'étonnera de découvrir dans un tiroir une photo de Mocquard, l'homme chargé par l'Empereur, au temps de ses fiançailles, de surveiller sa maîtresse anglaise.

Le 20 septembre 1870, Strode se fait un plaisir d'accueillir à Camden Place l'Impératrice et son fils. Il semble d'ailleurs qu'il se soit mépris sur les intentions d'Eugénie et qu'il ait tenté de partager avec elle la jouissance des lieux. Mais elle ne l'entend pas de cette oreille et Strode, galant homme, comprend à demi-mot et déménage pour s'établir dans les alentours.

La beauté de Camden Place est dans son extérieur. Rien n'est plus anglais que le parc, avec ses grandes pelouses bordées de chênes, de tilleuls ou de platanes, et surtout un cèdre de dimensions bibliques. Les allées font de grands détours et sont assez larges et longues pour qu'on puisse s'y promener en voiture. Le château est une construction du début du XVIIIe siècle, avec deux étages en briques surmontés de terrasses à balustres de pierre. On lui a rajouté deux ailes en saillie.

On entre par un long vestibule éclairé d'en haut par un vitrage. Devant les murs, des secrétaires d'ébène ou d'écaille, à incrustations de nacre ou de cuivre, avec, derrière leurs vitrines, des objets disparates. Au fond, un immense miroir dans un cadre sculpté et ajouré ; il y a aussi un grand cartel doré, qui bat pesamment les secondes et où l'on est tout surpris de lire le nom de Filon, lointain ancêtre du précepteur de Louis. C'est dans cette pièce que les nouveaux occupants prendront le thé en attendant les journaux du soir et discuteront passionnément des chances de la guerre. Lorsqu'on s'est oublié à causer, l'Impératrice, soudain rappelée au sentiment de l'heure qui passe par la sonnerie de la vieille horloge, demande : « Ah ! mon Dieu ! que dit le grand-père ? » et elle se hâte d'aller s'habiller pour le dîner.

Le vestibule croise une galerie qui traverse tout le château depuis la salle à manger jusqu'à une grande baie ouvrant sur le parc. Elle est couverte d'un bout à l'autre par un long tapis à carreaux rouges et verts, que les exilés vont parcourir pendant des années, passant et repassant devant un buste de Machiavel dont le sourire vicieux semble railler les projets et les rêves. La salle à manger, éclairée de grandes fenêtres, est décorée de haut en bas par des boiseries, du travail le plus varié et le plus fin, provenant du château de Bercy, près de Paris. Aux murs de cette pièce, Mr. Strode a accroché les portraits de ses ancêtres. Parmi les officiers poudrés et les douairières, se détache la figure énergique d'un Strode, compagnon de Cromwell et l'un des cinq députés que Charles Ier est venu en personne faire arrêter sur les bancs du Parlement. Le salon principal est meublé de deux secrétaires à l'italienne, d'un piano et d'un grand miroir sur la cheminée. Il y a trois petits salons ; de l'un, Eugénie fait un bureau pour Louis, des deux autres, un fumoir et une salle de billard. Les chambres sont dans les étages.

Le jour de son arrivée, Louis va de surprise en surprise. D'abord, à l'entrée du parc, les grilles en fer forgé, avec leurs lampes surmontées de couronnes dorées, lui rappellent l'Exposition de 1867. C'est bien cela, Mr. Strode les a achetées à la clôture de l'Exposition et les a ramenées de Paris. Puis, il y a la façade du château, avec au-dessus de l'horloge aux belles aiguilles dorées, cette devise sibylline, gravée dans la pierre : « *Malo mori quam fœdari* » :

— Comment traduisez-vous ces quatre mots ? demande Louis à Filon.

— Eh bien, cela veut dire : Plutôt mourir que déserter.

— Ah, c'est parfait, voilà enfin du latin qui me plaît.

Autre surprise : à demi caché dans un creux, bien qu'assez

près du château, se dresse un drôle de petit édifice en pierre, qu'on appelle «la lanterne de Démosthène» et qui rappelle étrangement aux nouveaux occupants leurs jours heureux, car il y avait, au point culminant du parc de Saint-Cloud, une construction identique qu'on éclairait tous les soirs tant que l'Empereur séjournait au château. Étrange coïncidence.

En montant le grand escalier à rampe de cuivre, Louis fait une nouvelle découverte, macabre celle-là. Sur les marches, et aussi sur le parquet d'une chambre, subsistent des taches noires et des empreintes souillées de sang, seules traces d'un drame survenu en 1813. Cette année-là, un beau matin, on avait trouvé le propriétaire mort, baignant dans son sang ; près de lui, sa femme agonisait sur le lit. Leurs corps étaient horriblement mutilés, leurs crânes défoncés, ils semblaient avoir été tués par quelque instrument pesant. Tout indiquait qu'il y avait eu une lutte terrible. Ce meurtre était resté longtemps un mystère. Pas un domestique n'avait entendu le moindre bruit, pas un objet de valeur n'avait disparu.

Les soupçons s'étaient portés un moment sur un des fils des victimes. Le malheureux, devenu à moitié fou à la suite de ce crime affreux et de l'accusation de parricide portée contre lui, avait passé le reste de sa vie à hanter le cimetière, près de la tombe de ses parents. Il leur avait fait élever un monument coûteux et, après avoir demandé dans son testament à reposer à côté de ses père et mère, il avait fait graver dans la pierre les mots : «C'est moi, n'ayez pas peur.» Louis est tout excité par ces mots énigmatiques. Est-ce la confession d'un parricide, qui aurait prononcé ces paroles pour endormir la vigilance des victimes ? Ou bien la délicate attention d'un fils affectueux, pour ne pas effrayer ses parents dans leur dernier repos lorsqu'on ouvrira leur tombe pour lui faire place ? Ce mystère frappe tellement son imagination que Louis ne manque pas de demander à tous ceux qui viennent à Camden Place pour la première fois quelle est leur version de l'affaire.

Le lendemain de leur arrivée, qui se trouve être un dimanche, Evans et sa femme accompagnent Eugénie et Louis à la petite église catholique de Chislehurst. La grand-messe a déjà commencé et il ne reste de place que sur les bancs sans dossiers destinés généralement aux enfants et aux pauvres de la paroisse. À la sortie de la messe, ils rentrent à Camden Place comme ils sont venus, sans que nul ne les reconnaisse. Le lundi soir, personne dans le village n'a encore décelé leur identité, car, lorsqu'un des domestiques se rend à la poste pour envoyer un télégramme à l'Empereur, l'employé croit qu'on se moque de lui.

Leur mission accomplie, les Evans prennent congé de l'Impératrice. Le bon dentiste a en tête un nouveau projet qui passionne Louis : améliorer le sort des deux cent mille prisonniers français enfermés dans les camps établis près de Mayence, de Coblence et de Cologne. Envoyés précipitamment en campagne au mois de juillet, ils ont été faits prisonniers quelques semaines plus tard, au milieu de l'été, et personne ne s'est soucié de renouveler leur habillement. Ces malheureux aux pieds nus et aux habits en lambeaux ne peuvent même pas communiquer avec leurs familles, faute de pouvoir payer l'affranchissement d'une lettre. Evans fait appel à la générosité britannique et crée à Londres une société d'habillement pour fabriquer vêtements chauds, caleçons de laine et chaussettes, ceintures de flanelle et sabots. Et, avant de partir en Allemagne vider dans les camps sa hotte de Père Noël, il fait une dernière visite à Camden Place.

Foder, le gardien de la propriété, le reconduit à la gare de Chislehurst dans une voiture légère attelée d'un cheval fougueux. Ils filent rapidement, mais l'animal est mal dressé et capricieux. Voyant Foder ravi de sa bête, et craignant qu'il n'ait l'idée de faire apprécier ses qualités aux nouveaux occupants de Camden Place, Evans lui dit, au moment de se séparer :

— Mr. Foder, je vous suis très obligé de m'avoir conduit à la gare, et je suis très heureux d'y être arrivé sain et sauf, mais vous me feriez une faveur en me promettant de n'offrir votre cheval ni à Sa Majesté ni au Prince Impérial, car je craindrais qu'il ne leur arrive quelque incident.

— Le cheval est ardent, mais tout à fait sûr, lui répond-il. Je veux bien vous faire cette promesse, mais vos appréhensions n'ont aucun fondement.

Quelques jours plus tard, le cheval prend le mors aux dents et, galopant à toute allure, se jette contre un arbre ; la voiture est renversée et Foder tué sur le coup. En apprenant cet accident, Evans se dit qu'il a peut-être bien fait d'obtenir cette promesse. Hélas ! aucune promesse ne peut détourner les coups que la destinée réserve à Louis.

Fin septembre, l'Impératrice a le plaisir de voir arriver Marie de Larminat, une des plus jolies et des plus jeunes de ses demoiselles d'honneur ; elle a tout juste vingt-deux ans.

— Je ne veux pas vous imposer notre existence d'exilés, lui dit Eugénie, je n'en ai pas le droit. Vous avez votre vie à faire, sans murer votre jeunesse dans notre triste prison.

Pour toute réponse, Marie demande si l'Impératrice lui permet d'apporter ses bagages. Louis, qui vient d'entrer, se jette au cou de la jeune fille :

— Vous restez avec nous, n'est-ce pas ?

— Oui, fait Eugénie. Va chercher tes cousines. Elles vont être bien contentes.

Et Marie trouve aussitôt à s'occuper : elle est chargée de répondre à la volumineuse correspondance que reçoit l'Impératrice.

Le premier dimanche d'octobre, comme Louis sort avec sa mère de la petite église catholique de Chislehurst, il aperçoit un homme qui les regarde :

— Maman, il y a là-bas un Français, j'en suis sûr.

— Mais non, répond Eugénie, c'est un habitant de Londres venu par curiosité ou par sympathie, ou c'est quelqu'un d'ici.

Louis ne s'est pas trompé : c'est le commandant Henri Rivière, un officier de marine, l'auteur de jolis contes un peu fantastiques. Il a été reçu aimablement autrefois aux Tuileries et en garde un souvenir reconnaissant. Ce courtisan du malheur a traversé la mer pour dire à l'Impératrice qu'il n'oublie rien. On le garde à déjeuner et Louis ne le lâche plus jusqu'à l'heure du départ.

Aux premiers Français arrivés presque en même temps qu'Eugénie et Louis viennent se joindre d'autres familles amies : les Aguado, Rouher, l'un des principaux ministres du Second Empire et sa femme, qui s'installent aux environs immédiats de Chislehurst et constituent une sorte de petite cour auprès de la souveraine déchue. Puis, le prince Napoléon, venu retrouver sa maîtresse, la célèbre Cora Pearl ; ils se sont mis en ménage à Londres, mais, quand le prince vient à Chislehurst, il a le bon goût de ne pas amener Cora Pearl ; hélas, il a bientôt une méchante querelle avec Eugénie et, après avoir écouté en silence ses reproches, il met son chapeau et prend la porte.

Le dimanche, le train de trois heures amène des visiteurs qui mettent de l'animation. Chacun vient avec ses nouvelles et le temps passe en d'interminables causeries. Eugénie reçoit souvent un Bonaparte fixé à Londres depuis longtemps, le prince Louis-Lucien, fils de ce Lucien Bonaparte qui a joué un si grand rôle au 18 brumaire. C'est le plus anglais de la famille, et celui qui ressemble le plus à Napoléon Ier. C'est, de tous les oncles, celui que Louis aime davantage. Il a un laboratoire de chimie et sept ou huit bibliothèques bourrées de bibles et d'ouvrages scientifiques. Passionné de linguistique, on dit qu'il a érigé en Cornouailles un monument à la dernière femme à avoir parlé le cornique.

Mais, en semaine, on s'ennuie à regarder la pluie tomber. Les femmes s'occupent de travaux d'aiguille, les hommes discutent et font des patiences pour tuer le temps. Tous ces gens, qui ont connu la splendeur des Tuileries, ressemblent à des naufragés ; ils écoutent et colportent les bruits les plus contradictoires, semant tour à tour espoir et désillusion. On s'assied trois fois par jour à table avec les mêmes personnes, pour les entendre répéter les mêmes choses, avec les mêmes intonations et les mêmes gestes.

Jusqu'à son départ de Saint-Cloud, en juillet, Louis n'a eu qu'à désirer pour obtenir, qu'à paraître pour être acclamé.

Gai, enthousiaste, exubérant, il a toujours montré de l'ardeur pour les exercices physiques et pour les jeux avec ses camarades. Maintenant que tout s'est écroulé, il est devenu triste, son visage s'est fermé. Le général Frossard étant maintenant en captivité, Filon organise librement les études de son élève, se chargeant lui-même du français, du latin et de l'histoire tandis que Duperré lui enseigne les mathématiques. Mais Louis continue de se montrer indifférent à tout ce qui l'entoure et ne s'intéresse qu'aux nouvelles de France. Le moindre succès le remplit d'espoir. Il croit que l'armée de la Loire va refouler les Prussiens, ou que Bazaine va enfin briser l'étau qui l'enserre. Hélas, les bonnes nouvelles se révèlent fausses et ces espoirs brisés lui font mal.

Ainsi, lorsqu'on apprend avec joie une prétendue sortie de la garde mobile de Paris, l'Impératrice envoie Duperré à Londres pour avoir confirmation de l'heureux événement. Quand il revient, Louis, sa mère et tous leurs amis sont sur le seuil de la porte, les yeux tournés vers la grille du parc. Duperré paraît enfin, un journal à la main. À son allure, on voit qu'il a de bonnes nouvelles ; d'ailleurs, arrivé à portée de voix, il crie : « Victoire ! Victoire ! » On s'empare de son journal, on lit la dépêche ; elle vient de Tours et dit que les Prussiens ont perdu toutes les positions qu'ils occupaient depuis trois semaines et que nos troupes ont opéré un beau mouvement sous la conduite du général Trochu. Hélas, la sortie annoncée n'a jamais eu lieu ; les Prussiens, au lieu de céder du terrain, resserrent leur étau sur Paris et s'apprêtent à bombarder la capitale. Quand Louis apprend la vérité, il éprouve de la rancœur envers ceux qui ont menti et semé ces faux espoirs.

Sedan a porté un coup terrible à la légende napoléonienne. On accuse Napoléon III d'avoir capitulé et livré l'armée à l'ennemi au lieu de combattre jusqu'à la mort. Napoléon Ier, dit-on, a perdu quelques batailles, mais lui, au moins, n'a jamais capitulé. On assiste à un déferlement d'attaques haineuses, comme la chanson du « sire de Fish ton Kan » :

« C'était un fameux capitaine
Qui t'nait avant tout à sa peau.
Un jour, il voit qu'son sabre l'gêne
Aux ennemis, il en fait cadeau
Quel beau cadeau !
V'là l'sire de Fish ton Kan
Qui s'en va-t'en guerre
En deux temps et trois mouvements
Badinguet, fiche ton camp. »

Au thème de la lâcheté, les républicains associent celui de la trahison. Leur propagande exploite l'entrevue de Napoléon et de Guillaume Ier après Sedan. Une caricature le montre par terre, tentant de s'accrocher au cheval du roi de Prusse, avec cette légende : « Si ce brave Guillaume pouvait m'aider à remonter en selle ! » Sur une autre image, Napoléon frappe à la porte de Guillaume en disant : « Ma chandelle est morte, je n'ai plus de feu, ouvre-moi ta porte. »

Louis est le seul de la famille à être vraiment français. Sa mère, qui a toujours adoré voyager dans toute l'Europe, est de père espagnol et de mère écossaise. Napoléon est bien français, mais a vécu davantage en Suisse, en Allemagne et en Angleterre qu'en France et parle français avec un accent suisse-allemand. Au fond, ses parents sont des cosmopolites, qui se font des amis et se sentent chez eux partout en Europe. Louis, au contraire, n'a jamais quitté la France avant 1870. Aussi a-t-il le mal du pays. La France est sa raison d'être, n'est-il pas « Enfant de France » ? Et voilà que le pays est occupé, qu'on lui a pris son uniforme. Lui qui était adulé, le voilà insulté.

Il a la nostalgie du pays natal et n'imagine pas son existence ailleurs qu'en France. Quand on lui demande ce qu'il souhaite pour ses quinze ans, il répond :

— Je donnerais tout, absolument tout, pour être lieutenant dans l'armée française.

Parfois, pourtant, il semble reprendre courage, tant est grande sa capacité d'enthousiasme. Un jour, pendant le siège de Paris, on l'entend même crier : « Si Trochu sauve Paris, je lui pardonne tout le mal qu'il m'a fait. » Sa mère lui a si souvent parlé de Trochu * que ce nom prend dans son imagination une dimension gigantesque, comme s'il était capable de tout précipiter, ou, au contraire, de tout sauver. Car Eugénie ressasse chaque jour la trahison du général, son adhésion à l'émeute et au gouvernement provisoire. À Camden Place, on n'entend plus parler que de Trochu et de sa volte-face. Un soir, minuit a sonné depuis trois quarts d'heure et Eugénie qui, pour la centième fois, répète la même histoire, s'interrompt en voyant Marie de Larminat s'endormir :

— Mon Dieu ! Quelle heure est-il donc ?

Brusquement tirée de son sommeil, Marie répond d'une voix pâteuse :

— Madame… Madame, il est Trochu trois quarts.

Pendant un mois, l'Impératrice, éternelle Don Quichotte, s'imagine encore que le roi de Prusse traitera plus volontiers de la paix avec elle qu'avec un gouvernement né de l'émeute. Elle écrit à l'empereur d'Autriche et au Tsar pour demander leur médiation. Mais en vain, et il lui faut bientôt se rendre à l'évidence : elle n'a plus ni pouvoir ni influence ; d'ailleurs, le gouvernement de Gambetta paraît résolu à continuer la guerre à outrance.

Alors, le malheur la rapproche de son mari :

« Cher et bien bon ami, lui écrit-elle, des grandeurs passées il ne reste rien de ce qui nous séparait. Nous sommes unis plus que jamais, parce que nos souffrances et nos espérances se confondent sur cette chère petite tête de Louis. Plus l'avenir se rembrunit et plus se fait sentir le besoin de s'appuyer l'un sur l'autre. »

---

* Trochu, gouverneur militaire de Paris, bien qu'ayant donné quelques jours plus tôt à l'Impératrice Eugénie « sa parole de Breton, de catholique et de soldat », s'empressa, le 4 septembre 1870, d'accepter des mains des insurgés républicains la présidence du gouvernement de Défense nationale.

Bientôt, elle éprouve à nouveau un sentiment pour lui. Un jour, elle quitte Camden Place en secret avec Clary et une femme de chambre. De retour quelques jours plus tard, elle avoue à Louis qu'elle est allée à Wilhemshöhe :

— Quand je suis arrivée, ton père m'a reçue avec froideur, presque avec indifférence, car il y avait des étrangers dans la pièce. Mais quand nous fûmes en tête à tête...

En réalité, Napoléon ne lui a guère parlé que de leur fils : n'a-t-il pas été trop éprouvé par les événements ? A-t-il repris ses études avec Filon ? Le petit lui a écrit de si charmantes lettres...

« Comme il l'aime ! se dit l'Impératrice. Il ne pense qu'à lui. »

Eugénie ne raconte pas tout cela à Louis. Et pourtant, elle ne se rend pas compte qu'elle s'est coupée de lui par ce brusque aller et retour. L'adolescent est meurtri. Pourquoi sa mère ne l'a-t-elle pas prévenu et pourquoi ne l'a-t-elle pas emmené voir son père ? Ce père dont il attend chaque jour les lettres avec une tendre impatience et qui reste pour lui un héros. Et il ne comprend pas non plus que sa mère soit restée si peu de temps auprès d'un mari en captivité. C'est qu'Eugénie chevauche à nouveau ses chimères : en apprenant la capitulation de Bazaine à Metz, elle s'est mis en tête que Bismarck pourrait rendre à Napoléon cette armée et, si elle a regagné en toute hâte l'Angleterre, c'est pour tenter d'y négocier avec l'ambassadeur de Prusse.

Cependant, le cercle des fidèles s'élargit quelque peu. Les Clary habitent un cottage à la sortie du parc. À Londres, se sont installés les Mouchy et les Murat, qui viennent assez souvent à Camden Place. « À Chislehurst, écrit Louis à son père, tout va de même, ni plus gai, ni plus triste. »

Eugénie a des sautes d'humeur et des accès de gaieté, mais elle s'habille toujours en noir. Un prêtre parlant français, le père Goddard, a été nommé à la petite église catholique et chaque dimanche, après la messe, il déjeune à la table de l'Impératrice, puis on fait une partie de croquet ou une promenade à cheval. Le soir, on va à la gare, voir les affiches des nouvelles du soir. La princesse de Metternich emmène Louis voir la Tour de Londres. Lord Sydney lui fait visiter Westminster et lui explique le fonctionnement du Parlement. Et lord Buckles lui fait les honneurs de son château de Knowles, un vrai château à la Walter Scott, et de sa galerie de peinture, avec des portraits de Lawrence et de Gainsborough.

Le 30 novembre, la reine Victoria, accompagnée de sa fille, la princesse Béatrice, se fait annoncer à Camden Place. Eugénie, mince, pâle, les accueille sur le seuil de la maison. Louis se tient derrière elle, avec, un peu en retrait, les dames et les gentlemen. Eugénie, les larmes aux yeux, raconte à Victoria sa fuite des Tuileries et sa terrible traversée de la Manche. Puis elle demande des nouvelles en disant : « Oh ! si seulement on pouvait avoir la paix ! » La semaine suivante, l'Impératrice rend sa visite à la Reine. Louis l'accompagne à Windsor, où les princes Arthur et Léopold tentent de le distraire en lui montrant toutes les pièces du château.

Le 28 janvier 1871, les Prussiens accordent un armistice pour permettre au peuple français d'élire une Assemblée nationale capable de faire la paix. Les élections donnent la majorité aux monarchistes, qui se divisent aussitôt entre partisans de deux prétendants rivaux. Lorsque l'Assemblée se réunit, Thiers fait observer que la tâche urgente est de libérer le pays de l'occupation ennemie et de relancer l'économie : on réglera plus tard la question constitutionnelle. Là-dessus, Thiers, choisi à l'unanimité par la Chambre comme chef du pouvoir exécutif, termine la guerre franco-prussienne en signant un armistice, puis des préliminaires de paix. Tous les prisonniers français sont libérés et Napoléon III peut quitter Wilhemshöhe. Au moment où il monte dans le train, on lui tend un télégramme : « Révolution à Paris. Deux généraux assassinés. Socialistes maîtres de la capitale. Paix remise en question. » Le règne de la Commune commence. Alors, on l'entend murmurer :

— Deux fois !... Deux révolutions devant l'ennemi !

Le 20 mars, par un matin ensoleillé, Mr. Lord, le chef de gare de Chislehurst, se présente à Camden Place. Eugénie est encore en peignoir. Inquiète de cette visite incongrue, elle descend précipitamment les escaliers et demande de quoi il s'agit. Mr. Lord vient lui annoncer que, par une courtoisie de la compagnie de chemin de fer, on a formé un train spécial pour la conduire à Douvres chercher l'Empereur. Une demi-heure plus tard, avec un sourire radieux, elle arrive à la gare, vêtue cette fois d'une robe ravissante, qui met en valeur son teint pâle et sa chevelure blonde. À quarante-quatre ans, elle est encore très belle. Louis l'accompagne, rayonnant d'un bonheur qu'il n'a pas connu depuis longtemps. Le jeune Louis Conneau est aussi de la fête, ainsi que Mmes Conneau et Lebreton, le prince Napoléon, le prince Louis-Lucien et le prince Murat.

À Douvres, aucun officiel ne s'est déplacé, car le gouvernement britannique ne veut pas froisser la susceptibilité de M. Thiers, mais il y a foule sur le port, une foule si sympathique qu'Eugénie serre convulsivement la main de son fils. Mais Louis garde les yeux fixés sur l'horizon. Peu à peu, il discerne et voit grossir la silhouette d'un paquebot, celui qui ramène son père. Un Anglais très digne et âgé, qui a réussi à se frayer un passage, se présente à l'Impératrice, le chapeau à la main :

— Je m'appelle Henri Payn. J'ai déjà eu l'honneur d'offrir à Votre Majesté et à Sa Majesté l'Empereur les vœux de notre ville. C'était en 1855, et j'étais alors le maire de Douvres.

— C'est donc vous, monsieur Payn, qui avez alors prononcé le discours de bienvenue ?

— Oui, Majesté. Et l'Empereur m'a fait une réponse dans un anglais parfait.

Eugénie se souvient de ce voyage officiel en Angleterre, pendant la guerre de Crimée, et de son arrivée à Douvres, par un brouillard si épais qu'on ne pouvait distinguer le port. C'était un voyage de rêve, avec des arcs de triomphe décorés de lauriers et de fleurs.

Cette fois, au contraire, il fait un temps magnifique et la mer scintille au soleil. Mais Napoléon, qui se tient à la proue, s'attend à passer inaperçu, ou tout au plus à être accueilli par une poignée d'indifférents ; il redoute même des marques de mépris. Dans la défaite et la captivité, il a acquis une certaine dose de philosophie. Et voilà qu'en descendant la passerelle, il est surpris, comme abasourdi par une explosion de hourras. Il n'en croit ni ses yeux ni ses oreilles. Les hommes lancent en l'air leurs chapeaux, les femmes agitent leurs mouchoirs, on lui offre des fleurs. Lui que personne n'a acclamé depuis si longtemps ! Il a maintenant les larmes aux yeux ; est-ce à cause de sa femme, de son fils ou de cette amitié britannique, il ne sait pas au juste. D'une certaine manière, il rentre chez lui : c'est en Angleterre, où il se retrouve, que tout a commencé et que, peut-être, tout va recommencer.

L'Empereur prend dans ses bras Eugénie, qui fond en larmes, et les applaudissements redoublent. Mais quand la foule le voit embrasser son fils avec ferveur, c'est du délire et la police a quelque mal à le dégager. Puis il prend bourgeoisement le bras de l'Impératrice, et, gardant le chapeau à la main pour saluer à droite et à gauche, il se dirige vers le Lord Warden Hotel. Cet accueil enthousiaste lui fait si chaud au cœur qu'il monte au balcon saluer la population. Cependant, il faut rejoindre le train spécial qui attend en gare. Le couple impérial et leur fils empruntent un passage et là, par une extraordinaire coïncidence, ils croisent sans pouvoir les éviter, les princes de la famille d'Orléans, les enfants du roi Louis-Philippe, qui, après la déchéance de l'Empire, regagnent la France. Le couloir est si étroit qu'on se trouve face à face. Il y a un moment d'embarras. Eugénie hésite, puis fait une révérence. Napoléon et Louis soulèvent leur chapeau. Les Orléans, sans un mot, leur rendent le salut et chacun poursuit son chemin. La famille impériale finit par arriver à Chislehurst. Tout le village est rassemblé à la gare pour attendre « le pauvre vieux gentleman ».

3

La mort du père

A Camden Place, l'Empereur retrouve la chaude et intime atmosphère qui lui plaît. Il occupe la chambre à côté de celle d'Eugénie et installe son bureau dans une petite pièce facile à chauffer, comme une cabine de bateau, qu'il décore avec deux portraits miniatures de sa femme et de son fils, une collection de pistolets et deux bouquets de violettes fanées reçus à Wilhemshöhe et sortis de Paris assiégé d'une manière inexplicable ; l'un porte cette inscription « Un vrai Français » et l'autre « Une famille d'ouvriers reconnaissants ». C'est dans ce bureau surchauffé qu'il aime faire la lecture ou discuter avec Louis, qui ne peut s'arracher à sa voix au timbre doux et expressif.

L'arrivée de Napoléon, avec son visage fatigué, couleur de cendre, et ses cheveux blanchis en quelques mois d'apocalypse, va mettre un peu de vie et de gaieté dans l'atmosphère compassée de Camden Place. De Wilhemshöhe, il ramène Davillier, son écuyer ; Corvisart, son médecin ; Franceschini Pietri, son secrétaire. Et aussi Gamble, son piqueur, qui devient vite une figure populaire ; c'est un Écossais que Napoléon a engagé comme palefrenier il y a déjà vingt-cinq ans. Gamble a toujours servi son maître avec dévouement, et tout particulièrement dans les moments critiques, au coup d'État, à Solferino et à Sedan. Non seulement il manie les chevaux à la perfection, mais il est aussi un merveilleux flûtiste et prétend descendre d'un Gamble violoniste et compositeur à la cour de Charles II. Il fait des duos avec le prince Poniatowski ou avec Mme Conneau, tous deux chanteurs d'opéra.

Des serviteurs arrivent des Tuileries : Pepa, la trésorière de l'Impératrice, Delafosse, le maître d'hôtel, Ferrand, le cuisinier en chef, Girard, le sommelier. Le train de vie est confortable, grâce au produit de la vente aux Rothschild des bijoux d'Eugénie. Grâce surtout à une très grosse somme — douze millions — que la Régente a eu la prévoyance d'expédier en Espagne, le matin même de la chute du régime. Bientôt arrivent aussi plusieurs chevaux des écuries impériales, deux voitures, ainsi que Tambour, le poney favori de Louis. Les bêtes et les attelages, soumis à de dures épreuves pendant le siège de Paris, ont perdu de leur valeur et la princesse Mathilde a pu les racheter à une vente aux enchères et les envoyer à son cher cousin.

Deux jours après son arrivée à Chislehurst, Napoléon reçoit la visite de lord Malmesbury, lord du Sceau privé, qui le trouve plus affecté des catastrophes de Paris et de l'anarchie en France que de ses propres malheurs personnels. Aucune trace de nervosité ou d'irritation. Pas une plainte ne lui échappe. Comme on s'étonne de le voir prendre les choses avec une telle philosophie, il répond : « À la guerre comme à la guerre » et, si on lui dit du mal de Trochu, il se contente d'un : « Ah ! voilà un drôle ! » Mais voici bientôt les fidèles Evans. Napoléon les questionne :

— Paris ?

— Nous ne pourrons y rentrer que lorsque l'ordre sera rétabli. En attendant, nous nous installons à Londres. Là, nous pourrons continuer de collecter des secours pour les prisonniers français.

— Alors, ces pauvres prisonniers ?

— Les plus malheureux sont ceux de l'armée de Bourbaki. Forcés de se réfugier en Suisse, ils y sont internés. Ils ont passé l'hiver sans abri et ils meurent de faim. Des milliers de leurs camarades ont péri ou disparu dans la neige aux environs de Besançon et de Pontarlier ; les survivants font peine à voir, les membres et la figure gelés, les vêtements en loques.

Bien que ces nouvelles de France le désespèrent, Napoléon n'a pas perdu confiance en son étoile, confiance que partage Eugénie. De toutes leurs forces, ils s'accrochent à l'espoir d'un retour à Paris, qui préluderait à l'accession au trône de leur fils. Grâce à son repos forcé à Wilhemshöhe, la santé de l'Empereur s'est améliorée, les crises violentes qui l'ont torturé l'été dernier se sont atténuées. Et Napoléon est encouragé dans ses rêves d'avenir par son incroyable popularité en Angleterre. C'est la sympathie naturelle des Anglais pour les perdants, surtout pour ceux qui perdent avec courage. Non seulement le prince de Galles invite le couple impérial, mais la reine Victoria vient souvent à Camden Place et toute la bonne société de Londres suit son exemple.

Même Gladstone, l'archilibéral, décide d'aller voir de ses propres yeux quel est cet homme devenu la tête de Turc des républicains. Il tombe aussitôt sous le charme de ce souverain déchu, calme et mélancolique. Mais sa visite à Camden Place manque de provoquer un incident avec le prince Louis-Lucien qui, arrivé trop tard pour les présentations, demande à Eugénie quel est ce grand monsieur en train de parler à l'Empereur, et qui, en apprenant que c'est Mr. Gladstone, s'exclame :

— Mais comment donc ! Je ne savais pas qu'un libéral pouvait être un vrai gentleman !

Et puis, le regard des femmes ne se détourne pas de Napoléon déchu et vaincu. Une jeune fille lui envoie, anonymement et à intervalles réguliers, des *banknotes* de cinq livres, qui feront un total de douze mille cinq cents francs de l'époque. Et, un après-midi où Louis passe à cheval devant le pavillon des gardiens, il remarque une femme entre deux âges, habillée avec un mélange singulier de couleurs claires. Elle porte des gants blancs trop grands — l'extrémité des doigts, trop longue, est tire-bouchonnée — et elle tient à la main un bouquet de genêts. La dame semble le regarder avec une émotion intense et lui fait la révérence. Lorsqu'il repasse la grille au retour de sa promenade, elle est toujours là ; en l'apercevant, elle lui crie : « Que Dieu bénisse Votre Altesse ! » et elle jette ses fleurs en l'air d'un geste exalté. Le manège se répète les jours suivants. Louis est intrigué : « Qui donc peut être cette femme ? » Un jardinier le renseigne : « C'est une veuve fortunée. Chaque jour elle vient apporter des fleurs pour l'Empereur. » Mais le gardien a fini par les refuser et, depuis, elle est devenue bizarre.

Louis s'empresse de raconter l'histoire à son père, en cachette de sa mère. Toute sa vie, Napoléon III a aimé les femmes et en a été aimé ; mais depuis deux ans, il n'a guère reçu d'hommages féminins. Il se laisse faire quand son fils veut l'entraîner au bout de l'allée jusqu'à la grille. La nuit tombe, on ne voit rien d'inhabituel ; soudain, la veuve surgit de derrière la loge en poussant des cris d'extase et se jette en larmes aux pieds de son héros. L'Empereur, dégrisé par ces démonstrations excessives, juge préférable d'éviter quelque temps de venir à pied du côté de la grille.

Eugénie et Napoléon reçoivent aussi des lettres de fous et de folles. Parmi les folles, il y a une femme qui signe « Marie-Jeanne des peuples ». Cette personne croit fermement qu'elle donnera à l'Empereur un fils qui sera le sauveur de la France. Parmi les fous, se trouve aussi un homme qui prétend être le fils d'Eugénie et du comte de Chambord ; il appelle le Prince Impérial « mon demi-frère » et ne cesse d'écrire à l'Impératrice en lui envoyant des mèches de cheveux et en demandant qu'elle lui paie le voyage pour venir la voir. Filon lui-même est importuné par un imprésario américain qui lui offre — avec une jolie commission — un contrat rémunérateur pour exhiber l'Empereur dans les principales villes des États-Unis, tous frais payés dans les meilleurs hôtels. Il y a également des illuminés qui professent que Napoléon est l'Antéchrist annoncé dans le livre de Daniel.

Un jour, Louis entend devant la grille de Camden Place un orchestre de cuivres jouer *Auld Lang Syne* et *God save the Queen*. Puis il croit reconnaître les paroles de *La Marseillaise* avec un fort accent britannique, entremêlées de cris et de hourras, et va chercher ses parents. C'est l'orchestre en uniforme des ouvriers municipaux de Greenwich, entouré d'une foule d'employés avec leurs bannières qui font un tour dans la campagne du Kent pour le jour de leur fête annuelle. La vue du trio impérial soulève un tonnerre d'applaudissements. Un contremaître s'avance respectueusement et commence un discours incohérent que l'Empereur est seul à comprendre ; il dit que tous ses camarades souhaitent que la France se relève vite de ses malheurs, que Napoléon remonte sur le trône et restaure l'amitié qu'il a su établir entre la France et l'Angleterre.

Tête nue, l'Empereur répond qu'il a toujours fait de son mieux pour être ami de la Grande-Bretagne. Des « Oui ! Oui ! c'est vrai ! » fusent de toutes parts. Puis les ouvriers reprennent leurs applaudissements de plus belle et veulent leur serrer la main à tous les trois. Enfin, ils s'en vont, toujours en poussant des vivats, derrière l'orchestre qui joue maintenant : *We may be happy yet*. Louis entend encore au loin leurs cris lorsque, avec ses parents, il pousse la porte de Camden Place.

Le matin, Louis étudie avec Conneau sous la houlette de Filon, mais il n'écoute guère et passe son temps, l'air absent, à crayonner des chevaux ou des soldats sur n'importe quel bout de papier. Il ne s'anime qu'en présence de son père, à partir de cinq heures de l'après-midi, en rentrant de ses promenades à cheval avec Conneau et Gamble. On sert le thé, accompagné de brioches chaudes, dans le hall ou le petit salon, ou, s'il fait beau, sur la pelouse.

S'il n'y a pas d'invités, l'Empereur lit à sa femme et à son fils la correspondance de la reine Hortense, fait souvent observer qu'elle a su, mieux que personne, décrire Napoléon Ier et souligne des passages pour en tirer des leçons afin d'enseigner à Louis l'art de conduire les hommes. Puis il se promène au bras de sa femme. En rentrant, on bavarde jusqu'à sept heures moins le quart, heure où l'on va se changer car, à sept heures, le gong annonce qu'il faut passer à table.

Après dîner, Napoléon s'assied à une table à jeu, pour faire des patiences, ou bien, enfoncé dans un fauteuil au coin du feu, il rêve en regardant les formes que prend la fumée de sa cigarette. Les femmes babillent au salon et l'on entend venir du hall les rires de Louis et de ses cousines ou le son du vieux piano. Souvent, entre deux airs d'opéra ou deux marches militaires, le bruit sec des boules de billard tire Napoléon de sa rêverie : « Tiens, dit-il, Corvisart a fait encore un carambolage », puis il se replonge dans ses pensées. Eugénie attend onze heures pour se retirer et, se retournant au seuil du salon, fait une profonde révérence.

Le dimanche matin, les Londoniens viennent par centaines à la sortie de la messe devant la petite église admirer l'Impératrice, encore si belle, qui a été la femme la plus élégante de son temps et a lancé toutes les modes. On voit également des Français, courtisans, ambassadeurs, généraux, et aussi des gens plus simples mis à pied et réduits à néant par la chute de l'Empire. Quoi de plus naturel que l'insistance de ces « sans-emploi » à traverser le Pas-de-Calais et à demander audience au souverain déchu ? Et, chaque semaine, Napoléon est tenu de les accueillir et de les écouter avec douceur. Mais quelle joie aussi lorsque, à cette troupe, se mêlent de vrais amis désintéressés. Car Napoléon a le don de se faire beaucoup d'amis et de les garder.

Parfois, l'après-midi, quand il fait beau, Louis va avec ses parents voir le match de cricket sur la pelouse communale. Comme beaucoup de Français, ils ne comprennent pas toutes les finesses de ce sport. Un jour pourtant, l'Empereur est si ravi qu'il envoie son écuyer, le chapeau à la main, remercier le joueur et le prier de recommencer son exploit. Et bientôt, à l'initiative de l'Empereur et de Mr. Strode, le club de football du Kent prend l'habitude de tenir son assemblée athlétique annuelle à Camden Place en présence de Napoléon et de Louis, qui offrent trois prix — un chronomètre, un baromètre et un thermomètre — tandis que joue la fanfare du Royal Artillery.

Napoléon a toujours sur lui des pièces de monnaie pour les enfants de Chislehurst et s'intéresse à leurs jeux lorsque Eugénie organise pour eux de grandes parties sur la pelouse de Camden Place. La course d'ânes obéit à des règles bizarres. Chaque garçon choisit un âne, lui passe au cou une ficelle avec un morceau de carton où il écrit son nom, puis s'empresse de quitter l'animal et de monter sur un autre âne. L'heureux gagnant est l'enfant dont le nom se trouvera sur le dernier âne à franchir la ligne d'arrivée. Un jour, le fils du poète Arnold arrive le premier et ne comprend pas pourquoi on ne lui décerne pas le prix. Voyant sa déception, l'Empereur lui dit, avec une tape affectueuse sur l'épaule : « Bravo, mon petit » et se tournant vers Louis : « Vois que ce cavalier ardent reçoive aussi un prix. » Et le Prince Impérial remet à l'enfant une petite médaille en argent représentant le chagrin de la France ; Julien Arnold la gardera toute sa vie.

Le plus grand moment de la semaine, c'est le samedi après-midi. Le train de trois heures amène une armée de visiteurs. Comme au temps des Tuileries et de Compiègne, Eugénie paraît dans des robes plus ravissantes les unes que les autres. Tel un cygne, elle glisse parmi les invités venus de Londres et des environs. Outre la colonie française, il y a toutes sortes de Britanniques, aristocrates, hommes politiques ou militaires, mais aussi des savants, des écrivains, des artistes ou des comédiens. Louis circule avec son père d'un groupe à l'autre. Il aime ces moments-là, car, en se forçant à jouer les maîtres de maison et à lier connaissance avec les Britanniques, il sort de sa tour d'ivoire et reprend peu à peu confiance en lui. À une de ces réceptions, un officier colonial anglais, en permission en Angleterre, apporte une surprise pour Louis. L'adolescent ouvre le paquet et s'étonne de trouver une plante : « C'est le rejet d'un saule pleureur de Longwood. Je l'ai ramené de Sainte-Hélène ; cet arbre se trouve devant la dernière demeure de l'empereur Napoléon Ier. » Louis en reste muet de saisissement, les larmes coulent sur ses joues, puis, comme fou de joie, il court à son père avec le rejet. Le soir même, tous deux vont religieusement le planter dans le parc. Et, chaque semaine, ils vont regarder leur saule, un arrosoir à la main, émerveillés de le voir grandir.

Souvent, des chanteurs réputés viennent égayer la soirée. Mme Conneau, qui chante fort bien, organise des récitals. Un jour, la cantatrice Christine Nilsson, venue accompagnée de son mari, Auguste Rouzaud, manque à toutes les règles de l'étiquette en le présentant à l'Empereur avec ces mots : « Monsieur Rouzaud, l'Empereur. » Mais Napoléon, seul à ne pas s'estimer offensé, sourit et serre la main de l'invité.

Un autre jour, on voit arriver Gounod, le compositeur. Accablé par l'invasion prussienne, il s'est installé à Londres en 1870 avec sa famille, comme tant d'autres, comme Pissarro, comme Monet. Arrivé tout auréolé du succès de *Faust* et de *Roméo et Juliette*, il compose *Gallia*, une élégie sur l'esprit invincible de la France, dont l'humiliation ne durera qu'un temps. Louis s'amuse beaucoup des circonstances romanesques de la rencontre de sa mère avec Gounod. Un jour, Filon accompagnait l'Impératrice à Londres ; elle est entrée dans une église pour se confesser et, tandis qu'elle se trouvait au confessionnal, un homme a commencé à jouer de l'orgue d'une manière si merveilleuse qu'elle a fait demander le nom du musicien : c'était Gounod, et voilà comment il est devenu, lui aussi, un habitué de Camden Place.

Napoléon a toujours regretté de ne pas avoir le temps de s'occuper autant qu'il le désirait de ce fils qu'il adore. Maintenant, il peut avoir de longs entretiens avec lui. Souvent, il passe son bras sous son épaule et, ainsi appuyé, il arpente indéfiniment avec lui la longue galerie de Camden Place, la galerie au tapis rouge et vert. Le garçon rive ses yeux sur ceux de son père et écoute inlassablement, appliqué à retenir toutes ses paroles. Ils se parlent pendant des heures et Louis n'en perd pas un mot. Sans relâche, comme son oncle à Sainte-Hélène, qui « refaisait » sans cesse la bataille de Waterloo, Napoléon évoque les heures tragiques de Sedan :

— Nous étions enfermés dans les murs de Sedan. Il y avait déjà quatorze mille morts et blessés sur le champ de bataille. Vouloir tenir plus longtemps eût été inutile, un acte de désespoir. Cela aurait condamné quatre-vingt-dix mille hommes à une vraie boucherie, sans pour autant sauver la France.

Il ne cherche pas à se défendre :

— Un monarque se dégrade lorsqu'il cherche à se disculper. Il ne faut pas plaider sa cause contre son peuple. Il n'y a pas d'excuses, pas de circonstances atténuantes pour un souverain. Sa plus haute prérogative est d'assumer lui seul les responsabilités encourues par ceux qui l'ont servi. Et aussi par ceux qui l'ont trahi. Quand on est tombé de si haut, il ne faut pas vouloir remonter aussitôt au pinacle, mais chercher à comprendre les causes de sa chute. Il faut combattre les calomnies, mais reconnaître ses propres fautes. La nation m'a imposé la guerre avec la Prusse, mais je l'ai faite et mal faite.

L'Empereur parle à Louis comme à un homme et sa présence semble rasséréner l'adolescent. Il lui enseigne l'histoire contemporaine et les dessous de la politique et beaucoup de choses vont rester gravées dans sa mémoire :

— La liberté, dit-il, n'a rien à voir avec le Parlement. Les Assemblées ne donnent qu'une fausse image de l'esprit public, elles le trahissent. L'Assemblée de 1789 a conduit à la chute de la monarchie malgré le vœu du pays ; l'opinion était hostile aux excès de la Convention. Et, en 1848, alors que l'Assemblée était pour Cavaignac, le peuple était pour moi. Seul le plébiscite exprime la vraie volonté populaire. À condition que les questions soient simples et faciles à comprendre.

Napoléon essaie de lui expliquer les événements avec calme et sans préjugés. Justement, de nombreuses informations parviennent chaque jour de France : on a renversé la colonne Vendôme et incendié les Tuileries. Ce que pleure Louis, ce n'est pas la destruction de ses souvenirs d'enfance, c'est que les Français se battent entre eux ; c'est aussi la mort cruelle de l'abbé Deguerry, qui l'a préparé à la première communion et que les communards ont pris en otage et fusillé. Longuement, le père commente les nouvelles avec son fils, mais il aime lui demander son avis sur les sujets les plus divers et l'écoute patiemment exposer ses idées avant de donner son point de vue. Toujours en douceur, sans jamais le contredire ni le prendre de front, il l'amène progressivement à sa façon de voir les choses. Un jour où l'adolescent parle de « ces Messieurs les républicains » sur un ton qui tient plus du crachat que du mépris, son père lui dit :

— Tu as tort, Louis, de parler ainsi des gens qui ne pensent pas comme toi.

Pourtant, il le croit assez mûri par l'épreuve pour entendre les choses les plus importantes, voire les plus secrètes. Un jour où il s'entretient avec Rouher, le garçon entre dans son cabinet de travail et, comme Rouher salue respectueusement et se tait, Napoléon lui dit : « Nous pouvons causer devant mon fils, il s'intéresse beaucoup à nos affaires. » Alors Louis ajoute en souriant : « Je suis curieux, mais très discret. »

Parmi les sujets politiques qui passionnent le père et le fils, il y a le débat sur le recrutement de l'armée qui, à l'Assemblée nationale, oppose partisans de l'armée de métier et partisans du service militaire obligatoire pour tous. L'armée française, à la différence de l'armée anglaise, est une armée de conscription. Mais une partie seulement du contingent est appelée par tirage au sort ; ceux qui tirent un bon numéro sont exemptés et ceux qui tirent un mauvais numéro font un service de sept ans, à moins d'acheter un remplaçant. La première réaction de Louis, pour une fois d'accord avec les républicains, est en faveur de l'égalité de tous les Français devant l'impôt du sang :

— N'est-ce pas un marché des hommes que de permettre à ceux qui ont tiré un mauvais numéro de s'acheter un remplaçant ?

— Le remplacement, répond son père, met dans l'armée un homme qui a le goût de l'état militaire au lieu d'un homme qui n'en veut pas et qui ne peut faire qu'un médiocre soldat.

Pourtant Napoléon, sensible à l'opinion de son fils, en vient à imaginer un compromis qui, chose curieuse, va finir par être adopté : tout Français sera incorporé, soit pour un an, soit pour cinq ans, selon le tirage au sort, et le remplacement est supprimé.

L'influence patiente et généreuse de son père explique que le Prince Impérial ait pu, par la suite, malgré l'impétuosité héritée de sa mère, résister aux appels à la violence prodigués par certains de ses conseillers. L'Empereur est si tolérant que lorsqu'une des domestiques anglaises est surprise à Camden Place en train de voler du linge et de l'argent, il trouve le temps d'écrire au juge pour le prier de se montrer indulgent, si bien que la fille voit sa peine réduite de moitié.

Le jour de la Sainte-Eugénie, une vingtaine d'invités se trouvent à dîner à Camden Place. Un convive fait remarquer qu'en France, on ne peut plus réunir cinq personnes sans qu'elles émettent cinq opinions différentes.

— C'est bien cela, dit Napoléon, c'est le caractère français. Même ici, à cette table, nous avons toutes sortes d'opinions.

Comme on proteste, l'Empereur reprend de plus belle et, se tournant d'un air malicieux vers l'Impératrice, qui se tient à côté de lui :

— Vous d'abord, vous avez toujours été légitimiste. Vous êtes absolument fanatique du comte de Chambord ; vous admirez son caractère et je crois que vous admirez aussi les proclamations qu'il adresse au peuple français. Voici maintenant Mme Lebreton: elle est orléaniste et est restée, j'en suis sûr, très attachée aux princes d'Orléans. Quant à vous, Conneau, ajoute-t-il en s'adressant à son vieil ami, pourtant bien pacifique, vous êtes un franc communiste *, vous avez toujours eu les idées les plus subversives, vous êtes un carbonaro.

Après avoir fait rire tout le monde par cette boutade, l'Empereur, prenant un air sérieux, explique comment on l'a accusé lui-même d'avoir été un conspirateur et un carbonaro. Quand il a fini, Louis demande la parole :

— Mais papa, dit-il, je vois ici maman, qui est légitimiste ; Mme Lebreton, qui est orléaniste ; et le Dr Conneau, qui est républicain. Où sont donc les impérialistes ?

Alors Napoléon, entourant son fils de son bras et l'attirant tendrement sur son cœur, lui répond :

— Les impérialistes ! C'est toi qui es l'impérialiste, mon cher enfant.

---

* Le terme « communiste », utilisé par Marx et Engels dès 1848 dans *Le Manifeste du parti communiste,* n'est encore employé que par des intellectuels et sans grande différence avec le terme « socialiste », alors plus répandu.

Eugénie n'est pas aussi magnanime. Son caractère absolu n'admet pas qu'un soldat comme Trochu ait trahi la parole donnée :

— Eugénie, lui dit parfois Napoléon, ce n'est pas toi qui as une idée, c'est une idée qui t'a !

Et, de fait, le triste sujet revient toujours sur le tapis.

Le surlendemain, dans le petit salon, Marie de Larminat aide l'Impératrice à dépouiller quelques caisses reçues de Paris, pleines de correspondances qui ont échappé aux mains du gouvernement. Napoléon entre et se met à lire quelques-uns de ces papiers. Tout à coup, Eugénie se lève et, tendant une lettre à son mari, s'écrie :

— Enfin ! voilà ce que je cherche depuis des heures ! Lisez, mais lisez donc.

C'est une vieille lettre de remerciements, signée de Guizot : « Sire, vous m'avez sauvé plus que la vie, vous m'avez sauvé l'honneur. » L'ancien ministre fait partie de ceux qui maintenant insultent le souverain déchu.

Dans un moment d'affolement causé par les dettes de son fils, Guizot était venu autrefois trouver Napoléon et lui avait exposé sa détresse. L'Empereur, sans une observation, sans une question, avait posé sa cassette grande ouverte devant le malheureux père et s'était éloigné en disant : « Prenez ce qu'il vous faut. »

Napoléon lit la lettre qui a tant excité sa femme et hausse les épaules : « J'avais oublié cela. » Il garde le papier entre les mains et Eugénie, devinant qu'il va le déchirer : « Laissez-moi ces pages, dit-elle, c'est ma vengeance ! » Mais lui se lève et réplique simplement : « Non, non, Eugénie, pas cela, on ne se venge pas ainsi ! » Et il s'en va.

Si l'Empereur se montre peu rancunier envers ses adversaires et même envers ceux qui l'ont trahi, et indifférent à la perte du pouvoir, c'est qu'il est constamment occupé. Il passe une grande partie de son temps dans son petit bureau, entouré de livres et de papiers, à étudier l'économie politique et à chercher le moyen de régler les conflits internationaux. Il s'occupe aussi d'inventer un appareil de chauffage pour réduire la consommation des ménages, un cylindre en fonte muni d'un tube recourbé pour laisser échapper les gaz, qui s'adapte au foyer des cheminées ordinaires : un économiseur en quelque sorte. À un ingénieur anglais, il fait essayer trois prototypes. Mais Louis, moins curieux de technique que son père, ne parvient pas à s'intéresser au projet.

Cette autorité douce qui émane de l'Empereur de nouveau agit sur Eugénie, la domine comme autrefois au début de leur mariage. Et dans le même temps, de le voir si mélancolique, si calme, une tendresse inconnue se glisse en elle. Oubliant, et pour toujours, ses déceptions d'épouse, elle aime son mari d'un cœur plus chaud qu'elle ne l'a jamais aimé. Cependant, à la fin de l'été, elle décide d'aller voir sa mère en Espagne et l'Empereur en profite pour emmener Louis passer le mois de septembre à Torquay, avec son cousin Joachim Murat, les Conneau père et fils et les Clary.

Tout le long du trajet en train, ils sont acclamés par de petits groupes de Britanniques et, à Torquay, leur calèche est souvent saluée des cris de « Vive l'Empereur ! » À l'Hôtel Impérial, Napoléon apprécie tellement la cuisine qu'il fait venir le chef pour lui dire qu'il ne s'est jamais tant régalé depuis qu'il a quitté Paris.

— Sire, c'est parce que j'ai appris la cuisine aux Tuileries. Comme Votre Majesté, j'y ai travaillé jusqu'à la guerre.

Les cris de « Vive l'Empereur ! » dans toutes les rues de Torquay finissent par fatiguer les oreilles de Napoléon. Il fait savoir au maire qu'il apprécie la gentillesse des habitants, mais qu'il est venu ici pour se reposer ; dès lors, on le respecte avec discrétion et il peut se promener avec Louis sans que personne ne les dérange. Un jour, pourtant, un estivant demande à le voir ; c'est pour lui rapporter sa canne avec pommeau en forme d'aigle doré ; l'Empereur a eu la maladresse de la laisser tomber quelques jours plus tôt dans la rivière et l'homme a plongé six fois dans l'eau pour la récupérer.

Curieusement, il y a en même temps qu'eux dans la petite ville d'autres Français, toujours en haut-de-forme et redingote impeccables, les mains derrière le dos, qui se font remarquer par leurs questions incessantes en mauvais anglais et leur manie de suivre à distance l'Empereur. Ce sont des espions républicains, car tout Paris s'imagine que Napoléon III a acheté la loyauté de régiments français qui n'attendent qu'un signal pour se rallier à lui. Les journaux français titrent : « Complot ! L'Empereur prépare à Torquay un débarquement en France ! » C'est tout à fait surréaliste, mais cela passionne Louis et son ami Conneau et suffit à leur bonheur.

En rentrant à Chislehurst, Napoléon et son fils font un crochet par Bath, d'où Louis écrit à sa mère cette lettre enthousiaste :

« Nous voici à Bath, où papa a reçu une ovation sans pareille. La foule nous a escortés de la gare à l'hôtel avec grand accompagnement de hourras et de poignées de mains. Nous avons été déjeuner hier chez sir Lawrence Palk, qui possède une superbe propriété dans les environs. Et, le soir, à notre hôtel, nous avons dû paraître plusieurs fois au balcon pour saluer la foule qui nous réclamait… »

De retour à Camden Place, Napoléon a des raisons de craindre un complot républicain pour assassiner le Prince Impérial, ou du moins pour le kidnapper. Alors, il lui interdit de sortir sans escorte et lui offre un grand bouledogue qu'on dresse en chien de garde. Et, la nuit, Uhlmann couche devant sa porte avec un revolver sous l'oreiller.

L'exil, qui a tant d'inconvénients, offre au moins un avantage, c'est de permettre au Prince Impérial de profiter de l'éducation publique dont il a été privé en France. C'est pourquoi, à l'automne 1871, en accord avec le Dr Conneau, l'Empereur décide d'envoyer les deux garçons comme demi-pensionnaires à King's College, sur le Strand, et tous les matins ils prennent ensemble le train pour Charing Cross. Mais c'est un échec complet, une année perdue. Ils sont trop jeunes, ne parlent pas encore assez bien l'anglais pour profiter des cours et s'intègrent trop mal à ce milieu de petits bourgeois anglicans pour se faire des amis. Au lieu de s'approcher d'eux, on les siffle ; « Ce n'est pas un collège, c'est un nid de merles », commente Louis, dont la seule joie consiste à se promener librement dans les rues de Londres, à prendre comme tout le monde les transports en commun ou à s'asseoir à une terrasse de café. Et ils font parfois l'école buissonnière pour applaudir des acteurs — et des actrices — à Covent Garden ou Drury Lane.

C'est ainsi que Louis retrouve Carpeaux, réfugié en Angleterre comme tant d'autres, et l'invite à venir à Chislehurst faire le portrait de son père. On ne peut parler de la Commune et de sa répression devant le sculpteur sans le voir serrer les poings, pâlir et rougir tour à tour. Un jour, le Prince Impérial lui dit :

— Mais vous êtes républicain en diable !

— C'est vrai.

— Et pourtant, vous adorez mon père ?

— Pour être tout à fait exact, réplique Carpeaux d'un ton grave, j'adore Napoléon, mais pas l'Empereur. D'ailleurs, lui-même, il est républicain.

Toute la population de Chislehurst est bientôt mise en émoi par une nouvelle visite de la reine Victoria à Camden Place. La Reine a insisté pour amener sa calèche sur un wagon de chemin de fer et le cocher s'est obstiné à rester sur son siège, si bien que lorsque le train est sorti du tunnel de Chislehurst, il a eu l'uniforme, le visage et les mains couverts de suie. L'Empereur, l'Impératrice et le Prince Impérial accueillent la Reine et, pendant tout l'après-midi, on parle de voyages et de politique.

Trois mois plus tard, à un concours hippique, Louis trotte à côté de la calèche où la Reine se tient avec sa fille sous une ombrelle. La princesse Béatrice a tout juste un an de moins que lui ; il se montre galant, vif, rieur, presque impertinent et fait la conquête de la mère et de sa fille.

En juin, le prince de Galles vient à Chislehurst inviter l'Empereur et l'Impératrice au bal de Buckingham pour l'anniversaire du couronnement de Victoria. Leurs Majestés déclinent la gracieuse invitation de la reine, mais acceptent pour le Prince Impérial, qui, à seize ans, fait ainsi ses débuts à la cour britannique.

La semaine suivante, invité à poser la première pierre d'une école d'agriculture pour enfants abandonnés, Louis prononce à la fin du déjeuner des toasts en anglais où il sait trouver le ton et les mots pour toucher l'assistance et l'émouvoir. Sa gentillesse et son assurance en cette occasion font merveille car, lorsqu'on fait circuler un chapeau, il recueille pour l'œuvre une somme tout à fait inattendue ; et, comme il n'en croit pas ses yeux, son air stupéfait amuse et charme tout le monde.

Un jour, à Camden Place, un historien anglais, dont Napoléon apprécie beaucoup la conversation, lui murmure à l'oreille, après avoir longuement observé Louis :

— Le Prince paraît avoir les qualités nécessaires à un futur souverain. Mais je lui trouve aussi un certain air de gamin qui, le moment venu, plaira certainement aux Parisiens.

L'Empereur, d'ordinaire impassible, ne peut dissimuler le plaisir que lui cause cette remarque. Cependant il se désole du manque d'intérêt de son fils pour les études et confie à un vieil ami anglais, le colonel Manby :

— Je ne comprends pas ce qui ne va pas.

Manby réfléchit et il lui vient une idée. Quelques semaines plus tôt, Louis a accompagné son père à une visite à la garnison de Woolwich et assisté avec lui à une démonstration d'artillerie, ce qui a valu au Foreign Office une protestation de l'ambassadeur de France. Et Napoléon a examiné particulièrement le chronoscope, un système qu'on vient de mettre au point pour mesurer la rapidité du tir et la vitesse des projectiles.

— Je crois, répond Manby, que le Prince s'est beaucoup intéressé à la visite que vous avez faite ensemble à Woolwich. Il en a parlé avec enthousiasme. Et il ne manque jamais de dire que son grand-oncle, qui est aussi son héros, a commencé sa carrière comme officier d'artillerie. Pourquoi ne l'envoyez-vous pas à l'Académie militaire, qui est justement à Woolwich, où nous formons nos officiers d'artillerie et du génie ?

« La Boutique » lui fera du bien. D'ailleurs, Woolwich n'est pas loin ; tous les samedis, il pourrait rentrer auprès de vous à Chislehurst. Si vous le voulez, je crois pouvoir arranger cela.

Napoléon est enchanté : c'est peut-être la bonne voie et, dès qu'il lui en parle, Louis reprend goût à la vie. On invite à Camden Place le gouverneur de l'Academy, sir Lintorn Simmons. Avec ses joues rouges, ses yeux bleus, ses favoris grisonnants et sa grosse moustache, il est l'archétype assez comique de l'officier britannique. Il a fait la guerre de Crimée et se montre ravi d'être reçu chez l'Empereur. Eugénie le prie de raconter la bataille de Balaklava.

— Ce jour-là, dit-il, tout avait mal commencé : l'infanterie russe s'était emparée de quatre redoutes occupées par les Turcs ; les survivants, en prenant la fuite, avaient abandonné aux Russes quelques canons, des canons de fabrication anglaise. Mais plus tard dans la journée, les Alliés reprirent le dessus et les Russes, jugeant leur position vulnérable, se préparèrent à évacuer les redoutes. Du plateau où il se tenait avec son état-major et dominait tout le champ de bataille, lord Raglan, notre général, s'aperçut que l'ennemi amenait des attelages de chevaux et des cordes. Il comprit aussitôt que les Russes voulaient emporter les canons capturés. Il fallait frapper vite pour les en empêcher, sinon ils pourraient promener en trophée dans Sébastopol des canons anglais et prétendre avoir écrasé l'armée alliée. Alors, Raglan dicta ses instructions : « Ordre à la brigade légère de lord Cardigan d'effectuer au plus vite un mouvement frontal pour tenter d'empêcher l'ennemi d'emmener les canons. Action immédiate. »

Un aide de camp en uniforme rouge prit le message et galopa à bride abattue pour le remettre à Cardigan. Celui-ci, en lisant le papier, eut un moment de stupeur : il ne comprenait pas qu'on puisse lancer la cavalerie à l'assaut de l'artillerie. Car, de la position où il se trouvait, Cardigan ne pouvait voir les redoutes masquées par les replis du terrain et les quelques canons que les Russes s'apprêtaient à remorquer.

Non, les seuls canons visibles pour lui, c'était tout le gros de l'artillerie russe qui brillait au soleil à deux ou trois kilomètres en face ; la différence d'angle de vue entre le chef et l'exécutant allait créer un malentendu fatal. Cardigan avait beau être brave, il était inquiet de faire charger ses escadrons sous le feu d'une artillerie aussi considérable, personne n'en sortirait vivant. Il devait y avoir une erreur, il demanda confirmation de l'ordre. On le lui répéta dans les mêmes termes, sans davantage préciser de quels canons il s'agissait. « C'est un ordre ? Eh bien, nous l'exécuterons, quel qu'en soit le prix », répondit Cardigan. Puis, il s'élança, en tête de ses lanciers et dragons, vers un massacre certain, au cri de : « À moi, la brigade légère ! Suivez le dernier des Cardigan ! »

— C'était comme à Reichshoffen, fait remarquer Louis.

Mais sir Lintorn poursuit :

— La brigade avançait fièrement, éclatante sous le soleil. Lord Cardigan était calme, comme à la parade. Il faisait une cible de choix, avec son bonnet à aigrette blanche, sa pelisse de fourrure flottant au vent et sa tunique couverte de brandebourgs dorés. À mille mètres, cent bouches à feu russes crachaient un déluge de flammes et de fumée : nos rangs s'éclaircissaient. Des chevaux s'enfuyaient dans la plaine, blessés ou démontés, Cardigan galopait, droit comme un clocher d'église. À ses côtés, un cavalier décapité continua, dit-on, d'avancer sur trente mètres, la lance fermement en main, avant de rouler dans la poussière. À quatre cents mètres des Russes, Cardigan cria : « Chargez ! » Alors seulement tous abaissèrent les lances qu'ils tenaient jusque-là verticales. Sur le plateau, au milieu de nous, lord Raglan examinait les redoutes à la jumelle. Il s'impatientait de ne pas voir déboucher la cavalerie de Cardigan. Soudain, on lui montra l'artillerie russe et la brigade légère, ou plutôt ce qu'il en restait. En découvrant le massacre, nous fûmes stupéfaits et comprîmes la méprise. Parmi nous, des vétérans de Waterloo ne pouvaient retenir leurs larmes en voyant nos camarades courir à une mort certaine, lance contre canon. En colonnes clairsemées, nos cavaliers avançaient en poussant des hourras au milieu des canons ennemis ; à travers les nuages de fumée, on voyait leurs sabres jeter des éclairs et s'abattre sur les artilleurs. Mais quand les Russes les prirent à revers, Cardigan donna l'ordre de la retraite. Au total, l'affaire n'a duré que vingt minutes. Sur sept cents hommes, la brigade ne comptait plus que deux cents survivants.

— Où étaient les Français ? demande Louis.

— Justement, répond sir Lintorn. La brigade aurait eu davantage de pertes sans une attaque de diversion lancée par nos loyaux camarades : les chasseurs d'Afrique du général d'Allonville. Et le premier geste de Cardigan, rescapé du massacre, fut d'aller le remercier.

— Ce geste d'amitié me rappelle Inkerman, fait l'Empereur.

— Oui, Sire, reprend sir Lintorn, exalté par ces souvenirs. À la faveur du brouillard, les colonnes russes avaient surpris notre camp en pleine nuit. Notre réveil fut affreux : c'était un carnage. Nos hommes se ressaisirent et se défendirent à la baïonnette ; des blessés, couchés au sol, tiraient même quelques coups de feu. Mais nous étions débordés et j'entendis lord Raglan dire à Canrobert : « Nous sommes fichus. — J'espère que non, milord, répondit Canrobert. Écoutez, c'est la casquette, la casquette du père Bugeaud ! » Et il avait raison, car, au son du clairon, on vit surgir Bourbaki, avec ses zouaves et ses tirailleurs, au pas de course, sous les hourras des Anglais.

Après ces récits exaltants, on en vient aux choses sérieuses et au programme des études à Woolwich. Napoléon souhaite faire admettre son fils directement en deuxième année, mais Louis doit alors subir un examen pour contrôler ses connaissances.

Aux grandes vacances, le jeune prince accompagne sa mère en Écosse, à Edimbourg et au Ben Nevis. Mais bientôt, il préfère retourner voir son père, en séjour à Brighton. Ils y écoutent ensemble une conférence de Stanley, l'explorateur, qui raconte comment il a retrouvé Livingstone. Finalement, le père et le fils, jugeant les habitants de Brighton trop indiscrets, partent pour Cowes dans l'île de Wight, où ils louent deux villas au bout de la digue : Beaulieu House, pour l'Empereur et l'Impératrice, et Pao Shun pour Louis et son répétiteur de mathématiques. C'est la villa d'un amiral en retraite, qui l'a meublée comme un bateau ; les pièces ressemblent à des cabines, avec, aux murs, des cartes marines. Louis, si nonchalant jusqu'alors, se montre maintenant plein d'ardeur. S'il n'apprenait rien, c'est parce qu'il n'avait aucune raison d'apprendre. Mais désormais, il a un but, car il met sa fierté à être noté comme tout le monde, sans passe-droit. Pour la première fois depuis la défaite, non seulement il travaille, mais on l'entend rire et chanter. De surcroît, il trouve encore le temps de se distraire avec la jeunesse aristocratique en séjour dans l'île et de jouer au tennis avec deux jolies Américaines. On l'invite sur des yachts où il s'amuse à effrayer la société et à émerveiller l'équipage par l'adresse avec laquelle il court à travers la mâture.

Au mois d'août, Louis va avec son père voir le *Great Eastern*, le bateau monstre qui peut emporter cinq mille passagers et douze mille tonnes de charbon pour faire le tour du monde sans se ravitailler. C'est la « Ville flottante » de Jules Verne. Le constructeur leur fait les honneurs de son navire et leur explique tous les détails de la construction. Louis a beau être moins féru de technique que son père, il est émerveillé par les cinq cheminées, les six mâts et les roues à aubes de sept mètres de diamètre auréolées de rayons rouges. Et puis, il est le chouchou de la journée, des milliers de spectateurs l'acclament, surtout les femmes et les jeunes. Mais l'apothéose, c'est, au retour, en passant devant le chantier de Chatham, d'être salué avec l'Empereur par l'équipage du nouveau cuirassé *Glatton*.

En novembre 1872, Louis passe l'examen d'entrée à Woolwich et, comme Conneau, il est reçu, dans un mauvais rang il est vrai. Leurs pères les accompagnent le premier jour. Woolwich, à quatorze kilomètres de Londres et à peu près autant de Chislehurst, est située sur un plateau qui domine la Tamise. Deux belles pelouses entourent les bâtiments de l'école, sombres et crénelés, faussement moyenâgeux, en basalte roussâtre. Passée la grille, on pénètre dans une large cour bordée à chaque extrémité par des pavillons à coupoles vénitiennes associant bizarrement le gothique et le byzantin. Le réfectoire est une haute salle avec des fenêtres en ogives aux vitraux armoriés. C'est là que les deux jeunes Français prennent leurs repas à la table commune avec leurs camarades britanniques. Un long couloir y mène ; sur les murs, les cadets inscrivent leur nom au couteau ; on peut encore lire, protégée d'un verre, cette signature : « Napoléon ».

À King's College, on avait boudé les deux nouveaux Français. À Woolwich, au contraire, ils sont accueillis avec une franche camaraderie, car ils se prêtent de bonne grâce à toutes les brimades du bizutage. Louis se fait même remarquer par son agilité et ses dons pour l'escrime et la gymnastique. Et puis, ces futurs officiers britanniques ne peuvent s'empêcher d'éprouver une nuance d'admiration pour celui qui porte le nom de Napoléon. Aussi, personne ne marque de jalousie lorsqu'on aménage pour eux deux un petit appartement dans la West Tower où ils apportent leurs livres personnels, les campagnes de Napoléon Ier, les œuvres de Vauban et de Frédéric le Grand, les *Lettres et Institutions* de Colbert, l'histoire de Bayard et, bien sûr, tous les écrits de Napoléon III. Aux murs de sa chambre, Louis accroche trois lithographies : *La Dernière Cartouche*, l'image la plus populaire de la guerre de 1870, *Le Salut aux blessés* et *Le Campement du Prince Napoléon en Crimée*.

Cependant, Filon s'occupe de louer pour les deux jeunes élèves officiers, juste en face de l'École militaire, dans une rue où les constructions sont toutes pareilles, désespérément monotones, une petite maison, véritable perchoir à perroquets. Elle a quatre étages : au sous-sol, la cuisine ; au rez-de-chaussée, une salle à manger ; au premier, un salon avec potiches et piano ; au second, les chambres. Ils vont y habiter à six, le Prince Impérial, Filon, Louis Conneau, Uhlmann, une cuisinière et une *housemaid.* Après le dîner, Filon fait travailler les deux jeunes gens pendant une heure ou deux, leur donne des explications complémentaires sur les cours de la journée ou leur enseigne l'histoire.

En endossant l'uniforme de l'École, bleu sombre à bandes et revers rouges, Louis reprend goût à la vie. Pour lui, l'uniforme, même anglais, signifie le retour aux armes et la vocation retrouvée, l'apprentissage du métier d'officier. À sa première permission, il s'amuse à poser son calot sur la tête de sa mère, faisant passer la jugulaire de cuir entre la lèvre inférieure et le menton de celle qui a été la plus élégante des impératrices. Lui-même met le gros bonnet à poil réservé aux jours de gala, qui lui rappelle celui des grenadiers de la garde impériale. Pourtant, malgré son ardeur renaissante, il commence par collectionner les mauvaises notes et avoue à Filon qu'il craint de perdre pied :

— Je suis entré ici trop tôt. Tous mes camarades ont, au moins, trois ans de mathématiques ; moi, un an à peine.

— Mais votre examen…

— Oh ! l'examen ! nous y avons attaché trop d'importance. La vérité est que je ne suis pas en état de suivre.

Filon expose la situation au gouverneur de l'École, qui l'écoute avec calme et ne se montre ni contrarié ni surpris :

— Plusieurs princes ont déjà suivi l'École sans se mettre en peine d'être de grands mathématiciens : ils prenaient surtout part aux exercices militaires et se distinguaient au cricket ou au football. Eh bien ! le Prince Impérial n'a qu'à faire comme eux, et suivre les cours… en prince.

Mais Louis est trop fier pour suivre cette solution de facilité. Il a une bien trop haute idée du rôle auquel il doit se préparer pour s'accommoder de la complaisance ou de la pitié. Il se ressaisit, s'acharne à travailler. Et, à force d'acharnement, il rejoint le peloton et finit par le dépasser.

Depuis le départ de son fils pour Woolwich, Napoléon semble de plus en plus solitaire, partageant son temps entre les jeux de patience et la promenade. Parfois, il va jusqu'à l'église de Chislehurst, entre dans le cimetière qui l'entoure, et, remuant du bout de sa canne l'herbe déjà jaunie, il dit à l'abbé Goddard :

— Je cherche la place où vous pourrez me mettre.

Pourtant, en secret, l'Empereur ne cesse de penser à son retour au pouvoir. Au début de son mandat, l'Assemblée nationale, élue en 1871 pour faire la paix, ne comptait que fort peu de députés bonapartistes : sept seulement. Et, à la quasi-unanimité, elle s'est empressée de voter la déchéance de Napoléon III et de la dynastie, en les déclarant responsables « de la ruine, de l'invasion et du démembrement de la France ». Les monarchistes, qui composent la majorité, ont échafaudé un plan pour restaurer les Bourbons : on rendrait au comte de Chambord, chef de la branche aînée et sans enfant, la couronne perdue par son grand-père Charles X ; et, à sa mort, le chef de la branche cadette, son cousin beaucoup plus jeune, le comte de Paris, petit-fils de Louis-Philippe, lui succéderait sur le trône.

Cependant le sentiment bonapartiste, latent en France, se réveille. À la faveur d'élections partielles, le parti gagne quatre nouveaux sièges de députés, parmi lesquels Rouher, qui fonde à l'Assemblée le groupe de « l'Appel au peuple ». Avec sa voix pâteuse et sa paupière lourde de fauve en train de digérer, il entreprend de réhabiliter l'Empire. D'abord, il fait porter sur la Prusse la responsabilité d'avoir déclenché la guerre et sur l'opposition — qui avait refusé les crédits militaires — celle de la défaite. Puis il rend le gouvernement provisoire improvisé en septembre 1870 responsable de l'amputation du territoire national, la révolution et la prolongation inutile de la résistance ayant accru les exigences de l'ennemi. Enfin, il prend le plébiscite pour axe de son programme :

— L'Assemblée, dit-il, a été élue pour négocier la paix, non pour changer la forme du gouvernement ; ce que le suffrage universel a décidé par plébiscite, seul un autre plébiscite a qualité pour le défaire.

Ses idées, Rouher les fait diffuser par des journaux sympathisants, *L'Ordre*, *Le Gaulois,* et par des opuscules : *Ils ont menti*, *Comment l'Empire reviendra*, *L'Homme de Sedan et les hommes de Septembre*. Et il sait se faire entendre à l'Assemblée. À la fin de l'année, ayant réussi à faire voter une motion de blâme qui entraîne la démission d'un ministre, il peut dire : « Nous avons enfin arraché la première feuille de l'artichaut. »

À Paris, les bonapartistes prennent l'habitude de se réunir au Café de la Paix et, bientôt, la partie des grands boulevards où il se trouve est désignée sous le nom transparent de boulevard de l'île d'Elbe. Dans les campagnes, les paysans évoquent Napoléon III avec des larmes dans la voix : « Il était trop bon, on l'a trompé, on l'a trahi. » Bien des petits propriétaires effrayés par « les partageux », bien des commerçants enrichis sous son règne commencent à le regretter. Et aussi beaucoup de fonctionnaires qui craignent d'être remplacés. L'armée est ulcérée par la République ; toutes les injures prodiguées à Napoléon, à Bazaine, aux « capitulards », au « Sire de Fish ton Kan » ont rejailli sur elle et l'ont exaspérée.

Depuis les premiers mois de 1872, la ruche des Bonaparte commence à bourdonner. Tout le petit monde de Camden Place attend chaque jour avec impatience les nouvelles de France et, à nouveau, Napoléon retrouve son âme de visionnaire et de conspirateur. Un jour, causant avec Rouher d'une question sociale qui l'intéresse, une phrase révélatrice lui échappe :

— Lorsque je serai revenu à Paris, j'arrangerai tout cela.

Rouher en reste suffoqué et note : « Il a un tel aplomb, il paraît tellement sûr de lui, que je finis par en être troublé. »

Une autre fois, Louis entend son père commenter ainsi les nouvelles de France :

— L'Empire a perdu cinquante pour cent de son prestige, mais il lui reste l'autre moitié. Comme les orléanistes et les républicains ne peuvent pas s'organiser, cette moitié doit suffire à nous ramener.

Et Napoléon ajoute :

— Nous sommes la solution nécessaire.

Cependant, Thiers, hanté par le péril bonapartiste, qu'il juge imminent, donne des ordres sévères à la garnison de Paris et aux troupes du littoral : toute tentative à main armée doit être réprimée avec la plus grande rigueur. La police française veille partout, même à Chislehurst. Un détective a placé des espions dans le moulin à vent, de l'autre côté du terrain de cricket, avec des instructions précises :

— Le but principal de votre mission consiste à surveiller les démarches et déplacements de l'Empereur. Ne négligez rien pour connaître le but des allées et venues. Faites attention à l'exactitude de certains renseignements. Dites ce que vous avez vu ou bien si on vous a raconté les faits. Défiez-vous des exagérations.

Les sbires rôdent, tentent d'interroger les domestiques, notent les visites reçues, les sorties de l'Impératrice et se renseignent sur l'état de santé de l'Empereur : « Ils ont repris confiance », note l'un des policiers qui épient tous les bruits de la maison. Eugénie reçoit, à l'occasion de sa fête, un bouquet de deux mètres de haut, accompagné de six cents signatures de gens peu connus ; voilà la police intriguée, aussitôt elle ordonne une enquête sur la plupart des signatures. Mais Napoléon n'est pas en reste ; il fait espionner les espions et, chaque matin au petit déjeuner, il reçoit copie du rapport du détective.

Plus l'Empereur pense à son retour, plus il compte sur l'effet tout-puissant du fait accompli. Cela a réussi à son oncle le 18 brumaire, et à lui-même le 2 décembre. C'est aussi par un coup d'État que, le 4 septembre, les députés de Paris ont usurpé la représentation de la France entière. Mais, pour réussir, il faut jouer de la surprise et donc veiller à la discrétion. Pour le coup du 2 décembre, Napoléon s'est appuyé sur Morny ; cette fois, l'âme de l'affaire c'est Plon-Plon.

Le prince Napoléon est maintenant tous les jours à Camden Place, enfermé pendant des heures avec l'Empereur dans son petit bureau surchauffé. Les deux cousins préparent avec méthode les détails du complot. Des sommes importantes sont déposées dans une banque de Londres, pour distribuer des récompenses en cas de succès, ou des indemnités si l'affaire tourne mal et ruine les conjurés. De tout cela, ils ne disent rien à Eugénie ni à Louis. On met dans le secret trois commandants de corps d'armée, mais un seul, Bourbaki, sait sur quel point du territoire aura lieu le débarquement ; les deux autres, prévenus par télégraphe, devront immédiatement mettre leurs troupes en marche et rallier la première colonne des insurgés.

À Paris, on s'attend à quelques difficultés, mais on compte sur la police, avec laquelle Pietri, un ancien préfet de l'Empire, est resté en relations secrètes. Pour se débarrasser de l'Assemblée nationale, Napoléon imagine un stratagème. Les députés siègent toujours à Versailles, mais les deux tiers d'entre eux habitent à Paris et passent une bonne partie de leur temps dans le train ou dans la salle des Pas-Perdus. L'Empereur a l'idée de bloquer le train parlementaire dans le tunnel de Saint-Cloud, ainsi transformé en souricière. Alors interviendra un homme énergique, ancien chef du service des mœurs et bon connaisseur d'hommes, qui a ramassé, sans dévoiler l'objet de sa mission, une sorte de bataillon de sacripants. Moyennant une haute récompense, il répond de cette fine équipe, prête à toute besogne.

Il faut aussi s'assurer de la neutralité de l'armée allemande, qui contrôle encore une partie de la France. C'est la tâche de Fleury, le fidèle aide de camp que Napoléon, depuis vingt ans, a mis dans le secret de ses complots, comme de ses amourettes. Fleury fait sonder Bismarck par un ami russe, pour plus de discrétion. Bismarck répond qu'il ne voit aucun inconvénient au retour de l'Empereur ; bien au contraire : on n'aura plus à redouter l'esprit de revanche et la paix sera assurée pour longtemps.

Le 9 décembre, Napoléon et Plon-Plon tiennent une dernière conférence à Camden Place pour arrêter les ultimes détails du plan d'invasion dont Eugénie ne soupçonne même pas l'existence. Ils ont tout prévu, tout, sauf la mort inopinée de l'Empereur. Le prince Napoléon devra quitter l'Angleterre le premier, et emporter dans ses bagages l'uniforme militaire de son cousin. Napoléon s'embarquera aussi secrètement que possible pour la Hollande et, de là, gagnera la Suisse, où Plon-Plon a une propriété. Là, il rencontrera plusieurs généraux, partisans de la cause, que l'on préviendra au dernier moment. Napoléon leur exposera le but et les moyens de l'expédition et leur dira : « Qui m'aime me suive ! » Puis, sur le yacht à vapeur de Plon-Plon, on traversera le lac Léman, pour débarquer à Thonon. Le 6e Dragons, en garnison à Chambéry, devra, le jour fixé pour l'action définitive, se trouver justement en manœuvres à Thonon ; on a choisi ce régiment avec soin et quinze de ses officiers ont promis leur concours. Les deux cousins se montreront côte à côte aux soldats de cette unité et l'on se mettra en marche en direction de Lyon. Là, Bourbaki, qui commande la place, fera cause commune avec l'Empereur, pourvu tout au moins que ses troupes l'acclament. On est convenus au contraire que, s'il se manifeste une résistance, Bourbaki fera entourer le régiment insurgé et s'emparera de « l'Usurpateur », quitte à lui fournir l'occasion de s'évader.

Au moment de se séparer, Napoléon, l'œil perdu dans les rêves, dit tout à coup :

— Ce qu'il peut m'arriver de pire, c'est d'être fusillé comme ce pauvre empereur Maximilien. Mais ça vaut mieux que de mourir en exil et dans un lit.

— Êtes-vous du moins certain de pouvoir vous mettre en selle et d'y rester quelque temps ? demande Plon-Plon. Un vieux monsieur affalé dans une voiture comme Louis XVIII ne peut galvaniser la France, il faudra que nous marchions tous les deux à la tête des troupes. Vous devrez donc faire bonne figure au milieu de votre état-major, cavalcader devant les dragons et descendre les Champs-Élysées, comme au bon vieux temps, une main sur les arçons et, de l'autre, saluer la foule.

— Je m'en crois capable. Après-demain, j'irai voir Louis à Woolwich. Je tâcherai de faire la route à cheval, l'expérience sera concluante.

Concluante, en effet, car elle sera mortelle.

Le soir même, Plon-Plon quitte Chislehurst pour la Suisse, où il doit veiller aux derniers préparatifs. Le 11 décembre, l'Empereur veut à toutes forces monter à cheval pour aller voir « le petit » à Woolwich, comme prévu. Eugénie et le Dr Corvisart le supplient de renoncer. Il s'obstine, mais n'a pas fait un kilomètre qu'il est obligé de rentrer, tant les douleurs sont intolérables. Il donne l'ordre d'atteler sa voiture, mais la route le fatigue tellement qu'il a trois jours de fièvre et souffre le martyre. Déjà, en juillet, il a fait venir deux grands médecins anglais, sir William Gull, le médecin de la Reine, un véritable sosie de Napoléon Ier, qui a sauvé le prince de Galles de la typhoïde l'année dernière, et sir Henry Thompson, un chirurgien qui a débarrassé le roi des Belges d'un calcul il y a dix ans et perfectionné la lithotritie.

Napoléon fait à nouveau venir Thompson qui, désireux de s'entourer d'un avis éclairé supplémentaire, se fait accompagner de sir Andrew Paget. On ne sait pas cette fois ce qu'ils concluent, mais Napoléon écrit à son fils :

« Mon cher enfant,

Sir William Gull et sir Andrew Paget sont venus en consultation. Je suis satisfait. Ils pensent que je serai guéri dans un mois. Ton départ m'a fait de la peine, mais, tant que tu es en bonne santé et que tu as du bon sens, je me consolerai en pensant à la carrière qui s'ouvre pour toi. Je t'embrasse tendrement.

Ton père chéri, Napoléon. »

Malheureusement, cet optimisme est tout à fait injustifié et, lorsque Louis revient pour Noël, il peut suivre sur le visage de son père les progrès de la maladie qui le ronge. Entre Noël et le jour de l'an, les douleurs reprennent avec encore plus de violence. Alarmé par cette rechute, l'Empereur, malgré l'avis contraire de Gull, accepte enfin de se faire opérer et Thompson s'installe alors à demeure à Camden Place.

La première tentative a lieu le 2 janvier, avec toutes les

apparences d'un succès ; plusieurs fragments de la pierre sont détachés et enlevés et, en même temps, on s'assure des dimensions du corps étranger :

— Quel héroïsme, s'écrie Thompson, l'Empereur a dû montrer à la bataille de Sedan, pour rester ainsi cinq heures en selle, où il se cramponnait des deux mains ! Je ne comprends pas comment il a pu supporter cela.

Quatre jours plus tard, seconde opération. Cette fois encore, le chirurgien retire d'autres morceaux de pierre. Mais il n'ose pas garder le malade trop longtemps sous anesthésie. Il faut se préparer à une troisième intervention la semaine suivante.

Napoléon est alors repris de douleurs atroces et, pour calmer ses souffrances et lui permettre de s'endormir, Gull lui prescrit du chloral. Mû peut-être par un pressentiment, Napoléon refuse obstinément la potion, prétendant avoir appris à souffrir. Pour vaincre sa résistance on envoie chercher Eugénie, qui finit par triompher ; il consent à en prendre et, comme on lui demande s'il veut voir son fils, il répond : « Il travaille, ne le dérangez pas. » On peut s'interroger, alors que l'Empereur prépare en quelque sorte son retour de l'île d'Elbe et compte reprendre le pouvoir, sur son insistance à ce que son fils suive aussi scrupuleusement ses études à Woolwich ; sans doute a-t-il le pressentiment que sa santé ne lui permettra pas de réussir son prochain coup d'État.

Et brusquement, la mort le balaie. Le 9 au matin, Thompson, croyant déceler un mieux, juge le moment favorable pour tenter la dernière opération. Le chirurgien a l'air si confiant qu'Eugénie se prépare à partir pour Woolwich porter à Louis la bonne nouvelle. À dix heures et demie — l'intervention est prévue pour midi — Thompson va voir l'Empereur, histoire de bavarder. Horreur ! Il s'aperçoit que le pouls faiblit ; la respiration devient hésitante ; les yeux regardent et ne reconnaissent plus. C'est une crise foudroyante d'urémie ; sans doute a-t-on abusé du chloral pour apaiser les souffrances. Thompson demande à l'infirmière de donner au mourant un verre de cognac et prévient l'Impératrice qu'il vaut mieux qu'elle reste là et qu'elle envoie quelqu'un chercher Louis. Clary se met aussitôt en route.

À peine Eugénie a-t-elle retiré son chapeau qu'elle entend qu'on fait demander le père Goddard, le curé catholique. Alors elle se précipite dans la chambre de son mari en criant : « Louis va arriver. » Mais le mourant n'entend pas et se contente de murmurer à son vieil ami Conneau : « Conneau, étais-tu à Sedan ? » Et ce sont ses dernières paroles.

Les yeux de Napoléon se fixent quelques instants sur Eugénie, penchée sur son lit. Ses lèvres remuent sans parvenir à dire un mot, puis son visage s'éclaire d'un sourire fugitif. Pas une secousse, pas un râle, seulement deux soupirs et tout est fini. Quelques minutes plus tard, le père Goddard arrive pour l'extrême-onction, tandis que l'Impératrice répète à voix basse : « C'est impossible ! » Bientôt, les médecins constatent le décès. Eugénie pousse des cris et s'évanouit. Conneau l'aide à se relever, mais elle se jette sur le lit, incapable de maîtriser des sanglots qui tiennent de l'hystérie.

Pendant ce temps, à Woolwich, Louis suit un cours de trigonométrie. En voyant Clary entrer dans la classe, il ne perd pas une seconde. Et, bien sûr, au long de la route jusqu'à Chislehurst, il le harcèle de questions. De son mieux, Clary le prépare au choc, sans pourtant lui dire toute la vérité : « Oui, la santé de l'Empereur donne les plus vives inquiétudes… Oui, on a vu sur son visage des signes de mauvais augure, qui trompent rarement… Depuis quelque temps déjà, on peut redouter le pire… »

En arrivant à Camden Place, Louis croise Corvisart dans le vestibule. En voyant sa mine défaite, il comprend, se précipite dans l'escalier, tombe et se relève en déclarant avec colère : « Enfin, s'il est arrivé un malheur, pourquoi ne pas me le dire ? J'ai le courage de tout supporter. » Et, en courant sur le palier, il se heurte à sa mère qui l'embrasse et sanglote : « Louis, je n'ai plus que toi ! » Sans mot dire, il se détache presque brutalement et entre dans la chambre de son père. Là, en apercevant le visage immobile, l'adolescent s'effondre sur le lit, avec un cri à fendre l'âme : « Non, non, je ne le veux pas ! » Puis, il se fait un silence et on entend Louis, redevenu maître de lui, réciter le Notre-Père, sans un sanglot, d'une voix étonnamment ferme. La prière achevée, il s'écrie : « Je ne veux pas rester ici » et il s'enferme dans sa chambre.

On décide quand même, pour le soustraire à l'ambiance funèbre de Camden Place, de le loger chez les Clary, qui habitent une petite maison à la lisière du parc. Il fond en larmes en entendant le récit des derniers moments de son père, mais ne cache pas son amertume et en veut à tous, surtout à sa mère, qu'on l'ait appelé trop tard et qu'on l'ait méchamment privé de faire ses adieux à son père. Mais, le lendemain, Louis retrouve son calme, beaucoup mieux qu'Eugénie, et revient plusieurs fois s'agenouiller avec sa mère près du corps. Et il envoie à Carpeaux un télégramme, car il ne veut confier à personne d'autre le soin de fixer le dernier souvenir de l'Empereur.

Lorsqu'on pratique l'autopsie, on trouve dans la vessie ce qui reste de la pierre, un morceau de trois centimètres de long et autant de large, pesant vingt et un grammes, qui est exposé de nos jours au musée de Compiègne. Le noyau, constitué d'acide urique, est enrobé de plusieurs couches de concrétions phosphatiques, probablement créées par l'abus d'eau de Vichy. La rugosité des angles a dû être accrue par le frottement dû à l'équitation.

Puis on embaume le corps de l'Empereur et on le place dans un cercueil doublé de soie blanche et parsemé de bouquets tricolores et de violettes. Napoléon a un oreiller sous la tête, la moustache soigneusement effilée et les joues fardées. On lui a mis la tunique bleue, le pantalon rouge et la ceinture dorée d'un général de division français. Son képi est posé sur les pieds et il a au côté son épée, celle qu'il a rendue au roi de Prusse. À côté de la médaille militaire et de la médaille d'Italie, Eugénie lui a placé une rose rouge sur la poitrine déjà barrée du large cordon de la Légion d'honneur et du ruban bleu de la Jarretière. Au doigt, on lui a laissé deux alliances, la sienne et celle que Napoléon Ier portait à Sainte-Hélène. Ses mains, croisées sur le ventre, sont gantées de blanc et tiennent un petit crucifix.

Les menuisiers qui décorent le hall pour la cérémonie de la levée du corps font un bruit insupportable avec leurs marteaux et leurs scies. Louis sanglote :

— On prétend que mon père était silencieux. Mais il m'a dit tant de choses qui resteront gravées en moi. Il était si bon, trop bon. Jamais il n'a dit du mal de personne.

En fin de soirée, on introduit Carpeaux dans la chambre où repose encore le corps de l'Empereur. La lueur tremblante des cierges permet seule d'apercevoir le visage boursouflé et jauni par l'embaumement, au point que certains vont s'imaginer qu'il est mort de jaunisse. Bouleversé, le sculpteur est venu tout de suite avec sa femme et ses deux petits enfants. Il sanglote devant le cercueil ouvert et y dépose une poignée de terre qu'il a eu la délicate attention d'amener de France. Puis, éclairé par des valets qui se relaient pour soutenir les flambeaux, il bourre ses carnets de croquis. Et le lendemain, il termine sous les yeux de Louis le portrait de l'Empereur interrompu il y a un an, en accentuant l'expression lointaine du regard et l'amertume des lèvres.

Bientôt, les télégrammes de condoléances affluent à Camden Place. Parmi les tout premiers, Eugénie reçoit celui-ci : « X…, ouvrier sellier, enfant du peuple, partage votre douleur. » À Londres, les magasins ferment, les passants qui ne se connaissent pas s'accostent dans la rue pour échanger quelques regrets sur la perte que l'Europe vient de faire. Le gouvernement britannique, craignant des complications diplomatiques avec la France si les obsèques dégénèrent en manifestation antirépublicaine, a beaucoup de peine à dissuader le prince de Galles d'assister à l'enterrement de l'Empereur.

— On ne peut pas se tromper, dit le prince, en témoignant du respect à ceux qui sont tombés de si haut.

Finalement, il obéit ; du moins viendra-t-il saluer le cercueil et présenter ses condoléances et il invite plusieurs personnalités bonapartistes à séjourner chez lui à Sandrigham.

On recule la date de la cérémonie afin de laisser arriver les nombreuses délégations annoncées de France. Enfin, le 14 janvier au matin, près de soixante mille personnes attendent aux abords de Camden Place. Des Français, avec leurs drapeaux cravatés de crêpe, leurs bouquets, leurs couronnes aux rubans chargés d'inscriptions : « À l'Empereur, adieu !... Hommage de la patrie. » Mais, aussi et surtout, beaucoup d'Anglais.

Les princes Bonaparte vont chercher Louis à Oak Lodge, où il a passé la nuit chez les Clary, et le ramènent à Camden Place. On a descendu au rez-de-chaussée le cercueil de son père et on l'a placé, encore ouvert, sur un plan incliné au centre du hall, transformé en chapelle ardente. Une trentaine de personnes, tous dignitaires de l'Empire, sont entassées dans la pièce, leurs visages éclairés par la flamme livide de deux hauts candélabres d'argent. Les murs sont couverts de draperies noires, où se détachent en blanc des lettres « N » surmontées de la couronne impériale. Une large croix, blanche elle aussi, occupe la paroi du fond et, au-dessus des têtes, un immense drapeau tricolore forme voûte.

Louis s'agenouille sur un prie-Dieu et reste un moment la tête entre les mains, jusqu'à ce qu'on annonce l'arrivée du prince de Galles et de son frère, le duc d'Edimbourg ; il se lève alors pour les accueillir. Les deux fils de la reine Victoria, très émus, le serrent dans leurs bras, s'inclinent devant la dépouille de l'Empereur, puis montent saluer Eugénie et se retirent. Louis, suivi de sa famille, s'approche à son tour de la bière et jette un peu d'eau bénite, il passe ensuite le goupillon à son oncle, le prince Napoléon, et quitte le hall pour monter embrasser sa mère.

Alors commencent les hommages. Les hauts fonctionnaires et généraux de l'Empire font leurs adieux à leur chef. S'il pouvait sortir de son cercueil, Napoléon reconnaîtrait tous ses serviteurs. Le maréchal Lebœuf s'agenouille devant son Empereur détrôné et, la voix étranglée par l'émotion, s'écrie en sanglotant :

— Oh, pardonnez-moi, Sire !

Puis il baise les mains glacées.

La foule entre par la grande grille du parc et, serrée sur quatre rangs, suit l'avenue pleine de bruits confus et de piétinements sourds. Elle pénètre dans la maison par une porte latérale, passe, sans vraiment s'arrêter, devant le cercueil, et ressort par une autre issue de la maison et du parc. La lueur des cierges tombe sur tous ces visages qui semblent glisser et se pencher avidement pour mieux voir et graver dans leur mémoire le souvenir de cet instant. Par moments, une main se dégage de la foule et jette un bouquet de violettes. Tout à coup, la voix d'un vieux soldat déchire le silence :

— Adieu, mon Empereur !

Une femme en noir se prosterne en pleurant et supplie qu'on lui accorde une minute pour regarder encore le corps du défunt : cette femme, on croit la reconnaître, c'est Margot, Marguerite Bellanger, son ancienne maîtresse. Le défilé continue encore.

Enfin, à neuf heures du soir, comme le flot commence à se tarir, on ferme les grilles et les portes. Avant de sceller le cercueil, on veut retirer du doigt de l'Empereur l'anneau de mariage de Napoléon Ier. Louis s'y oppose et, sur la poitrine de son père, déjà couverte de décorations, il place le portrait de sa mère et le sien. Puis on fixe au couvercle une plaque portant ces lignes :

Napoléon III,
Empereur des Français,
né à Paris le 20 avril 1808,
mort à Camden Place, Chislehurst,
le 9 janvier 1873,
RIP.

À minuit, dans la salle mortuaire, il ne reste plus que deux religieuses, un chapelain et un officier. Alors Eugénie descend l'escalier et passe le reste de la nuit en prière auprès de son mari. Il y a quatorze ans, jour pour jour, elle était assise auprès de lui dans la voiture en route pour l'Opéra ; c'était le soir de l'attentat d'Orsini.

Le lendemain, une nouvelle épreuve attend Louis : la cérémonie religieuse. Conformément à l'étiquette, sa mère s'abstient d'y paraître. Le cercueil est placé sur un char, traîné par huit chevaux caparaçonnés de velours noir, tenus chacun par un valet de pied en deuil. En tête du cortège marche une délégation d'ouvriers en blouse de travail. Ils ont confectionné un drapeau tricolore qu'ils ont attaché à un bâton — car le drapeau qu'ils ont amené de France a été confisqué à Calais et son porteur jeté en prison par la police de la République. Quatre d'entre eux portent une couronne d'immortelles, avec ces mots : « Souvenirs et regrets des ouvriers de Paris à Sa Majesté Napoléon III. »

Après les ouvriers défilent le clergé, puis seize porteurs, entourés de flots de crêpe, la canne noire à la main. Ensuite vient le corbillard avec, de chaque côté, six dignitaires de l'Empire. Louis marche seul derrière, mince silhouette noire, visage ravagé par la douleur, les traits tendus par la volonté de se dominer. Son manteau de deuil, entrouvert, laisse apparaître le grand cordon de la Légion d'honneur. Le prince Napoléon le suit, puis, quelques pas en retrait, les autres Bonaparte, les représentants de la reine d'Angleterre et du roi d'Italie, enfin tous les ambassadeurs, sauf celui de la République française, qui brille par son absence. Voici maintenant les quatorze députés bonapartistes en exercice, les notables de l'Empire : deux maréchaux, dix-sept généraux, sept amiraux, vingt-sept anciens ministres, trente-cinq anciens préfets, une centaine d'anciens députés ou sénateurs. Enfin quatre mille Français, de toutes conditions, confondus dans la même douleur.

Cet imposant cortège sort du parc et se dirige vers le village de Chislehurst. Une foule d'Anglais se presse des deux côtés de la route. Tous tiennent le chapeau à la main ; beaucoup arborent à la boutonnière un bouquet d'immortelles, signe de deuil, ou de violettes, emblème impérial. On met à peu près une demi-heure pour aller de Camden Place à l'église St. Mary. L'évêque de Southwark, assisté de son clergé et de l'abbé Goddard, vient chercher le mort à la porte de l'église. Huit hommes chargent le cercueil sur leurs épaules. Un drap de velours violet, semé d'abeilles et traversé d'une grande croix, est jeté sur la bière.

On la dépose à l'entrée et le service commence. L'église est si petite que deux cents personnes seulement ont pu prendre place. Et voici que le père Goddard prononce l'homélie :

— Qu'il nous soit permis de soulever le voile du passé et de puiser des consolations dans le souvenir des bonnes œuvres de celui qui n'est plus. On raconte qu'étant enfant l'Empereur rentra un jour chez sa mère sans souliers. La reine Hortense lui demanda : « Louis, qu'as-tu fait de tes souliers ? — Maman, j'ai rencontré un petit pauvre, il n'avait pas de souliers, je lui ai donné les miens. » Cette histoire de l'enfant est l'histoire de l'homme tout au cours de sa vie.

Lorsque la famille sort de l'église, le porte-drapeau de la délégation des ouvriers parisiens crie : « Vive l'Empereur ! » et ajoute : « Vive Napoléon IV ! ».

Louis s'avance alors vers lui en disant :

— Non, non, mon ami, ne criez pas : « Vive l'Empereur ». L'Empereur est mort. Criez : « Vive la France ! »

Ce sont là ses premières paroles de chef.

De retour à la maison, Louis doit surmonter sa douleur pour recevoir les condoléances des personnalités. À chacun, il adresse un mot de remerciement, une parole aimable. À la maréchale de Pélissier, qui a perdu sa mère l'année précédente, il dit :

— Ah ! Madame la maréchale, nous avons bien pensé à vous, nous avons partagé votre douleur, mais c'est seulement aujourd'hui que je la comprends.

Puis il sort sur le perron pour serrer encore des mains. Au moment ou il va rentrer dans le hall, un ouvrier s'avance, lui fait un petit discours et termine en criant, encore une fois :

— Vive Napoléon IV !

À ce moment, on voit paraître au balcon une femme en

grand deuil ; dans ces circonstances dramatiques, beaucoup croient reconnaître l'Impératrice. Ce n'est pas elle ; Eugénie est restée seule enfermée dans sa chambre. C'est simplement miss Shaw, Nana, qui, au comble de l'émotion, regarde celui qui était comme son petit garçon. Le cri de « Vive Napoléon IV » est aussitôt répété par tous ceux qui se trouvent devant le château et sur la pelouse. On se précipite vers Louis pour le porter sur les épaules. Contrarié, il lève la main pour imposer silence aux manifestants, mais la vue de sa main levée n'a apparemment d'autre effet que d'augmenter leur ardeur. Il a beau rentrer en hâte dans le château, tout le monde continue de pousser les cris de « Vive Napoléon IV ! » et de « Vive l'Empereur ! ».

Le lendemain des obsèques, l'après-midi, l'Impératrice reçoit les condoléances des dames dans la salle à manger ; les messieurs attendent dans le salon bleu. Il y a là Canrobert, Lebœuf, Frossard, Fleury, Haussmann, Carpeaux, Rouher, Pietri, Conneau, Corvisart et bien d'autres, qui chuchotent pendant plus d'une heure jusqu'à l'arrivée de Louis. Le Prince salue à droite et à gauche, en s'efforçant de vaincre son émotion ; par chance, il n'a pas à desserrer les lèvres, mais seulement à donner des poignées de mains ; puis il se tourne contre le mur et, pendant cinq minutes, il se fait un silence absolu. On attend l'Impératrice. La voilà, car un bruit de sanglots vient du couloir. Elle fait son entrée, enveloppée dans des voiles noirs. Louis s'avance vers elle et lui donne le bras. Tous s'agenouillent devant elle pour lui baiser la main.

Quelques jours plus tard, Louis, retiré chez les Clary, évite d'assister à une scène pénible entre sa mère et son oncle. Mais il en perçoit les échos et ne pardonnera jamais à Plon-Plon les accusations portées ce jour-là contre sa mère lors de l'ouverture du testament de l'Empereur ainsi rédigé :

« L'Impératrice Eugénie possède toutes les qualités pour être régente. Je lui laisse tout mon domaine privé. J'espère que mon souvenir lui sera cher et qu'après ma mort elle pardonnera toutes les peines que je lui ai causées. Quant à mon fils, qu'il garde le talisman qui vient de ma mère ; qu'il conserve avec soin tout ce qui me vient de l'Empereur, mon oncle, et qu'il soit persuadé que mon cœur et mon âme restent avec lui. »

En 1865, époque où il a pris ces dispositions, Napoléon III ne s'attendait certainement pas à mourir en exil et ne prévoyait pas que son fils aurait besoin d'argent pour lui succéder. Ceci explique qu'il ait commis la sérieuse bévue d'instituer Eugénie sa légataire universelle ; le Prince Impérial ne reçoit pas un centime et n'a aucun moyen d'être indépendant.

En prenant connaissance de ce testament, Plon-Plon entre en fureur. Cette âme de perpétuel révolté n'accepte pas que le destin, encore une fois, le confine dans un rôle de second plan. Il trouve incroyable que son nom ne soit même pas mentionné. Persuadé qu'il existe un deuxième testament et qu'on l'a subtilisé, il retourne fouiller Camden Place de fond en comble. Eugénie le fait entrer dans le bureau de Napoléon, dont elle a effectué elle-même un inventaire détaillé. Elle a fait placer des sceaux sur toutes les commodes ; Plon-Plon objecte qu'ils ne portent pas le cachet d'un notaire ou d'un représentant assermenté, mais seulement celui de Pietri, secrétaire d'Eugénie. Il fouille les papiers, met tout sens dessus dessous, et en vient à un tiroir où il prétend avoir vu un jour l'Empereur ranger un document de grande valeur historique. Pourtant, il ne trouve rien de ce qu'il cherche, seulement des lettres d'officiers français demandant des secours.

Bien qu'il se montre grossier, Eugénie lui offre d'oublier le passé : « Faisons la paix. » Quarante-huit heures plus tard, il consent à lui envoyer un émissaire, avec ses conditions. Pour commencer, il exige qu'elle le reconnaisse comme seul chef du parti bonapartiste. Ensuite, elle devra retirer Louis de Woolwich et lui confier son éducation ; en fait, il le considère comme une nullité et veut le soustraire à l'influence de sa mère. Alors Eugénie explose :

— C'est incroyable. Le Prince Napoléon a eu le toupet de demander la garde du Prince Impérial. Vous vous rendez compte de cet affront et de cette menace ? Veut-il que je me déclare moi-même indigne et incapable d'élever mon fils ? Qu'ai-je donc fait pour mériter un tel outrage ?

Louis partage sa colère et en vient à mépriser cet oncle que déjà il n'aimait guère.

D'ailleurs, il est ulcéré à l'idée de quitter « la Boutique * ».

---

* « *The Shop* », « la Boutique » : nom familier que les élèves et anciens élèves donnent à l'Académie militaire de Woolwich.

TROISIÈME PARTIE

POUR L'HONNEUR DU PÈRE

1

Napoléon IV

Du Prince Impérial à l'époque de ses dix-sept ans, nous avons un portrait psychologique. C'est lui-même qui nous l'a laissé en répondant aux questions indiscrètes imprimées sur un de ces albums de confessions très répandus à l'époque, où chacun doit révéler ses qualités préférées et ses héros favoris. Voici ses réponses :

« Quelle est votre vertu favorite ? — Le courage.

Votre passion dominante ? — Le patriotisme.

Si vous n'étiez pas vous-même, qui voudriez-vous être ? — N'importe qui.

Où voudriez-vous vivre ? — En France.

Vos héros dans l'histoire ? — Napoléon, César.

Votre état d'âme en ce moment ? — La tristesse.

Votre devise ? — Fais ce que dois, advienne que pourra. »

Après quelques jours à Chislehurst auprès de sa mère, Louis retourne à Woolwich. Il se remet au travail avec ardeur, sans avoir l'air de se souvenir que des milliers d'hommes l'ont acclamé bruyamment. La compétition avec ses camarades est le meilleur des toniques. Le voilà stimulé, plein d'initiative. Il veut briller, et, le jour où il commence à gagner des places dans sa classe, il est comme transfiguré. Il excelle en équitation et en escrime. Et il prend la plaisanterie du bon côté. Il est admis au « Club alpin », le petit groupe de volontaires qui escaladent les tours et les flèches de Woolwich les jours de fête pour y accrocher des banderoles.

Elle est finie, l'époque où il ne parvenait pas à se concentrer. Étonnée de ses progrès en anglais, la reine Victoria lui offre pour ses dix-sept ans un beau Shakespeare dans le texte, avec une riche reliure. Sur la première page, la Reine a écrit de ses mains ces mots :

« Pour mon cousin, le Prince Impérial, avec bien des vœux pour son bonheur ; de la part de sa bien affectionnée cousine, Victoria Regina, 16 mars 1873. »

Louis Conneau, son « jumeau », a quitté « la Boutique » pour rentrer en France préparer Saint-Cyr. Mais Filon est toujours là, et, en fin d'après-midi, tandis que les autres jouent au cricket ou au football, Louis rentre en chantant un air de l'armée d'Afrique, *La casquette du père Bugeaud*, *Gentil Turco* ou encore :

« Nous avons fait une belle razzia, j'espère
À la ferme du Grand Rocher,
Nous avons pris 20 000 mouquères,
Et des yaourlets, des yaourlets ».

Et le soir, avec Filon, ils parcourent ensemble les journaux, tous les journaux de France. Filon, dans leurs discussions, s'abstient de suggérer, même d'insinuer des points de vue. Il se contente de donner les faits et de former son élève à raisonner. Mais surtout Louis prépare ses examens. Et bientôt, il peut annoncer fièrement à son professeur qu'il est quinzième en mathématiques, neuvième en fortifications, huitième en dessin militaire.

À cette époque Louis commence aussi à s'initier aux affaires du parti bonapartiste. D'ailleurs, pour montrer qu'il se considère comme le chef de la famille et l'héritier des droits dynastiques, il décide de ne plus signer « le prince Louis Napoléon », mais seulement « Napoléon ». Un moment ébranlé par la mort de Napoléon III, le parti se ressaisit vite. À leur retour de Chislehurst, tous les fidèles font part à leurs amis du sang-froid et de la dignité impressionnante du Prince Impérial pendant les obsèques. D'ailleurs, comme il n'est en rien responsable du passé, « le petit » incarne l'espérance intacte. Dès le mois de février 1873, on imprime à des dizaines de milliers d'exemplaires le portrait de Louis. Elles sont souvent naïves, ces images d'Épinal qui le montrent porté par un ouvrier, un paysan, un bourgeois et un militaire au milieu de symboles de l'Empire français. On répand aussi dans les campagnes une brochure de petit format, où il est facile de glisser en cachette le portrait du prétendant, au cas où sa diffusion serait interdite.

Cette année 1873, qui débute avec la mort de l'Empereur, sera fertile en rebondissements. En mai, Louis assiste à sa première réunion politique, à Camden Place, sous la présidence de sa mère. Le garçon est le chef nominal du parti, mais il est encore mineur et Eugénie en garde la direction effective. En France, Thiers, qui entend gouverner le pays seul, lutte avec la majorité de l'Assemblée fatiguée de celui qu'on appelle le « Président-je-me-moi ». Louis, bien sûr, n'aime guère cet ennemi de son père et lui reproche d'avoir contribué au renversement de l'Empire. Avec un réel talent pour la caricature, le Prince fait un dessin amusant du petit homme, hissé sur un pavois, soutenu par les trois partis, orléaniste, légitimiste et républicain ; il l'affuble de la redingote grise et du petit chapeau de Napoléon Ier et lui met la main au gilet, avec cette légende : « Soldats, je suis content de moi. »

Autour d'Eugénie, on discute de l'attitude à adopter par les députés bonapartistes et on décide finalement de se joindre aux royalistes pour renverser Thiers, ce qui est fait le 24 mai. Et, pour lui succéder, on élit un grand nom de l'Empire : le maréchal de Mac-Mahon. Les bonapartistes commencent à crier victoire. Le nouveau président a le mérite d'être un soldat, et, qui plus est, un soldat de l'Empire. Il doit sa carrière à l'Empereur, qui en a fait un duc et un maréchal de France ; on devrait pouvoir compter sur sa gratitude. À la Chambre, Rouher dirige le groupuscule de députés bonapartistes, baptisé « l'Appel au Peuple ». Cela lui évite d'apparaître comme apparenté aux légitimistes, à une époque où toute tentative de restauration monarchique ravive dans les campagnes la crainte d'un retour à l'Ancien Régime avec sa dîme et ses corvées. Aux élections législatives partielles, les candidats de l'Appel au Peuple récusent l'épithète d' « hommes du passé » et embarrassent les républicains en leur reprochant de mettre la République au-dessus du suffrage universel direct. L'Appel au Peuple réussit à concilier le culte de la dynastie et le principe démocratique.

Eugénie reproche à son fils de lui tenir tête dans la discussion et de l'aimer moins qu'il n'a aimé l'Empereur. Et surtout, elle lui en veut d'être petit, comme son père ; elle surveille la hauteur des talons et l'épaisseur des semelles de ses chaussures. Pourtant il se tient bien droit et, par un geste qui lui est devenu familier, il tire souvent sa redingote, d'un coup sec, pour en rectifier les plis. Mais, lorsqu'il est attentif ou absorbé, il a aux lèvres un mouvement inconscient qui rappelle celui d'un enfant qui tète ; sa mère lui dit alors :

— Fais donc attention, tu n'es plus en nourrice.

Il fronce les sourcils, cesse, et dix minutes plus tard, recommence, sans s'en apercevoir.

Cependant, pour le moment, Eugénie confie les affaires à l'ancien ministre Rouher, habile politique, travailleur infatigable et dominateur, que beaucoup surnomment « le vice-Empereur ». En juin, elle part pour Arenenberg, en Suisse, l'ancienne résidence de la reine Hortense, sa belle-mère. C'est une manière d'échapper à l'ennui de Camden Place et de retrouver les souvenirs de jeunesse de son mari. Et puis, elle pourra y recevoir en toute tranquillité les amis qu'effraie l'idée de traverser la mer. Louis la rejoint pendant les vacances d'été. La villa est campée sur une sorte de promontoire entre le grand lac de Constance et le petit lac, l'Untersee. À quelque distance, on découvre la jolie ville de Constance. Derrière la maison, une terrasse regarde l'Untersee et les collines couvertes de forêts. À l'intérieur, tout est resté comme au temps de la reine Hortense. Même mobilier, couvert de housses, et, dans les angles, mêmes consoles d'acajou reposant sur des cygnes. Ici, un baromètre en forme de lyre et là, sur les cheminées, des pendules à colonnes comme des mausolées. Le grand salon ressemble à une tente avec la toile rayée qui pend au plafond et couvre les murs. Partout sont accrochés des portraits de famille : ici, Bonaparte au pont d'Arcole ; en vis-à-vis, Eugène de Beauharnais toujours avec un sabre et sur un arrière-plan apocalyptique ; cette enfant aux yeux vifs qui chasse les papillons, c'est la reine Hortense ; ce héros romantique en veste bleue qui grimpe sur les pics de l'Oberland, c'est Napoléon III à vingt ans ; un peu plus loin, on reconnaît son frère Napoléon-Louis en costume de velours rouge. Plusieurs petites tables sont chargées d'albums et de vues de Suisse ; il y a aussi une belle photo de l'Empereur, la tête appuyée sur la main.

Eugénie, toujours en deuil, parle avec excitation. Louis, indifférent à ce flot de paroles, prend un crayon et une feuille de papier, n'importe laquelle, quand ce n'est pas le dos d'un livre, et dessine au hasard des scènes de bataille, des figures de soldats, des types de mousquetaires où, sous le grand feutre empanaché, on reconnaît le même profil.

— Mais, Monseigneur, c'est le général d'Espeuilles ?

— Non, c'est d'Artagnan.

Bien sûr, c'est toujours d'Espeuilles, son ancien aide de camp. Après le repas, on se rassemble dans un solarium qui domine le lac, étincelant au milieu de la forêt. Le parc descend en pente douce jusqu'à un embarcadère, d'où l'on prend le bateau à vapeur pour gagner les jolis villages qui bordent les deux rives.

Lorsque arrivent les anciens amis des Tuileries, Bizot, Espinasse et ses cousins, Joachim Murat et Charles Bonaparte, Louis les emmène faire de l'alpinisme. Il terrifie tout le monde par les risques qu'il cherche à prendre. Au glacier du Rhône, il manque d'avoir un accident en suivant le bord du glacier sur un sentier apparemment sans danger, car il a l'idée de faire un tour sur la partie comblée par les glaces :

— Faites attention, dit le guide, il y a des crevasses, suivez-moi.

Le groupe vient d'en contourner une lorsque Louis, resté un peu en arrière, se met en tête de la sauter, ce qu'il réussit très bien. Mais, en arrivant de l'autre côté, il se reçoit mal et tombe en avant ; heureusement, car, s'il avait glissé en arrière, il se serait engouffré dans la crevasse bleuâtre et profonde. En même temps, son piolet se déplace et il se fait au cou une estafilade légère, comme un coup de rasoir, qui se met à saigner. Le guide n'est pas content, et il faut lui offrir un verre de kirsch pour le calmer.

Pendant cette année de deuil, Eugénie voudrait éloigner tout ce qui peut rappeler les fêtes. Et Louis préfère terminer ses études et apprendre à connaître le monde avant de prétendre au trône. Fleury fait à nouveau sonder Bismarck, cette fois sur l'éventualité d'une restauration au profit du Prince Impérial. À sa grande surprise, le chancelier désapprouve l'aventure ; il était d'accord avec l'idée d'un retour de Napoléon III, vieilli, malade et rêveur ; mais pas pour aider ce jeune homme au patriotisme exalté.

Pourtant, Louis se laisse faire par ses partisans qui le pressent de commémorer la fête de la dynastie, le 15 août, date anniversaire de la naissance de Napoléon Ier. Ce jour-là, aux heures de gloire, l'Empereur, l'Impératrice et le Prince Impérial étaient toujours ensemble. Tous les balcons étaient pavoisés ; on entendait sonner les cloches ; les rues étaient pleines de soldats dans tous les uniformes ; la foule criait sa joie en agitant chapeaux et mouchoirs.

Le 15 août 1873, Louis fait ouvrir les grilles de Camden Place à mille six cents partisans venus de France. À dix-sept ans, il va devoir prononcer son premier discours politique. Dans quelques heures, ils seront tous là. Rouher lui murmure à l'oreille :

— C'est, Monseigneur, le moment de dire quelques mots ; ce serait politiquement habile. Je peux vous souffler ce qu'il faut dire, si vous le souhaitez.

Mais il est bien étonné quand le garçon lui répond qu'il y a déjà pensé le matin même.

— Tenez, j'ai préparé ce papier. Qu'en pensez-vous ?

Le vieil homme lit. Ce n'est pas trop long, à peu près une centaine de mots, comme ceci :

« Dans l'exil et près de la tombe de mon père, je médite les enseignements qu'il m'a laissés. Je trouve dans l'héritage paternel le principe de la souveraineté nationale et le drapeau qui le consacre… »

— Ce n'est pas mal du tout. Peut-être pourrait-on seulement changer la dernière phrase, risque Rouher. Il faudrait terminer par une formule qui frappe l'imagination.

— Eh bien, que me proposez-vous ?

— Dites : Je serai toujours fidèle à ma devise : « Tout par le peuple et pour le peuple ».

— Tout par le peuple : n'est-ce pas l'anarchie ?

— Non, réplique Rouher en souriant. C'est le plébiscite et rien de plus. Et c'est ce qu'ils aiment par-dessus tout.

Alors, Louis griffonne les mots au crayon, d'un air dubitatif, et va prendre place au pied d'un grand cèdre devant la maison, tandis que ses compatriotes, dévorés de curiosité, font cercle autour de lui. À peine s'en va-t-il après avoir terminé sa petite allocution que se lève un concert d'acclamations :

— Revenez en France, revenez en France !

Rouher, qui, tel un imprésario, montre son protégé à la foule, est enchanté. Le soir même, une fois Camden Place rentrée dans son calme habituel, Louis s'approche de Marie de Larminat et lui dit :

— Oui, je suis content, il m'a semblé être en France.

Et, de fait, son discours va faire le tour de France.

Durant l'automne, les événements se précipitent, et cette année 1873 qui a vu, à son début, disparaître le chef de la famille Bonaparte, est bien près de finir par la restauration du chef des Bourbons. Mais le comte de Chambord n'est qu'un velléitaire, et sa candidature s'effondre lorsqu'il subordonne son retour à celui du drapeau blanc :

— Jamais je ne consentirai à quitter le drapeau blanc de Jeanne d'Arc et d'Henri IV.

Double erreur historique, d'ailleurs, car, à Orléans, la Pucelle portait une oriflamme fleurdelisée de couleur rouge quant au panache blanc d'Henri IV, ce n'était qu'un plumet, non un drapeau. Or, le drapeau tricolore est cher à la France ; le repousser, c'est jeter au néant la Ire République, le Premier Empire, le règne de Louis-Philippe et ce qui s'est ensuivi. C'est s'aliéner tout à la fois les ouvriers, les paysans et la bourgeoisie. Lorsque Rouher apprend la décision du comte de Chambord, il se met à danser une bourrée auvergnate. Car le comte de Paris se montre aussi timoré que son cousin ; si les légitimistes ont perdu leur chef, les orléanistes n'en ont pas davantage. Quant aux républicains, ils sont divisés entre droite et gauche. L'Assemblée paraît impuissante, aucune faction ne semblant assez forte pour s'imposer.

D'un seul coup, les chances d'un Troisième Empire remontent brusquement, et, en 1874, la popularité du Prince Impérial atteint son apogée. Bien des bourgeois, qui n'étaient pas impérialistes, mais encore moins républicains, se tournent vers lui, manifestant non pas vraiment de la fidélité, mais de la sympathie. Et les paysans disent : « La République, c'est bien, mais seulement le temps que "le petit" puisse grandir », et ils demandent quand va revenir « le petit Badinguet ». Pour beaucoup, la République est un régime d'aventures et de violence. On se souvient des récits des grands-parents sur la Terreur, les charrettes conduisant tous les soirs leur chargement de victimes promises à la guillotine, les prisons pleines de suspects arrêtés sans raison. Plus près, la IIe République a laissé un souvenir de désordre et de misère. C'est ainsi que, pour beaucoup, la monarchie est apparue comme le seul rempart de l'ordre et de la sécurité ; et, maintenant que la Restauration est renvoyée aux calendes, beaucoup se tournent vers le bonapartisme. Partout, les paysans bonapartistes se considèrent comme des Bleus et non comme des Blancs ; à leurs yeux, les républicains sont des Rouges, « les partageux » qui, en 1848, ont voulu partager les terres.

Certains dirigeants du parti de l'Appel au Peuple voudraient profiter de la situation pour faire jouer à Louis un rôle de prétendant actif, et l'entraîner dans des aventures. Mais lui, intimement persuadé que la restauration de l'Empire se fera un jour, ne veut pas risquer un faux pas qui pourrait tout gâcher. On lui a raconté les tentatives de son père à Strasbourg et à Boulogne, qui ont sombré dans le ridicule et l'ont conduit en prison ; et il est bien décidé à ne pas répéter cette erreur. Aussi, quand les chefs de son parti, devant le succès de la manifestation du 15 août 1873, ont l'idée d'en organiser une autre, sur une plus grande échelle, pour le 16 mars 1874, il commence par s'opposer au projet : il voudrait qu'on le laisse travailler en paix et achever son éducation d'officier. Mais pourquoi précisément cette date ? C'est que, le 16 mars, il aura dix-huit ans, et proclamer haut et fort le Prince Impérial majeur à dix-huit ans, c'est déclarer solennellement que les Constitutions de l'Empire, établies par des plébiscites qu'aucun vote populaire n'a annulés, existent encore dans toute leur force. Et, par conséquent, que le Prince Impérial est Napoléon IV. Devant l'insistance de ses partisans, Louis finit par s'incliner. Et il n'aura pas lieu de le regretter : ce sera un triomphe.

Camden Place sort de sa léthargie pour préparer l'événement. Les allées et venues sont incessantes. On reçoit plusieurs dizaines de milliers de lettres. Dans cette atmosphère belliqueuse, Louis semble lui-même transformé. Son entourage se demande sous quel titre il devra se présenter au monde. Napoléon IV ? Théoriquement, il n'a pas le choix ; s'il est majeur à dix-huit ans, alors la Constitution de l'Empire s'applique et il est empereur de droit. Émile Ollivier pense que ce serait une erreur de se présenter en simple candidat, comme n'importe qui. Il est l'héritier désigné par les plébiscites, le seul représentant du peuple, le souverain légitime. Rouher n'a pas d'objection de principe, mais en pratique, ce titre aurait plus d'inconvénients que d'avantages. Pour commencer, Londres ne pourrait le reconnaître et préférerait rompre ses relations avec lui plutôt qu'avec Paris. L'Académie militaire de Woolwich ne pourrait plus recevoir Napoléon IV. Et ainsi de suite. Il perdrait immédiatement tout confort. Mais il y a pire encore. Quand le comte de Chambord publie un manifeste, il le signe toujours Henri V et cela entraîne automatiquement une mesure de suspension contre les journaux qui l'impriment. Rouher, au contraire, souhaite que toute la presse reprenne en première page le discours qui sera prononcé par son prétendant ; ce n'est donc pas le moment d'exposer à la censure les journaux bonapartistes.

Le 16 mars, ils sont plus de sept mille venus de France. C'est beaucoup, quand on pense aux difficultés et au prix d'un tel déplacement, à une époque où les Français voyagent encore très peu. Tous portent à la boutonnière une violette symbolique. Dix-huit ouvriers de Belleville et des Batignolles se sont cotisés, à raison de cinq francs par tête, pour qu'un des leurs, désigné par le sort, puisse aller, au nom de tous, saluer le nouvel Empereur ; et des souscriptions de ce genre ont été organisées un peu partout. On remet à Louis une lettre « personnelle et urgente » ; elle a été calligraphiée par un gendarme et porte, en haut de la page, ces mots : « Témoignage de satisfaction ». Un délégué parisien offre un rameau bourgeonnant pris au marronnier du 20 mars dans le jardin des Tuileries. On raconte que le garde du jardin, d'abord fulminant et prêt à dresser contravention, a répondu au coupable qui venait de couper le rameau :

— Ah ! c'est pour les dix-huit ans du Prince ? Vous m'en direz tant ! Vous pourriez même couper l'autre. Vous voyez, pour lui faire plaisir, l'arbre s'est mis en avance. Portez-lui aussi mes compliments, au Prince, avec ceux de mes camarades. Nous sommes tous pour lui !

La compagnie anglaise de chemin de fer a bien fait les choses. Pendant le week-end, on a décoré les gares de Londres de grandes affiches bleu, blanc, rouge, proclamant en deux langues : « South Eastern Railway — Lundi 16 mars — Majorité du Prince Impérial. »

Toute la matinée, il y a des trains spéciaux au départ de Charing Cross et de London Bridge. La gare de Chislehurst est pavoisée de tricolore et la salle d'attente ornée d'une banderole entourée de lauriers, de violettes et d'immortelles, où l'on peut lire : « Vive le Prince Impérial — 16 mars 1874. »

Les cloches des deux églises du village, l'anglicane et la

catholique, sonnent à toute volée. Dans les rues flottent de nombreux drapeaux français. Des milliers d'Anglais sont aussi venus voir le spectacle. Sur le terrain appelé Common, c'est la kermesse ; des baraques débitent des cocardes, des photos, des médaillons du Prince, de l'ale et du stout. La musique d'un régiment écossais avec ses kilts et ses cornemuses amuse les *Frenchmen*. Des hommes de tous les milieux fraternisent ; ils se disent les uns aux autres que la France entière est bonapartiste. On entonne la nouvelle chanson :

> « *Nos ennemis disaient, dans leur démence,*
> *L'Empire est mort, nous régnons maintenant.*
> *Mais le sort trompe une lâche espérance,*
> *Car ils avaient compté sans un enfant...*
> *Dans son exil, au tombeau de son père,*
> *Il a puisé de grands enseignements.*
> *De ce tombeau jaillira la lumière,*
> *Napoléon vient d'avoir dix-huit ans !* »

La journée commence par une messe à St. Mary's. Quelques jours plus tôt, la Reine a envoyé à l'Impératrice le collier de la Jarretière de Napoléon III suspendu depuis 1855 sur sa stalle à la chapelle de Windsor et cette relique occupe désormais la place d'honneur dans la chapelle mortuaire. Sur le coup de onze heures, les deux cents privilégiés qui ont réussi à prendre place dans la petite église entendent les cris de « Vive l'Empereur ! » et de « Vive l'Impératrice ». Eugénie fait son entrée au bras de son fils, suivie par le prince Charles Bonaparte. L'absence du prince Napoléon et de ses fils est remarquée. Il a refusé l'invitation et signé sa réponse : « Un républicain ». Dans son sermon, en français, le père Goddard, qui a administré l'extrême-onction à Napoléon III, réclame ouvertement le rétablissement de l'Empire.

Puis on se dirige vers Camden Place. Rouher et Conneau jouent les guides pour conduire dans la maison des centaines de « pèlerins » français et anglais, comme au sanctuaire d'un saint homme. Tout le monde regarde avec dévotion le petit lit de fer où l'Empereur est mort, ses pistolets et sa pendulette de voyage, le portrait suspendu à la tête du lit et la couronne de violettes déposée aux pieds. On expose même le livre qu'il lisait le matin de sa mort, avec son coupe-papier. Dans le parc, on a dressé deux immenses tentes, l'une pour le buffet, l'autre pour le discours. À la tribune, derrière les sièges du Prince et de l'Impératrice, sont assis les anciens ministres de l'Empire, cinquante-six anciens préfets et quarante-cinq anciens députés. Aucun maréchal, ni même général, car le gouvernement a interdit aux militaires en activité de se rendre à Chislehurst. Les organisateurs vont d'un groupe à l'autre crier que le discours va commencer et demander aux fidèles de se former en rangs par départements.

Enfin, le fils de Napoléon paraît, en habit noir, avec un brassard de crêpe et le grand cordon rouge. Il donne le bras à sa mère, en grand deuil. Des acclamations s'élèvent ; le Prince les apaise d'un geste amical. Après que le duc de Padoue l'eut salué au nom des délégations, il se lève, la gorge serrée par l'émotion. Sa voix portera-t-elle ? La mémoire ne lui fera-t-elle pas défaut ? Ira-t-il jusqu'au bout sans défaillance ? Et il prend la parole, d'un air décidé, sans regarder ses notes :

— En vous réunissant ici aujourd'hui, vous avez obéi à un sentiment de fidélité envers le souvenir de l'Empereur, et c'est de quoi je veux d'abord vous remercier. La conscience publique a vengé des calomnies cette grande mémoire et voit l'Empereur sous ses traits véritables. Vous qui venez des diverses contrées du pays, vous pouvez rendre ce témoignage : son règne n'a été qu'une constante sollicitude pour le bien de tous ; sa dernière journée sur la terre de France a été une journée d'héroïsme et d'abnégation.

Le cri de « Vive l'Empereur » sort de toutes les poitrines. Mais lorsque Louis fait l'éloge du maréchal de Mac-Mahon, on entend des murmures. Alors il en vient au fait : à l'Appel au Peuple. Dans son brouillon, il avait écrit : « Si l'anarchie se déclare, je viendrai. » Mais Rouher, ancien parlementaire, légaliste, lui a fait supprimer ces mots. Et, cette fois, il trouve les mots justes :

— Le plébiscite, c'est le salut et c'est le droit, la force rendue au pouvoir et l'ère des longues sécurités rendues au pays… La France librement consultée jettera-t-elle les yeux sur le fils de Napoléon III ? Si le nom des Napoléon sort pour la huitième fois des urnes populaires, je suis prêt à accepter la responsabilité que m'imposerait le vote de la nation. Telle est ma pensée ; je vous remercie d'avoir parcouru une longue route pour en recueillir l'expression. Remportez aux absents mon souvenir et à la France les vœux de l'un de ses enfants. Que Dieu veille sur elle et lui rende ses prospérités et ses grandeurs.

À ces mots, c'est une explosion de « Vive l'Empereur ! ».

Son discours terminé, Louis descend de l'estrade et se mêle à la foule. Alors, un tonnerre d'applaudissements fait s'envoler les oiseaux. C'est un grand moment d'enthousiasme, chacun pense : « C'est bien lui que nous cherchons, c'est bien lui que nous voulons. »

Tous, au comble de la joie, s'interpellent, crient, se prennent mutuellement à témoin avec des : « Hein, vous avez entendu ? Comme il parle, le petit prince ?… Si jamais on aurait cru ! »

Cet enthousiasme populaire va davantage à la personne de l'orateur qu'à ses paroles : le bonapartisme est un attachement personnel à un homme, tandis que royalistes et républicains sont dévoués à des principes. Mais les notables bonapartistes qui s'attendaient à voir un jeune homme inexpérimenté sont surpris de son assurance. Son discours est empreint de la plus stricte orthodoxie napoléonienne. Et désormais les cadres du parti se mobiliseront plus activement pour un prétendant qu'ils jugent plus crédible.

Le jeune Napoléon passe en revue les délégués, rangés sous des pancartes désignant leur département d'origine. Ils forment une double haie le long de la route qui serpente autour du parc. Le Prince s'arrête souvent pour serrer les mains, dire quelques mots. Mme Lebon, la dame de la Halle qui l'a embrassé le jour de sa naissance, est du pèlerinage. Et elle dit à Louis :

— Monseigneur, je vous ai donné un gros bécot quand vous n'étiez que depuis quelques heures dans votre beau berceau. Vous ne vous en souvenez pas, bien sûr, mais moi…

— Je m'en souviens, répond Louis, parce que cela m'a été raconté bien souvent. La preuve, c'est que je connais votre nom… Mme Lebon, ce bécot-là, je vais vous le rendre avec les intérêts !

Et, joignant le geste à la parole, le Prince embrasse la brave femme sur les deux joues. Plus loin, un gentilhomme bordelais lui dit :

— Monseigneur, j'ai été légitimiste toute ma vie. Mais puisque le comte de Chambord ne peut pas ou ne veut pas régner, je vous apporte ma foi et mon hommage.

Et Louis lui répond :

— Je les accepte. Messieurs, voilà la vraie fusion.

Quand le soleil se couche, il y a encore des milliers de partisans qui attendent leur tour. On ferme les portes en promettant de recommencer le lendemain matin. Dès que la foule des pèlerins est repartie, tous les anciens ministres de l'Empire se réunissent dans la salle à manger de Camden ; Louis produit sur eux une forte impression par son sérieux, son sens pratique et surtout par sa facilité d'élocution.

Les journaux manifestent aussitôt la sympathie des Anglais pour la cause du Prince Impérial, le *Times* par exemple :

« Peu à peu, il semble que l'opinion française se rende compte que les désastres des derniers jours de l'Empire résultent de la malchance plutôt que des fautes de Napoléon III. »

À Paris, on parle plus que jamais du « Troisième Empire ». On revient sans cesse à ce sujet, comme si c'était la seule alternative au chaos. Nul ne sait si le nouveau Napoléon est libéral comme son père ou autoritaire et clérical comme sa mère ; le message politique, simplifié à l'extrême, se résume à la revendication du plébiscite. À leur retour de Chislehurst, pour perpétuer le souvenir de cette journée du 16 mars, les bonapartistes font frapper des pièces d'argent à l'effigie de Napoléon IV. Pellerin à Épinal et Frionnet à Paris tirent des images coloriées de la cérémonie et des portraits du Prince Impérial, que les anciens fonctionnaires ou militaires de l'Empire colportent dans les campagnes les plus reculées. Mais, tandis que Louis ne porte en réalité d'autre uniforme que celui de cadet de l'artillerie britannique, les chromos répandus en France par ses propagandistes le représentent déjà en uniforme de général français.

Les républicains craignent sérieusement qu'il ne reste en France des généraux prêts à participer à un nouveau 2 décembre. Et leurs journaux, *Le Radical*, *La Marseillaise*, *La République française*, laissent transparaître leur inquiétude en abreuvant le Prince Impérial de surnoms offensants. Il était déjà « l'Enfant à la balle », « Napoléon III et demi » et « le Bébé Impérial ». Comme il est passionné de vélo, on le traite de « Vélocipède IV » ; mais l'injure la plus à la mode, c'est « le Fruit sec ». On veut faire croire aux Français que le Prince Impérial est un pauvre idiot, qu'il ne reste à l'Académie militaire de Woolwich que par favoritisme, que ses professeurs sont payés pour lui remonter ses notes et que ses camarades, soi-disant exaspérés par sa prétention, le mettent en quarantaine. Longtemps après la mort du Prince Impérial, le gouverneur de Woolwich continuera à recevoir des lettres de France demandant si vraiment il n'avait pas été un « fruit sec ». La plupart de ces demandes de renseignements ne sont pas affranchies et portent l'avis « Payer la poste ».

Pourtant, le triomphe ne monte pas à la tête du jeune homme. Ses partisans, des excités qui voudraient le voir entreprendre quelque chose tout de suite, se demandent ce qu'il attend pour agir alors que le parti marque des points dans les élections partielles. Mais lui, indifférent à leurs criailleries, estime qu'il a encore beaucoup à apprendre et que son apprentissage de futur souverain est loin d'être terminé. Plus tard, quand il aura acquis de l'expérience, alors oui, à ce moment-là seulement, il pourra saisir « légalement » l'occasion qui ne manquera pas de se présenter et lui permettra de devenir Napoléon IV. Un jour, il reçoit Amigues, député de l'Appel au Peuple, qui lui déclare tout de go :

— Pour réduire à néant les calomnies imprimées sur votre compte, vous avez mieux à faire que de répondre par voie de presse.

— Comment cela ?

— Allez en France, ne serait-ce que quelques jours, et montrez-vous.

— C'est vrai, je rêve de revoir la France, mais c'est impossible.

— Pourquoi pas ? À la différence de votre père, vous n'êtes pas banni.

— Je le sais, répond Louis, souriant. Mais étant le fils de l'Empereur, je ne peux retourner en France que pour régner.

— Soit ! Mais je ne demande pas à votre Altesse Impériale de retourner en France, seulement de venir passer quelques jours à Paris.

— Pourquoi irais-je tourmenter ce pauvre gouvernement pour une futilité ? Il me faut une occasion qui vaille vraiment la peine.

— Eh bien, allez-y pour tirer au sort un numéro pour le service militaire ; voilà l'occasion qu'il vous faut.

Louis réfléchit un moment et répond :

— Je ne crois pas être assez patient pour cela.

— Comment cela, Monseigneur ?

— Vous voyez, mon cher Amigues, l'Empereur, mon père, avait coutume de dire : « Ce peuple est bon. » Sans doute avait-il raison, bien qu'il ait été lui-même meilleur que son peuple. Mais vous conviendrez que, dans toutes les foules, il y a des salopards.

— Sans doute, Monseigneur, et je me souviens d'en avoir vu un certain nombre le 4 septembre.

— Eh bien, il pourrait y avoir foule sur mon passage.

— Certainement, Monseigneur, et nous essaierons de rassembler le plus de monde possible.

— Justement, si dans cette foule il se trouve quelqu'un qui commence à m'insulter ?

— Et alors, Monseigneur ?

— Dans ce cas, je lui casserai probablement la figure et

ensuite je le regretterai autant pour ce pauvre diable que pour moi. Non, je ne serai pas assez serein. Nous reparlerons de cela une autre fois, quand je ressemblerai davantage à mon père et que, à son exemple, j'aurai appris à pardonner. D'ailleurs, cela ne sert pas à grand-chose que la France voie de quoi j'ai l'air. Ce qu'il faut aux Français, c'est savoir de quoi je suis capable ; je n'irai pas en France tant que je n'aurai pas accompli quelque chose qui fasse parler de moi.

En attendant, il est tout content de retourner à « la Boutique », de redevenir un élève comme les autres, et il se concentre sur ses examens de sortie. Le tsar Alexandre II vient à Woolwich inspecter les cadets et Louis se souvient très bien de l'avoir vu à Paris, dans des circonstances dramatiques, à l'occasion de l'Exposition universelle. Eugénie avait dû combler Alexandre d'amabilités pour tenter de calmer les choses. Sept ans ont passé. Et voilà que le tsar passe maintenant en revue la garde d'honneur dont fait partie le fils de Napoléon et d'Eugénie. Alexandre s'arrête pour lui serrer la main ; Louis doit sortir des rangs et passer son sabre dans la main gauche. Par faveur spéciale, le Prince Impérial est alors autorisé à continuer la revue à cheval derrière le tsar et le prince de Galles en superbes bicornes à plumets. Lui, petit jeune homme pâle, en tunique toute simple de cadet britannique, il suit sur un mauvais cheval de manège, sur lequel il a mis le tapis de selle de son père. Et l'assistance redouble d'applaudissements à son passage. Le soir, Louis est invité au dîner officiel ; Alexandre se lève et, en le regardant bien en face, porte un toast « au fils de Napoléon III, à son bonheur et à son avenir ».

Quelques semaines plus tôt, Louis a failli se faire renvoyer de Woolwich. Un vieux mortier de treize pouces se trouvait dans la cour de l'École avec un petit boulet d'exercice. Il y avait eu une grande discussion dans la classe sur l'importance pour un canonnier de bien calculer la quantité de charge nécessaire pour envoyer un projectile à une distance donnée. Après le cours, Louis et un camarade avaient fait le pari de fabriquer une charge de poudre suffisamment petite afin que le mortier lance le boulet assez doucement pour qu'on puisse le recevoir dans les mains. Les deux compères avaient composé plusieurs petites charges de forces différentes et, un après-midi pendant la récréation, ils étaient allés au mortier. Louis s'était posté le premier à la gueule du canon ; son camarade avait allumé l'amorce ; avec un bruit sourd, le boulet s'était logé dans le tube massif, mais il n'était sorti que quelques traînées de fumée ; c'était un échec. Ensuite, ils avaient placé une charge plus forte et ils avaient permuté ; cette fois-ci, c'est Louis qui avait allumé l'amorce. Il y avait eu alors un jet de flammes et un bruit fracassant ; le camarade avait été projeté par-dessus le mur et s'était miraculeusement retrouvé sain et sauf ; le projectile avait traversé la cour et le terrain de football. Le lendemain, Louis et son acolyte comparurent inquiets devant le gouverneur de l'École ; en entendant le verdict, ils respirèrent :

— Messieurs, vous avez fait une grossière erreur de calcul ! Que je ne vous y reprenne plus. Rompez !

2

« For he is a jolly good fellow »

Depuis son entrée à Woolwich, Louis a fait des progrès constants et amélioré son classement à chaque examen. Il est premier en équitation et en escrime. Entré vingt-deuxième, il sort septième sur trente-quatre au classement général, bien qu'il soit en avance d'un an. Et encore, il aurait été quatrième s'il avait passé les épreuves de français, mais il a refusé de profiter d'un tel avantage sur ses camarades. Son rang de sortie lui permet de choisir entre l'artillerie et le génie ; il opte pour l'artillerie, arme de tradition chez les Bonaparte. Le général Simmons, en le félicitant, essaie d'attirer son attention sur l'importance du service de garde en campagne :

— Les Français négligent souvent cette précaution, ce qui est souvent la cause de leurs défaites.

À quoi le nouvel officier répond :

— Oh ! quant à moi, soyez tranquille, sir, on m'a trop bien appris ici à éviter les surprises.

Le pauvre garçon ne va pourtant pas éviter la surprise qui le livrera aux Zoulous.

Le 16 février 1875, l'Impératrice, accompagnée par lady Sydney, assiste à la cérémonie de remise des diplômes. Le duc de Cambridge, chef des armées, désigne Louis pour faire manœuvrer les cadets pendant dix minutes. Eugénie, dans sa fierté maternelle, est ravie d'entendre le duc s'exclamer :

— Très bien ! À la perfection !

La soirée se termine par un bal. Pour finir, ses camarades de l'École le portent sur leurs épaules autour du gymnase en criant :

— *For he is a jolly good fellow!*

Tous les présents, du gouverneur au benjamin de l'École, se donnent la main et chantent *Auld Lang Syne.*

En sortant de Woolwich, Louis quitte ses bons camarades anglais et aussi Filon, qui rentre en France, sa mission terminée. La majorité du Prince Impérial n'a pas mis fin à cette tutelle jalouse que l'Impératrice exerce sur la direction politique, qu'elle ne peut se résoudre à abandonner. C'est bien peu de choses que ces conciliabules avec quelques amis restés fidèles dans l'exil, mais cela alimente l'ambition d'une femme. À toute velléité d'indépendance, Louis est certain de s'entendre répondre :

— Tu es le maître, c'est vrai, puisque tu es majeur, mais je n'en suis pas moins ta mère et je manquerais à tous mes devoirs si…

Il écoute ce qu'il appelle « les sermons de l'Impératrice » avec le flegme que son père lui a légué, ne laissant rien paraître de son impatience. Parfois même Eugénie fait venir Rouher à la rescousse :

— Permettez, Monseigneur, au plus fidèle de vos serviteurs d'invoquer sa vieille expérience pour vous faire observer que…

Et, de nouveau, on le chapitre. Parfois, Louis en est énervé jusqu'aux larmes. Et, comme il est plus rancunier que son père, un jour il en vient à demander à Fleury :

— Vous qui avez été l'ami et le confident de mon père, expliquez-moi donc pourquoi il a épousé l'Impératrice.

Une autre fois, comme un intime lui demande quel palais il réserverait à sa mère en cas de retour à Paris, il répond :

— Une maison de campagne à Biarritz.

Louis souffre d'autant plus de la tutelle de sa mère que celle-ci le tient par l'argent. On se souvient que le testament de Napoléon III, rédigé en 1865 pour se faire pardonner par sa femme, ne contenait presque rien de ce qui remplit les testaments ordinaires : juste quelques lignes, mais ces lignes, parfaitement claires, laissaient à Eugénie la totalité de la fortune personnelle de l'Empereur. L'Impératrice ne lui sert qu'une pension de six mille francs, tant pour lui éviter les fredaines de jeunesse que pour l'empêcher d'agir politiquement par lui-même. Le grand danger contre lequel elle veut défendre son fils, ce sont les intrigants, qui viennent réclamer des sommes fabuleuses pour lancer un journal, publier une brochure, acheter un concours utile, créer un nouveau moyen de propagande. Tous ces gens-là prétendent qu'il faut saisir le moment, battre le fer pendant qu'il est chaud, saisir une occasion que l'on ne retrouvera plus. Au début, Louis est fondé à les croire, mais il finit par se détromper. Eugénie redoute également de revoir chez Louis la générosité, voire la prodigalité de son père. Elle ne comprend pas qu'il a grandi et qu'il a droit à une certaine indépendance. Aussi serre-t-elle les cordons de la bourse de son fils et préfère-t-elle soutenir elle-même les journaux ou subventionner les élections. En attendant, il n'a pas de quoi régler l'addition dans un restaurant réputé. Sa mère lui dit bien :

— Si tu as besoin de quelque chose, demande-le-moi et tu l'auras immédiatement.

C'est mal connaître Louis. Il est trop fier pour réclamer quoi que se soit et il s'arrange comme il peut, mais cette situation l'humilie.

Un jour où il s'ennuie à Camden Place, une de ses cousines Murat l'invite à Greenwich ; elle organise une soirée avec son mari et quelques amis ; cela lui ferait-il plaisir de venir ? Le prince secoue la tête. Il aurait bien aimé, mais vraiment il ne peut pas.

— Pourquoi ? Avez-vous un autre rendez-vous ?

— Non. Je n'ai pas d'autre rendez-vous, mais je crains que ma mère ne soit pas d'accord.

La jeune femme ne prend pas l'obstacle au sérieux. Elle se fait fort d'arranger la chose. Elle ira voir l'Impératrice. Alors, Louis répond en rougissant :

— Non, je ne demande jamais rien, parce que je n'admets pas qu'on me refuse.

Bachon, l'écuyer d'autrefois, fait chaque année le pèlerinage de Camden Place. Naturellement, avec un écuyer, il faut parler chevaux et Bachon, voyant dans l'écurie la monture de Louis, ne peut s'empêcher de lui dire :

— Mais il est impossible, Monseigneur, que Votre Altesse continue de monter cette bête-là. Je comprends que vous refusiez les chasses à courre. Laissez-moi faire, comptez sur mon respectueux et profond attachement : je vous trouverai un cheval qui sera digne de son cavalier.

À quelques jours de là, Bachon, après avoir couru tout Londres, revient à Chislehurst ; il a trouvé ce qu'il cherchait, une bête superbe, sûre et pour une somme des plus modiques : six mille francs, c'est donné. Mais le Prince, loin de partager l'enthousiasme de son fidèle écuyer, hoche la tête :

— Six mille francs ! c'est pour rien, dites-vous. Je suis disposé à le croire, mais c'est encore trop pour moi. Je ne les ai pas.

— Qu'à cela ne tienne, Monseigneur ; si vous voulez bien me le permettre, je vais les demander à l'Impératrice.

Ici, changement complet d'attitude de Louis et défense expresse de demander quoi que ce soit à sa mère. Conversation intimc cntre le Prince et son écuyer, terminée par les larmes de celui-ci, qui croit devoir dire au fils de Napoléon III :

— Si les choses sont ainsi, Monseigneur, je m'explique bien des points que je ne comprenais pas. Je ne suis pas riche, mais je possède une petite vigne, je vais la vendre. Il ne sera pas dit que Votre Altesse continue à monter un pareil cheval, dont les jambes sont malades et qui met sa vie en péril.

Remerciements du Prince, défense de toucher à la vigne. À plusieurs reprises, des amis de la famille essaient de faire augmenter sa pension. Il faudra attendre les tout derniers mois de 1878 pour qu'Eugénie accède à leurs demandes et que, sur le conseil de trois avocats, elle lui remette, conformément à la loi française, la moitié de l'héritage paternel.

L'Impératrice, qui a toujours été une grande marieuse, commence à cultiver l'espoir d'unir un jour son fils à la fille cadette de son amie Victoria. La princesse Béatrice, quand Louis l'a rencontrée à Chislehurst en novembre 1870, pour la première fois, n'était qu'une petite fille de treize ans, avec des yeux bleus et de longs cheveux blonds. Les deux enfants s'étaient montrés plutôt timides à cette occasion, mais depuis lors, ils se sont revus assez souvent. Et, parmi les cancans de la Cour, on parle de projets d'avenir — pourvu que le Prince Impérial devienne effectivement Napoléon IV. Vrai ou faux, on ne le sait pas, mais, ce qui n'est pas douteux, c'est qu'Eugénie caresse cet espoir et que Victoria ne fait rien pour désarmer la rumeur. Rien pour démentir ces paroles qu'on lui prête :

— Pour la paix de l'Europe, la Reine souhaite le succès du Prince Impérial.

À la tutelle de sa mère, s'ajoute celle de Rouher. Bien souvent la situation est difficile pour un jeune homme respectueux des amis de son père, conscient des services rendus et désireux de ne pas les oublier. Mais Louis voit les dangers d'une politique incohérente. Sans cesse, il faut arbitrer les querelles entre Rouher et Cassagnac, les deux pôles du parti, souvent dressés l'un contre l'autre.

« Je constate avec plaisir, écrit Louis à Cassagnac, que vous avez à cœur d'effacer la trace des dissentiments qui se sont élevés entre vous et les hommes les plus éminents du parti. »

Il faut éviter de se laisser déborder par les jeunes qui veulent « faire du nouveau ». Filon, l'ancien précepteur, a fondé avec Albert Duruy, fils de l'ancien ministre, et avec Lavisse, le journal *La Nation*, qui dénigre les caciques du parti « confits en dévotion, et attendant le Prince pour le tremper dans un bénitier ».

À Aldershot, où il est envoyé en garnison, Louis se fait trois amis inséparables, les lieutenants Bigge, Slade et Woodhouse, et les invite à Chislehurst. Passionné d'escrime, il fait souvent venir à Camden Place un maître d'armes français établi à Londres et, continuellement, il fait assaut avec ses amis, non seulement au fleuret et à l'épée, mais aussi à cheval, au sabre et à la lance. Ils s'exercent, au galop, à ramasser des piquets plantés en terre, à lancer le javelot ou à faire des passes avec des lances mouchetées en bambou.

L'été 1876, Eugénie desserre pour la première fois les cordons de la bourse et emmène son fils en voyage. Après l'habituel séjour à Arenenberg, les voici en Italie. À Bellagio, ils se séparent, et Louis fait l'école buissonnière avec son cousin Joachim Murat, qui vient d'échouer au concours d'entrée à Saint-Cyr, et son ami le jeune sous-lieutenant Espinasse. Pour être plus libre de ses mouvements, il voyage sous le nom de comte de Pierrefonds. Après un court séjour à Venise, les trois amis parcourent le champ de bataille de Solferino et questionnent incognito les gens du pays sur l'emplacement des troupes. De là, ils partent pour Magenta, où ils comptent poursuivre discrètement leur enquête ; ils s'arrêtent à l'entrée d'une rue, contre une fenêtre aux volets verts d'où est parti le coup de feu qui a tué le père d'Espinasse, mais alors ils sont reconnus ; aussitôt informées de leur identité, les autorités locales leur font une réception en grande pompe, au milieu des acclamations de la foule.

C'en est fini de leur tranquillité et Louis part rejoindre sa mère à Florence, alors capitale du royaume d'Italie. Le roi Victor-Emmanuel vient les voir et ils lui rendent sa visite au palais Pitti. Eugénie remarque aussitôt que, dans le salon où les reçoit ce roi qui doit sa position aux combattants français de Magenta et de Solferino, les murs sont couverts de portraits des Hohenzollern et qu'il n'y a aucune photo de Napoléon III. Victor-Emmanuel finit par s'apercevoir de sa bévue :

— Vous êtes étonnée de ce que vous voyez ? demande-t-il à l'Impératrice.

— Non, réplique-t-elle. Je suis plutôt étonnée de ce que je ne vois pas.

Et, spontanée comme toujours, elle plante là le roi sans prêter attention aux excuses qu'il bredouille.

De Florence, Eugénie et Louis gagnent Rome, où ils sont

reçus par le pape Pie IX, parrain de Louis. Curieusement, le vieillard, qui se présente en «prisonnier du Vatican», reproche à l'Impératrice d'avoir poussé la France à cette guerre désastreuse contre la Prusse ; sans cette guerre, il jouirait encore de ses privilèges, grâce à la force dissuasive des baïonnettes françaises*. Toujours direct, jamais intimidé, Louis, à vingt ans, se permet de donner à son vénérable parrain un conseil, celui d'empêcher l'Église de se mêler de politique :

— En soutenant un parti politique, l'Église risquerait de perdre à la fois son influence et son prestige.

Amusé par cette franchise inattendue, le Pape lui dit cordialement :

— Je fais des vœux pour votre prompte restauration en France. Je le souhaite pour le bien de l'Église, je le souhaite pour le bien de l'Europe.

Et il ajoute :

— Quand la France se tient tranquille, le calme règne à travers le monde ; mais lorsqu'elle est agitée par des passions révolutionnaires, c'est la sécurité du monde qui est menacée.

Cependant, en France, la majorité monarchiste ne devine pas que la République, en se faisant résolument conservatrice, s'enracine dans le pays et cesse de faire peur. Les bonapartistes ne s'aperçoivent pas non plus de l'effet boomerang de leur propagande intense de 1874 sur ceux qui attendent vainement le retour du prétendant. Il est dès lors de plus en plus difficile d'entretenir la flamme. Le Prince Impérial doit se manifester de temps à autre pour qu'on ne l'oublie pas. Mal organisé, le parti manque de machine électorale et de leaders.

---

* Napoléon III, pour donner satisfaction à ses électeurs catholiques, envoya à trois reprises une division française à Rome pour protéger le pouvoir temporel du Pape, les États pontificaux, contre une attaque de Garibaldi. Mais la défaite de 1870 contraignit la France à rappeler ses troupes et, après un simulacre de résistance des troupes pontificales, Rome se rendit aux Italiens le 20 septembre 1870.

Pire encore, il donne chaque jour le spectacle de ses dissensions : querelles entre conservateurs et populistes, querelles de générations, querelles aussi de personnes. Louis, qui reçoit constamment des rapports sur la vie politique en France, assiste au déclin de la flamme bonapartiste. Les Français semblent indifférents ; après la guerre, le siège, la Commune, ils n'ont aucune envie de revoir un coup d'État et une nouvelle effusion de sang.

On le constate aux élections de 1876, où les républicains, pour la première fois, remportent la majorité à la Chambre. Mac-Mahon ne tarde pas à entrer en conflit avec elle, ce qui excite fort les bonapartistes. Un jour où Gambetta monte à la tribune, Paul de Cassagnac — qui dirige les soixante-quinze députés de l'Appel au Peuple et s'intitule lui même « le mousquetaire de l'Impératrice » — le harcèle en relevant presque chacune de ses phrases. Sous les assauts de ses adversaires, Gambetta, furieux, halète et boit de larges rasades de vin rouge. Soudain, à bout de forces, il descend de la tribune et s'évanouit ; on doit le coucher sur la table de la buvette. Usant de son droit de dissolution, Mac-Mahon renvoie les députés devant les électeurs. Ravis, les bonapartistes voient là une belle occasion, leurs journaux claironnent :

« Un bataillon avec un bon chef, voilà ce qu'il faut pour combler les lacunes de la Constitution. Nettoyons un bon coup. Que le balai devienne un symbole et la hampe du drapeau français à l'intérieur. »

Le ministre de l'Intérieur, qui est bonapartiste, organise aussitôt un vaste mouvement de préfets ; il en révoque soixante-trois et les remplace par d'anciens fonctionnaires du second Empire.

Louis s'occupe activement de la campagne électorale qui s'ouvre aussitôt. À Chislehurst, il reçoit les principaux membres du parti et s'astreint à les écouter attentivement, sans les interrompre, en gardant un visage impénétrable. Sur ce point, il ressemble de plus en plus à son père ! Et, lorsqu'ils prennent congé, il les reconduit en les remerciant. Pendant tout l'entretien, il observe son interlocuteur, le jauge et se fait une opinion, éliminant en lui-même bavards, utopistes et intrigants, pour ne garder que ceux sur lesquels il croit pouvoir compter. Malheureusement, cette attitude a des inconvénients. D'abord, beaucoup de ceux qui sont ainsi reçus et écoutés poliment s'imaginent qu'ils ont convaincu le Prince, ou qu'il partage déjà leurs idées. D'où des articles parfois extravagants publiés dans des journaux pourtant bien intentionnés, et censés représenter la pensée du prétendant. Beaucoup de candidats de l'Appel au Peuple assurent les électeurs que le Prince Impérial débarquera bientôt en France : «Le petit Empereur… il va revenir…»

Ensuite, ces allées et venues qui prennent allure de conspiration irritent la majorité républicaine; des espions républicains réapparaissent aux environs de Chislehurst et le gouvernement de Londres s'inquiète de déplaire à celui de Paris. Mais il y a plus grave : les bonapartistes, en s'alliant aux légitimistes cléricaux, s'aliènent quantité de voix paysannes. Au contraire, les chefs républicains s'emploient à amadouer les électeurs de province encore hésitants en présentant la République, selon les propres paroles de Gambetta, comme la protectrice du commerce et de l'industrie, la gardienne de l'ordre et de la paix. Leur propagande exploite habilement la visite imprudente de Louis au Saint-Père. À les en croire, le premier acte de Napoléon IV serait de déclarer la guerre à l'Italie pour rétablir le pouvoir temporel du Pape et «des flots de sang seraient versés pour la revanche de la calotte». Et, en 1877, le pays, à nouveau, vote résolument républicain dans le calme, presque dans l'apathie.

Dans ces conditions, il n'y a plus rien à faire : toute action violente des bonapartistes paraîtrait injustifiée. D'ailleurs, Plon-Plon, élu député d'Ajaccio contre Rouher, sème la zizanie dans le parti. Louis, déçu, prend en horreur les partis politiques et le régime parlementaire.

— La France, dit-il, se prépare à devenir, comme les États-Unis, un pays gouverné par des politiciens discrédités.

Cependant, à Camden Place, on n'aime pas Mac-Mahon. Eugénie ne lui pardonne pas de s'être fait acclamer à la fin de la guerre. Comme les autres, il est un général vaincu, le vaincu de Sedan. Seulement, lui, il a eu la chance d'être blessé au bon moment et, du coup, on l'a porté au pinacle et on a accusé l'Empereur à sa place. L'Empereur l'avait fait maréchal et duc et il lui devait tout. Eugénie voit en Mac-Mahon un ingrat, un égoïste et un ambitieux. Pourtant, sur ce dernier point, elle se trompe ; il y a chez lui si peu d'ambition qu'il lui arrive de confier à un ami qu'il « n'entend rien à la politique ». Et lorsque les circonstances le forceront à choisir entre la soumission et le coup de force, il n'aura pas le courage de faire verser le sang et préférera démissionner.

À Aldershot, le sous-lieutenant d'artillerie Bonaparte mène la vie d'un officier anglais en garnison. Heureusement, pour tromper l'ennui, il y a de temps à autre les manœuvres au camp de Shoeburyness. C'est l'occasion de se rendre populaire, par exemple en sautant à cheval au-dessus d'un feu de camp ; mais Louis l'acrobate fait une chute dans les flammes, qui lui vaut de méchantes brûlures au bras et un blâme de ses chefs. Le médecin fait l'éloge de son courage et de sa gaieté et Louis peut crâner, à cheval, le bras en écharpe.

La vie de garnison lui laisse de longs, de très longs week-ends à Chislehurst. Il accroche aux murs de son bureau une grande carte de France, où il fait figurer en couleurs les circonscriptions bonapartistes. Et il étudie en détail la correspondance de Napoléon Ier, « le bréviaire du soldat », dit-il. Puis il parcourt à cheval, pendant des heures, la campagne anglaise, couverte de brume. Mais il ronge son frein et les soirées se traînent, monotones. Filon est reparti en France, où il s'est marié. Conneau est à Saint-Cyr et, en témoignage d'amitié, Louis lui offre son épée d'officier où il a fait graver sur la lame leur fière devise : « Napoléon à L.N. Conneau, *Passavant le meillor.* »

Il ne reste plus à Chislehurst que des gens âgés, Mme Lebreton, Pietri, le duc de Bassano, entre lesquels l'existence est bien triste. Seule Marie de Larminat met encore une note de jeunesse. Eugénie écrit :

«Nous sommes ici sur le Radeau de la Méduse. Il y a des moments où nous avons envie de nous manger les uns les autres… Je suis fatiguée, comme ceux qui ont fait une longue route… Que vous dirai-je de Camden ? Le même nombre de vaches sur la prairie, Corvisart toujours livré à l'agriculture, Clary à ses comptes… Et moi, je brode, j'écris, je maudis et je bénis selon le temps et je tâche de me persuader que je suis gourmande pour chercher un plaisir.»

Quelques visites apportent un dérivatif. Ainsi celle de cinq amis saint-cyriens, Conneau, Espinasse, Drouot, Pinard et Masimbert. Ils ont apporté leurs effets militaires et c'est en uniforme qu'ils dînent à Camden avec l'Impératrice et le Prince. Le lendemain, Louis emmène deux d'entre eux à Chatham, centre du Génie, comme en témoigne cette lettre de remerciements qui porte sa signature :

«Mon cher général,

Grâce à votre amabilité, mes amis et moi avons passé une après-midi aussi plaisante qu'instructive à Chatham lundi dernier. Le colonel Cox nous a tout montré en détail. Nous avons pu nous exercer à lancer des grenades et nous avons été particulièrement intéressés par cette invention qu'on nomme le téléphone. Je suis persuadé que ce sera un grand progrès par rapport au télégraphe.

Cette visite a été d'autant plus agréable que j'ai eu l'occasion d'y rencontrer quelques-uns de mes anciens camarades de Woolwich…»

Parmi ceux qui font régulièrement le voyage de Chislehurst, se trouve un Corse assez petit, un dénommé Pugliesi Conti. Un jour, Louis le prend à part et lui fait essayer un de ses costumes : le vêtement lui va comme un gant. Il lui dit alors :

— Dès que vous serez rentré à Paris, vous ferez faire un uniforme de général de division à vos mesures et vous me l'apporterez ici vous-même. Je n'ai pas besoin de vous recommander la discrétion.

Et, lorsqu'il invite à Camden Place l'écrivain Maxime du Camp, c'est dehors, en plein air, qu'il l'emmène causer politique. Car il ne parle des choses sérieuses qu'à l'abri des oreilles indiscrètes : prudence rare à son âge. Dans le parc, ils commentent ensemble l'actualité française.

— La France ne s'intéresse pas à la politique, se lamente le Prince Impérial. La grande masse n'est d'aucun parti. Elle est pour le statu quo ; et, comme le statu quo c'est la République, elle est pour la République.

— Que pensez-vous, demande son visiteur, de Grévy, le président de la Chambre ?

— C'est le seul membre républicain du Corps législatif qui ait répondu en septembre 1870 à l'appel de ma mère pour l'union nationale. C'est un adversaire, mais un homme que je respecte. Il faut savoir attendre dans la dignité. Et puis, si l'on veut dénigrer, on doit donner d'abord des preuves de sa propre valeur.

— Mais je ne vois guère de traces de votre esprit de tolérance dans les journaux de votre parti.

— Je n'arrive pas à me faire obéir, répond Louis d'un ton amer. Vingt fois j'ai prié *L'Ordre* et *La Correspondance* d'éviter les outrances de langage. Et je constate, c'est vrai, qu'ils continuent de multiplier les invectives et les titres tapageurs.

— Que pensez-vous, Monseigneur, de l'élection d'Ajaccio ? Votre candidat officiel, Rouher, battu par votre oncle, le prince Napoléon…

— Mon oncle est un viveur. Et rien n'est plus laid ni plus dangereux qu'un viveur. Mais ce n'est pas une raison pour que mes journaux entretiennent la polémique dans nos rangs. Ni pour qu'ils s'arrogent le droit d'excommunier ceux qui leur paraissent schismatiques.

— Croyez-vous que si l'on invitait les Français à choisir leur régime par plébiscite, ils voteraient pour la République ?

— Oui, parce qu'aujourd'hui elle représente pour eux la

tranquillité. Vouloir faire échec à la République, c'est ignorer les rapports de forces. Allons, le temps n'est pas mûr pour le Troisième Empire. Laissons les républicains, ils vont bien finir par se disputer et par faire des bêtises. Tout cela finira comme le Directoire; Gambetta ne fera pas mieux que Barras; il réussira lui aussi à se rendre odieux. Alors, restons aux aguets pour ne pas manquer l'occasion. Un jour, comme au début du siècle, la Nation cherchera un sauveur. Ne nous donnons pas le mal de renverser la République. Laissons-la se discréditer toute seule et tenons-nous prêts à profiter de sa chute.

Après une pause, Louis ajoute, avec une image toute militaire :

— Je ne veux pas licencier mes troupes. Je veux seulement qu'elles prennent leurs quartiers d'hiver. Pourquoi un parti politique ne pourrait-il pas former les faisceaux sans mettre bas les armes ?

À déjeuner, Maxime du Camp se trouve assis à gauche de l'Impératrice. Et, comme un valet renverse sur la table un verre d'eau coupée de vin, l'écrivain a un geste de recul instinctif. Eugénie le regarde avec étonnement et a ces mots :

— Mais ça porte bonheur !

Puis elle trempe sa main dans la flaque, lui en jette sur le plastron, le col et les manchettes de chemise et s'en frotte le cou. Maxime du Camp se montre si ahuri que tout le monde, Louis le premier, éclate de rire. Et, Eugénie, qui est une grande superstitieuse, répète à l'envi :

— Mais ça porte bonheur, vous ne savez donc pas cela ? Tout le monde sait ça.

En sortant de table, le Prince Impérial entraîne Maxime du Camp et lui confie :

— La politique, c'est un steeple-chase; si l'on n'est pas décidé à franchir les obstacles, quitte à se casser le cou, il est inutile de partir, car on n'arrivera pas.

— Pourquoi dites-vous cela ?

— Je me crois destiné à jouer un rôle. Un grand rôle politique. Pas dans l'immédiat, mais dans quelques années. Et je m'y prépare en réfléchissant à un projet de Constitution. Je créerai dix-huit régions, chacune avec un parlement, qui votera le budget de la région, comme aux États-Unis et en Suisse. Le Corps législatif ne votera que le budget militaire et celui des Affaires étrangères. Les pouvoirs provinciaux serviront de point d'appui et de résistance contre les mouvements révolutionnaires de Paris.

— Et à l'extérieur, que chercherez-vous ? La revanche contre l'Allemagne ou bien la paix à tout prix ?

— La guerre a son utilité, répond Louis. Elle empêche les nations de devenir médiocres. Elle entretient leur force morale.

Mais, s'il juge les hommes avec indifférence, le jeune Prince parle de son père avec émotion. De retour au château, il fait entrer Maxime du Camp dans la chambre où est mort Napoléon III. Pièce modeste : une armoire vitrée contenant des uniformes militaires ; au mur, une carte de l'Europe ; sur la cheminée, une pendule de voyage. Le lit — un simple lit de fer — qui montre la toile rayée du sommier, est couvert de violettes. Au moment où tous deux vont sortir de la chambre, Louis s'incline devant le lit, fait un signe de croix, s'essuie les yeux et dit, en haussant les épaules d'un geste de découragement :

— Il était si bon !

Un jour d'automne, on reçoit à Camden Place la visite d'Ernest Lavisse, l'ancien professeur d'histoire de Louis. L'historien arpente avec l'Impératrice la longue galerie du rez-de-chaussée. Dehors, un brouillard bien anglais règne souverainement. Alors, Eugénie, collant son front à la vitre :

— Ne trouvez-vous pas que nous avons l'air de poissons qui évoluent dans un aquarium ?

Louis aussi a le spleen. Lorsque Lavisse entre dans son cabinet et veut causer, il ne l'entend pas et reste absorbé à dessiner à la plume des grenadiers de la vieille garde qui marchent, le haut bonnet à poil incliné sous le vent et la pluie.

— Monseigneur, à quoi pensez-vous ?

— Je pense que je donnerais beaucoup pour voir l'omnibus Grenelle-Porte-Saint-Martin sortir de la rue du Bac.

Car aux Tuileries, des fenêtres de sa chambre au premier étage du pavillon de Flore, il apercevait autrefois la rue du Bac débouchant sur le quai et il regardait les voitures aller et venir.

Ces moments fugitifs, où le Prince Impérial reçoit des amis de France et où il peut se confier, ont néanmoins pour effet de raviver la nostalgie du pays natal. Et, par temps clair, il s'en va seul à Douvres, il monte sur la falaise et, de là, il regarde vers Boulogne que l'on aperçoit dans le lointain. Devant ce qu'il aime le plus au monde se dresse la mer infranchissable et c'est le mot impitoyable :

— On ne passe pas.

Pourtant, à la moindre occasion, Louis renoue avec sa gaieté naturelle. Il n'a de cesse de la faire partager à tout le monde. Ainsi, à Camden Place, lorsqu'on annonce l'arrivée d'un personnage prétentieux, il le guette par la fenêtre et siffle ses chiens pour qu'ils suivent le fâcheux.

L'été 1877, l'Impératrice loue à Cowes une très belle maison, la villa Egypt, avec une vue plongeante sur le bras de mer qu'on appelle le Solent. Elle y reçoit toute la bonne société dont la ravissante Lillie Langtry, dernière trouvaille du prince de Galles. Lillie tombe aussitôt sous le charme du Prince Impérial et de ses yeux pétillants de malice. Il l'amuse, ce garçon exubérant, direct, toujours prêt à faire une farce. Et elle ne tarde pas à devenir sa complice. Un soir, ils vont avec l'Impératrice, le prince et la princesse de Galles et quelques amis à une séance de spiritisme. Tout le monde est assis dans une pièce du premier étage, dans l'obscurité. On se tient par la main autour d'une table ronde. On vient à peine d'éteindre la lumière. Soudain, il se fait un désordre incroyable. Certains même ont franchement peur et quelqu'un décide de craquer une allumette. Et que voit-on ? Une forme qui se glisse derrière les chaises. C'est Louis. Voilà le coquin pris en flagrant délit de remuer les meubles. On le met à la porte ; on pousse le verrou ; on refait le noir. Le calme revient, chacun attend en silence. Dix minutes passent. Tiens, on dirait une nouvelle manifestation. Bizarre, bizarre, il y a sûrement quelque chose. On craque à nouveau des allumettes. Ah ! c'est un peu fort : n'est-ce pas encore Louis qu'on aperçoit ? Mais oui. Il a dû trouver moyen d'escalader la glycine et d'entrer par la fenêtre. C'est bien lui qui se tient debout, et qui souffle dans une sarbacane. On s'aperçoit alors que tout le monde est couvert de farine.

D'habitude, devant la princesse de Galles, le Prince Impérial se tient convenablement. Ailleurs, il se laisse aller à toutes sortes de frasques, pour la plus grande joie des maîtresses de maison, quand ce n'est pas à leurs dépens. Il aime s'introduire à pas feutrés dans la chambre d'un dormeur, de préférence si celui-ci a bu plus que de raison. Selon l'inspiration du moment, il le soulève discrètement avec un ami et le transporte avec précaution dans un lit qu'il lui a fait préparer dans l'écurie. Au réveil, cela fait un choc, paraît-il. Il peut aussi se contenter de lui tremper la main dans une cuvette d'eau. Un de ses tours favoris consiste à faire dégringoler le baldaquin sur la tête du dormeur ; pour cela, il décroche la suspension, fait coulisser une corde dans le crochet du plafond et se cache sous le lit en attendant le moment propice pour donner un coup brusque ou, mieux encore, une série de secousses d'allure surnaturelle. Ou il met du bleu de méthylène dans les vases de nuit, étale des sous-vêtements féminins sur le lit des messieurs, un haut-de-forme et des pantalons dans la chambre des dames et s'amuse à guetter les quiproquos. En variante, il circule en patins à roulettes — nouveauté pour l'époque — dissimulé sous un drap, et l'on croit la maison hantée par un esprit d'outre-tombe.

Cette année-là, le Prince Impérial devient l'idole des Anglais. À la table de la reine Victoria, à qui l'on parle toujours à voix basse, comme dans un murmure, quelqu'un demande à Louis :

— Vous n'avez pas peur de la Reine ?

— Pourquoi, mon Dieu ? Nous nous aimons beaucoup.

Il est invité partout, à toutes les réunions, à tous les banquets, celui des Ingénieurs, celui de la Presse. Chaque fois, il porte des toasts qui émerveillent les auditeurs. Ainsi, au banquet du Royal Artillery :

— Grâce à l'amabilité de l'Angleterre, j'ai pu continuer la tradition de ma famille, qui a toujours été une famille d'artilleurs. Je suis fier d'avoir eu pour compagnons les fils d'hommes qui ont combattu bravement avec nous sur tant de champs de bataille. Et je ne pourrai jamais oublier ces années passées à Woolwich.

Sa popularité grandissante comble de fierté le cœur maternel d'Eugénie, mais la relègue au second plan. Il devient la coqueluche des femmes mariées ; il les traite avec une exquise indifférence, mais toutes sont séduites par son entrain diabolique. À la chasse, on le voit souvent caracoler aux côtés de l'impératrice d'Autriche *, séduite par son long visage ovale et son allure d'hidalgo, et par sa manière soudaine de passer de la tristesse à la gaieté. S'il est triste ou déçu, ses yeux bleus semblent se vider de leur couleur, mais lorsqu'il est gai, ils ont un éclat extraordinaire. Elle s'amuse de le voir passer sans cesse de la retenue au désir ardent de briller, et de la mélancolie à l'agitation. Sissi et Louis, cavaliers infatigables, sautent des obstacles que tout le monde contourne.

Un jour, Louis va au concours hippique avec un groupe élégant, où figurent le prince et la princesse de Galles. Il y a au programme une exhibition d'étalons ; le plus remarquable est un animal de toute beauté, mais qui a l'air bien difficile et même dangereux à manier ; on murmure que personne n'a encore réussi à le monter et cela n'est guère surprenant. « Eh bien ! je parie que j'y arriverai », lance quelqu'un. C'est Louis, naturellement. Sans que personne lui ait rien demandé, hop, il saute les cordes et bondit en jaquette et chapeau haut de forme sur le dos de l'étalon. La bête semble enragée, elle

* L'impératrice Élisabeth d'Autriche, dite Sissi.

donne de méchantes ruades, envoie en l'air de grosses mottes de terre et semble chercher par tous les moyens à se débarrasser de son cavalier. Mais Louis gagne son pari et finit par mettre le cheval à l'amble. L'assistance applaudit, à l'exception de quelques aristocrates : cela ne se fait pas de se donner ainsi en spectacle.

L'été suivant, en 1878, Louis entreprend un voyage en Scandinavie. C'est un triomphe personnel. Les rois le reçoivent comme si son père était encore sur le trône. Tout le temps de son séjour à Copenhague, il est l'objet des plus grands égards ; le drapeau français flotte sur le toit de son hôtel, une voiture de la Cour est mise à sa disposition pour ses déplacements et les soldats de la Garde lui rendent les honneurs comme à un membre de la famille royale. Lorsqu'il part pour la Suède, le prince héritier vient le conduire au bateau et reste sur le quai jusqu'au moment du départ. Après le Danemark, c'est la Suède, où sa marraine, la reine Sophie, se montre ravie. Louis est en verve, crie et chante tout le temps, mais c'est surtout à table qu'il la fait rire, en posant sans cesse, avec un parfait naturel, des questions difficiles au roi Oscar :

— Combien de temps, Sire, faut-il à un navire pour mettre en route sa machine à vapeur ?

— Dix minutes, répond le Roi, qui n'a aucune idée sur la question.

Et, comme Louis ne paraît pas satisfait de la réponse, le souverain se sent obligé de se renseigner ; en découvrant que cela prend au moins une heure et quart, il se dit ravi d'avoir appris quelque chose.

La famille royale l'emmène en croisière à Oslo, où une réception est préparée. C'est si drôle de voir le Prince Impérial, petit, mince et pâle, à côté de son oncle suédois, un géant coloré. À bord du yacht, il fait chaud ; les passagers, exposés au soleil, somnolent doucement, lorsque Louis se lève :

— Je vais me baigner.

— Désolé, réplique le roi. C'est impossible, il faudrait

arrêter le bateau. Cela nous mettrait en retard et on nous attend à Oslo.

C'est mal connaître Louis. Il n'en fait qu'à sa tête, court à la poupe, se déshabille et plonge tout nu dans les eaux du fjord. Mais il a beau nager comme un poisson, il finit par se laisser distancer par le yacht. Le roi Oscar se sent obligé de faire arrêter le moteur ; puis, pour ramener le Prince Impérial, il charge un aide de camp de plonger à son tour. Celui-ci s'exécute aussitôt ; mais en le voyant approcher, Louis s'amuse à disparaître sous l'eau pour reparaître de l'autre côté du bateau. Ce petit jeu déchaîne l'hilarité générale ; à bord, plus personne ne garde son sérieux, ce ne sont que grands éclats de rire. Les trois fils du roi, les jeunes princes Gustave, Carl et Eugène, se déshabillent et plongent à leur tour. Et, tandis que leur père fait les cent pas sur le pont, toute cette belle jeunesse s'amuse dans l'eau pendant une bonne demi-heure.

D'Oslo à Stockholm, on rentre par le train. Sur tout le trajet, Louis est acclamé. Même en pleine nuit, les quais des petites gares sont combles de gens qui crient : «*Hoch ! Hoch ! Hoch !*»

Ce voyage met Louis tellement en joie que, le matin, il s'enhardit à grimper par la fenêtre sur le toit de son wagon. Il fait ainsi son entrée dans une gare assis sur le toit et s'amuse à observer comment l'aide de camp laissé à sa place dans la voiture royale se débrouille avec les bouquets de fleurs des admiratrices. Puis il se livre avec elles à une bataille de fleurs.

Louis se demande pourquoi on le cajole à l'étranger et on le dénigre en France. La propagande républicaine, qui continue de traiter son père de «lâche de Sedan», l'appelle lui-même «Gringalet» ou encore «Oreillard» à cause de ses oreilles un peu trop longues. Tout cela le blesse cruellement. Dans son parti même, certains lui reprochent sa timidité. C'est le cas de son ami Eugène Loudun.

En le recevant, Louis commence par lui dire :

— Si je reviens par l'Appel au Peuple...

Après un temps d'arrêt, il ajoute en souriant :

— Ce qui n'est pas probable...

Alors, Loudun, enchanté, s'exclame :

— Ah, Prince, combien vous me faites plaisir ! Vous voyez la vérité : une nation ne choisit pas son gouvernement, elle se prend. Il est une loi historique invariable : les révolutions ne finissent et les gouvernements ne s'établissent que par un seul procédé : la force !

— Dans l'état actuel du pays, répond Louis, le nombre seul fait la force. On ne peut songer à convaincre la masse, parce qu'elle suit et ne raisonne pas. Le peuple est prodigieusement inférieur aux classes privilégiées et le développement des sciences et de l'industrie creuse cet écart de jour en jour. Les masses ne doivent avoir le droit de vote qu'une seule fois : pour dire « oui » le jour du plébiscite. Ensuite, elles doivent retourner au silence ; il faut interdire l'opposition, acheter tous les journaux. La presse n'est pas un instrument d'information, c'est un moyen de popularité. Car il faut constamment plaire au peuple, et, de tous les tyrans, le tyran populaire est celui qui supporte le moins la vérité.

— Mais si vous ne gouvernez pas avec les élus du peuple, sur quelles élites vous appuierez-vous ?

— Sur l'armée, la magistrature et le clergé. Ceux-là ont pour unique ambition le service de l'État. Et je veux en finir avec les politiciens, dont le métier consiste à exploiter l'ineptie populaire.

— Monseigneur, pourquoi alors ne donnez-vous pas d'impulsion plus vigoureuse au parti ?

— C'est que je dois être un homme avant de devenir empereur ; seuls le temps et l'étude peuvent m'y préparer.

— Quand reviendrez-vous en France ?

— Je suis français jusqu'à la moelle mais je ne remettrai les pieds en France que pour y commander. Je suis trop fier pour me résigner à coudoyer dans la rue un tas de gens qui autrefois criaient « Vive l'Empereur ! » à notre passage et qui maintenant sont devenus indifférents.

Cependant, si celui que ses partisans appellent Napoléon IV

a l'âme d'un despote éclairé, il n'a pas, comme son père, celle d'un conspirateur. Napoléon III, lui, n'aurait jamais manqué une occasion d'aider le destin. Or, certains voient dans l'Exposition universelle — qui, en 1878, se tient à Paris — une occasion propice pour tenter un coup d'État en France. C'est bien l'avis d'une députation de bonapartistes qui se fait annoncer à Chislehurst. Mais Louis a puisé dans le souvenir de la Commune l'horreur de la guerre civile. De plus, il juge que le moment n'est pas venu et il a trop le sens de la dignité pour risquer un échec qui le tournerait en dérision. Il ne se lancera que le jour où il aura la preuve que le pays est prêt à le recevoir. Car il est persuadé qu'avec le temps un jour viendra où la France comprendra qu'elle a besoin d'un soldat et non d'un habit noir.

Alors, en recevant ses partisans, il les laisse parler, les écoute avec attention :

— Monseigneur, vous êtes devenu, comme « l'Autre », un personnage de légende. Vous êtes le symbole de la jeunesse et de l'espérance. Dans les campagnes, votre portrait est accroché aux murs. Beaucoup s'attendent à votre retour. Si vous débarquez en France, le prestige des Bonaparte entraînera le pays derrière vous. L'expérience a montré que le nom de Napoléon est une force. C'est à la fois une gloire nationale, une garantie révolutionnaire et un principe d'autorité.

Il se fait un silence, on attend sa réponse.

— Messieurs, dit-il, examinons la situation avec réalisme et demandons-nous ce qui se passera si je suis vos conseils. À Paris, je descends dans un hôtel, il y a une manifestation sous mes fenêtres et quelques pauvres diables sont emmenés au poste pour avoir crié « Vive l'Empereur ! ». Et le lendemain, à l'aube, un commissaire de police et deux agents en civil viennent me cueillir pour me reconduire à la frontière. Vous me dites que je dois me faire connaître en France ; si la France ne me connaît pas, est-ce bien la bonne manière de me présenter ? Non, messieurs, soyez sûrs que j'irai en France quand l'heure sera venue, mais, cette heure, c'est moi qui la choisirai.

Et, de retour à Paris, les délégués déclarent :
— Il ne vient pas, mais nous avons un souverain.

Hélas, les bonapartistes sont peu à peu écartés de l'Administration. On les élimine des préfectures et de la magistrature ; dans l'armée, mutations, défections et mises en disponibilité font un terrible vide autour du jeune Prince Impérial. Isolé entre des adversaires ardents et des amis maladroits, il se tient trop sur la réserve. Il reste bien, sous l'étiquette de l'Appel au Peuple, quatre-vingt-dix députés et cinquante sénateurs, mais, indisciplinés, ils se divisent sur les votes essentiels : ainsi, pour la succession du maréchal de Mac-Mahon, trente voix bonapartistes se portent sur le nom du républicain Grévy. Que signifie ce vote ? Personne ne le sait.

Pourtant il y a, au domicile de Rouher, des réunions où députés et sénateurs viennent chercher un mot d'ordre, une ligne de conduite. Parfois, Rouher tire de sa poche une lettre qu'il a reçue de Camden Place et en commence la lecture ; tous écoutent attentivement : enfin, ils vont recevoir des directives ; hélas, souvent, c'est le Prince qui demande leur avis et sollicite des conseils.

Grévy succède à Mac-Mahon à la présidence de la République, et Gambetta remplace Grévy à la présidence de l'Assemblée ; force est de constater que ces transferts de pouvoir s'effectuent dans le calme, voire l'indifférence. Alors Louis se désespère de jouer un rôle dans un proche avenir et se lasse de son personnage de prétendant platonique. Et, peu à peu, il se retire de l'action politique.

3

« Comme un lion »

Cependant, beaucoup de ses amis poussent Louis à se distinguer par une action d'éclat ; et puis il se rappelle ce mot de son père : « Il vaut mieux ne pas réussir et qu'on parle de vous, que de ne rien faire et qu'on vous oublie. » Il a soif de sentir la poudre et de démontrer par quelque glorieux fait d'armes qu'il est le digne héritier des Bonaparte. D'ailleurs, il ne peut plus supporter le caractère autoritaire de sa mère et, sachant qu'il n'aura jamais le courage de l'affronter ouvertement, une seule solution s'offre à lui : partir pour un pays lointain. Quand il reviendra, le temps aura fait son œuvre, il ne sera plus Loulou mais Napoléon.

D'abord, le Prince Impérial demande à aller se battre au Tonkin, mais, naturellement, il essuie un refus du gouvernement de la République. Quelle déception ! Alors, pour montrer qu'il est bon à quelque chose, il cherche une autre occasion et croit la trouver le jour où l'Autriche-Hongrie annexe la Bosnie-Herzégovine ; cette affaire ne manquera pas, pense-t-il, de susciter une réaction des populations occupées, voire des Turcs ; avec un de ses cousins, Napoléon Roccagiovine, qui, comme lui, ne rêve que plaies et bosses, il imagine de s'enrôler dans l'armée autrichienne.

Eugénie commence par faire des objections :

— Qu'iras-tu faire sous l'uniforme autrichien, toi, le fils du vainqueur de Solferino ? Veux-tu donc ressembler au duc de Reichstadt ?

— Justement pas, maman ; je ne veux pas m'étioler et mourir d'ennui comme lui.

— Écoute-moi. Si tu ne te bats pas, tu passeras ton temps dans une garnison autrichienne à jouer au billard ou à faire la cour à une chanteuse italienne. Et si tu te bats, ce sera contre ces pauvres Turcs qui sont les alliés de la France. Ou — sait-on jamais, tant la politique a des soubresauts étranges dans les Balkans — contre les Russes, contre le Tsar qui a été si aimable avec toi, il y a tout juste quatre ans.

Mais Louis ne cède pas. Il écrit à l'empereur François-Joseph, lui offre de servir comme volontaire et demande même à sa mère un mot de recommandation pour appuyer sa demande. Presque par retour de courrier, il reçoit une réponse et se précipite pour l'ouvrir : « L'Empereur est sensible à sa démarche, mais il n'a pas besoin de ses services. » Peut-être François-Joseph n'a-t-il pas apprécié l'assiduité du Prince Impérial auprès de l'impératrice Élisabeth. Pour le pauvre garçon, qui ne s'attendait pas à être éconduit, c'est une nouvelle déception.

— Vous voyez, dit-il à sa mère, rien ne me réussit.

Mais, tandis que Louis, condamné à l'inaction, ne cesse de broyer du noir, Eugénie, au contraire, se sent soulagée et confie à une amie :

— C'est avoir de la chance que de manquer cette sottise.

Pour échapper à la monotonie d'Aldershot, Louis va souvent à Londres. Il s'est fait installer une chambre près de Regent Street, chez Dumont, le coiffeur à la mode. Un lit, une armoire, une table, un fauteuil et quelques chaises. « Un vrai logement de sous-lieutenant », dit-il en riant. Là, il peut recevoir ses amis, donner ses rendez-vous, et venir s'habiller lorsqu'il est invité. Là aussi, il fait adresser ses lettres particulières.

Un jour, dans le train, comme il lit un journal anglais, Louis voit monter dans son compartiment une jeune rousse qui vient s'asseoir sur la banquette en face de lui. Il la regarde à la dérobée. Plusieurs fois déjà, il a remarqué ce visage frais, rieur, un rien moqueur et cette gorge prometteuse. Mais, cette fois, il se sent troublé comme il ne l'a jamais encore été par une femme. Pourtant il ne peut se résoudre à engager la conversation. Ne sachant trop que faire, il feint de se replonger dans sa lecture. Arrivés à Londres, les deux jeunes gens vont reprendre chacun son chemin sans s'être encore adressé la parole. C'est la jolie rousse qui vient à l'aide de Louis, en le dévisageant avec insistance et en lui adressant un sourire complice. Alors, en descendant du train, il s'enhardit :

— Serait-il indiscret, mademoiselle, de vous accompagner ?

Elle sourit à nouveau, intéressée par son air mélancolique et distingué, mais fait mine d'hésiter. Il insiste :

— Dites oui !

— Eh bien, oui.

Louis accompagne la belle inconnue jusqu'à un petit square devant la Tamise. Elle se laisse guider vers un banc. L'endroit est presque désert, malgré la rumeur que fait la ville autour d'eux. Il laisse parler sa compagne et l'écoute avec beaucoup de curiosité : elle lui fait entrevoir un monde qu'il connaît peu. Elle s'appelle Lottie et travaille comme vendeuse dans un magasin de modes ; c'est justement son jour de congé. Elle a vingt ans et n'en est peut-être pas à sa première aventure. Cependant, elle aussi paraît intriguée par l'extrême politesse du jeune homme et par son léger accent étranger.

— Je ne sais même pas votre nom, remarque-t-elle soudain.

Malgré son émoi, Louis réussit à garder le secret de son identité.

— Louis Walter, répond-il sans se troubler.

Tout à coup, au-dessus d'eux, l'horloge de Westminster emplit l'espace de ses coups martelés. Midi.

— J'ai faim, dit Lottie.

— Où allons-nous ? demande Louis.

— Et si l'on entrait là, tout simplement ?

Elle indique, au coin de la rue, un petit restaurant. En sortant, ils reprennent le chemin de la gare. Il l'accompagne en silence, mais il brûle de lui prendre les mains. Elle vole à son secours en l'entourant soudain de ses bras et en se pelotonnant contre lui.

— Ah, vous n'êtes pas comme les autres !

Louis et Lottie se revoient, sont amants près d'un an et abritent leur bonheur secret dans la petite chambre chez Dumont. Louis parvient à protéger son anonymat. Un jour où Lottie découvre à l'étalage d'un marchand de photographies le portrait du Prince Impérial, elle est frappée par sa ressemblance avec son jeune amant et lui en fait la remarque. Louis rougit ; mais bientôt, reprenant son sang-froid :

— Laisse donc, dit-il, ce n'est pas la première fois qu'on me parle de cette ressemblance.

Pourtant, Lottie, en essayant de le faire parler, réfléchit, rapproche des détails, des dates, cherche à comprendre, s'étonne et s'applique à ne pas le montrer.

Souvent, ils aiment se promener ensemble au bord de la Tamise et regarder le fleuve rouler, presque invisible, dans le brouillard. Les bateaux passent comme des fantômes. Tous deux cherchent à pénétrer le mystère des formes noyées dans l'espace ouaté de gris, les ponts comme suspendus dans le vide, les fumées vite effacées des trains. À la belle saison, ils vont parfois jusqu'à Richmond louer une barque. Là, les îles, au milieu de la Tamise, sont entourées de saules, où ils peuvent amarrer leur embarcation. Ils s'étendent l'un près de l'autre, au fond du bateau. Ainsi fuient les heures, puis le soir tombe, et, des barques innombrables qui encerclent les îles, monte un long bruissement de rires, de soupirs et de chants.

Pourtant, un jour où Lottie dégrafe son corsage, Louis lui en veut presque du désir qu'elle lui inspire. Tandis que, pressée contre lui, le cœur bondissant, elle est prête à tomber à ses pieds et à étreindre ses genoux, lui-même sent chaque seconde son pouls battre moins vite. Il a l'esprit ailleurs, pense à ses amis de la batterie, tous partis au Zoulouland. Quelle chance ils ont, ceux-là, de courir l'aventure ! Ah, s'évader de cette existence d'exilé, courir des risques, réaliser la force qui est en lui ! Il est tellement hanté par ses rêves de gloire qu'il répète à Lottie qu'elle entendra bientôt parler de lui. Et, pour un peu, il manque de se trahir et de dévoiler son secret. Finalement, Louis s'assied au bord du lit et, d'une voix lasse, déclare à Lottie qu'il doit faire un long voyage d'affaires en Afrique. Puis il s'engage dans des explications et, au fur et à mesure qu'il parle, il se met à prendre un peu d'assurance :

— Mais, demande Lottie, cela peut être réglé assez vite ?

— Oui et non.

— Quoi ? Un mois ?... Plus ?... Deux ? Sa voix tremble : Trois mois ?

— Oui.

Elle ébauche un mouvement vers lui et, d'une voix humble, murmure :

— Louis... Tu ne partiras pas comme ça tout de suite ? Dis ?

— Pas tout de suite, non... Mais bientôt, avoue-t-il.

Lottie est réceptive et sensible à tout ce qui émane de son amant. Ce jour-là, à la façon inattentive dont les mains de Louis vont et viennent sur elle, elle comprend tout. Elle a l'intuition que leurs liens sont à jamais rompus et que, pour lui, elle ne compte pas. Sans espoir, elle se détache brusquement de lui et le regarde dans les yeux. Il n'a pas le temps de lui dérober la sécheresse de son regard. Et, cette fois, elle a bien la certitude que tout est perdu, irrémédiablement. Résignée, vaincue, elle laisse deux grosses larmes glisser lentement sur ses joues.

Que s'est-il donc passé ? Un soir de février 1879, au sortir d'un de ses rendez-vous avec Lottie, Louis, après l'avoir reconduite quelques pas, est allé à Charing Cross prendre le train de Chislehurst. Là, les camelots criant les journaux du soir ont annoncé une nouvelle incroyable : en Afrique australe, cinq cents soldats britanniques du 24e d'infanterie, le Sud-Gallois, et six cents auxiliaires indigènes ont été surpris, encerclés et massacrés jusqu'au dernier. Par des Zoulous ! Leurs corps sont livrés à tous vents. Le drapeau est aux mains de l'ennemi, ainsi que deux canons, mille fusils, cent chariots de vivres et de munitions. Quelle honte ! Le gouverneur anglais en poste au Cap, sir Bartle Frere, a certainement sous-estimé la valeur militaire de ces sauvages. Trop sûr de lui, il s'est imaginé pouvoir étendre la sphère d'influence anglaise vers le nord jusqu'aux possessions portugaises, et, pour cela, il a tenté de soumettre ces tribus indépendantes. Le gouvernement de Disraeli a bien répété les consignes de modération, de prudence. Mais Frere a cru pouvoir profiter de l'absence de liaison télégraphique entre Le Cap et Londres pour n'en faire qu'à sa tête. Le 11 janvier, il a fait franchir la frontière du Zoulouland à une armée de dix-sept mille hommes. Et ce qui devait être une simple promenade militaire s'est terminé, onze jours plus tard, par le désastre que l'on sait.

C'est un coup terrible pour l'Angleterre. Disraeli n'aime pas les guerres africaines. Il juge que la nation n'a rien à gagner à provoquer les Zoulous et reproche à Frere d'avoir envahi le Zoulouland d'un cœur léger, sans connaissance du pays et sans préparation. Mais Londres, mise devant le fait accompli, n'a plus qu'à envoyer des renforts. Il ne s'agit plus seulement d'annexer le Zoulouland, mais de préserver l'existence des colonies du Natal et du Transvaal. Durban même est menacée.

Dans la bibliothèque de Camden Place, Mr. Strode a laissé un ouvrage traduit du portugais, les *Voyages dans l'Afrique australe*. Aussitôt, Louis s'y plonge et apprend que les Zoulous sont de redoutables tribus guerrières qui se prétendent les enfants de la foudre. C'est la plus importante et la plus fière des tribus cafres. Pour tout vêtement, les hommes portent une noix de coco devant le sexe et deux petits carreaux de peau de bœuf soutenus par une ficelle. Ils tracent des sillons dans leur épaisse chevelure, ce qui leur donne l'apparence de coqs noirs à plusieurs crêtes parallèles. Ils se distinguent des autres Cafres par leurs larges narines et par l'énorme trou dont ils se percent les oreilles ; c'est dans un de ces trous que le Zoulou passe sa pipe lorsqu'il en possède une ; la seconde oreille supporte généralement une petite corne creuse où il garde avec soin les quelques bribes de tabac qu'il peut se procurer.

D'après cet ouvrage, les femmes ont à quinze ans des formes admirables, mais, après quelques mois de mariage, les seins tombent jusqu'à la ceinture. Selon la beauté et le rang, une jeune fille vaut dix à vingt bœufs que le mari doit payer au père le jour du mariage. Cependant, la jeune mariée n'est acceptée qu'après expertise contradictoire ; si la virginité n'est pas au rendez-vous, la malheureuse est mise à mort par son père en personne. Les Zoulous délaissent généralement leur femme après la naissance du premier enfant ; avec quelques bœufs, ils s'achètent une seconde vierge, et ainsi de suite jusqu'à ce qu'ils veuillent faire des économies. La femme zouloue porte les fardeaux, cultive et récolte le maïs ; le mari s'occupe des bœufs, signe de sa richesse. Les Zoulous habitent les kraals ; ce sont des hameaux de huttes en paille disposées autour d'une enceinte circulaire en pierre, d'à peu près un mètre de haut, où chaque soir on enferme les bœufs.

Louis referme le livre. En apprenant que sa batterie d'Aldershot a été désignée pour partir, que ses camarades Bigge et Slade ont déjà reçu leur feuille de route, il brûle de s'embarquer aussi pour l'Afrique, afin, dit-il, de «témoigner sa gratitude à la Reine». C'est plus qu'un souhait, cela devient une obsession, si bien que, lorsque le lieutenant Woodhouse vient à son tour à Camden Place faire ses adieux précipités, Louis ne dit mot mais, dès le départ de son ami, il prend le train suivant pour Londres. Et, le jour même, il dépose chez le ministre de la Guerre une demande pour l'Afrique.

Le soir, de retour à Camden Place, Louis se montre surexcité. Il ne tient plus en place, va et vient, remue les chaises, sifflote, s'assied au piano pour jouer un air militaire et s'interrompt pour faire un tour dehors. Sans doute est-il déchiré. D'un côté, tout à la joie de partir ; de l'autre, ne sachant comment affronter sa mère pour lui annoncer la nouvelle. Comment va-t-elle prendre la chose ? Justement, l'agitation de son fils intrigue Eugénie :

— Qu'as-tu donc ce soir ? Qu'est-ce qui t'arrive ?

— Quelque chose, mais je ne vous le dirai que plus tard.

— Quand donc ?

— Demain seulement. Si je vous le disais ce soir, cela vous empêcherait peut-être de dormir.

C'est en dire trop et pas assez. Après le départ des invités, l'Impératrice revient à la charge dès qu'elle se trouve seule avec lui :

— Tu crois qu'avec cela, je pourrai dormir ? Mais je vais me figurer des choses affreuses… par exemple ton départ pour l'Afrique !

— Vous avez deviné, maman. J'ai adressé une demande au duc de Cambridge pour servir au Zoulouland comme mes camarades.

Sa mère a un choc. Mais Louis sait qu'elle ne se laissera pas abattre sans réagir. Alors, il ajoute :

— Attendez demain, je vous en prie. Je vous dirai mes raisons et j'écouterai les vôtres. Elles auront d'autant plus de poids que vous y aurez plus longtemps réfléchi.

Le lendemain, Louis, d'habitude réservé dans ses paroles, s'échauffe au fur et à mesure qu'il parle à sa mère :

— Je n'ai pris l'avis de personne. Mes raisons sont toutes politiques. Par ma naissance, je suis le chef d'un grand parti que nous croyons représenter, vous et moi. Mais je n'ai rien fait encore pour justifier les espoirs qu'il a placés en moi. Personne ne me respecte. Mes propres partisans me traitent comme un enfant. On ne me prend jamais au sérieux lorsque je tente de diriger le parti. Chaque fois que je donne un ordre, on fait exactement le contraire. Pour la foule, je suis toujours « le petit prince ». Voulez-vous que, toute ma vie, je reste ce « petit prince » ? Que je reste les pieds au chaud, tandis que les Orléans, eux, ont fait la guerre ? Tant que je resterai ici à tourner en rond, on répétera ces sornettes. C'est à moi, à moi seul, de montrer à mes détracteurs qu'ils se trompent. Et ici, je n'ai aucun moyen de leur prouver ce que je vaux.

Sa mère tente de l'interrompre :

— Je suis seule pour te défendre. Ah, si ton père était là, il ne te laisserait pas partir.

— Non, maman, non. Ce n'est pas en tapant sur le ventre des journalistes que je me mettrai en vue. Ni en écrivant de beaux discours pour vanter je ne sais quel élixir politique. Et encore moins en faisant le tour de l'Europe, pour aller, comme les princes des contes de fées, regarder sous le nez toutes les princesses à marier. Je veux voler de mes propres ailes et non me les faire couper. D'ailleurs, toutes les mondanités m'ennuient profondément. Maman, je ne suis pas un homme de salon, je suis un soldat et, lorsqu'on est soldat, c'est le fer en main que l'on se fait connaître.

Il est partagé entre la gêne de causer du chagrin à sa mère et le soulagement de s'être débarrassé de son secret. Cependant Eugénie, pour combattre le projet de son fils, trouve un argument habile. Elle tente de lui démontrer qu'étant chef de parti, il ne s'appartient plus : il représente une cause et cela doit passer avant toute chose.

— Tu parles comme un officier anglais. Et la France ? Tu oublies la France. Que vont dire tes partisans, en apprenant que tu les abandonnes pour aller au loin, sous un uniforme étranger, combattre des Zoulous ? Quel honneur y a-t-il à tirer au canon sur des sauvages à moitié nus ? Et, s'il t'arrive malheur dans cette misérable brousse africaine, que dira-t-on ? Que tu es tombé en héros ? Non. Ce n'est pas de la pitié que l'on aura pour toi, mais de la colère.

— Je n'oublie pas la France. C'est pour qu'elle sache enfin qui je suis que je veux partir. Vous vous rappelez comme, après Sarrebruck, on s'est moqué de « l'Enfant à la balle ». Eh bien, les Français verront que « l'Enfant à la balle » est devenu un homme, et un homme qui n'a pas peur.

Maman, de toute façon, ma décision est prise. Tant qu'un seul officier de ma batterie restait en Angleterre, je pouvais y rester moi-même avec honneur. Mais quand Woodhouse est venu à son tour me faire ses adieux, j'ai pris mon parti. Comment pourrais-je reparaître à Aldershot lorsqu'ils seront tous en Afrique ? On dira que je suis un lâche. Ah ! maman, j'ai toujours en tête les injures infâmes déversées depuis Sedan sur la mémoire de papa. Je n'en parle jamais, mais vous, maman, vous savez que j'y pense toujours. Jamais je n'aurai de cesse que j'aie prouvé au monde qu'un Napoléon sait se battre. Fût-ce au prix de son sang. De mon sang. Et, s'il le faut, comment un Napoléon sait mourir.

En son for intérieur, Eugénie est fière de son enfant : il est bien comme elle. Elle comprend enfin que son autorité finit par être néfaste à Louis. Jamais il ne sera en mesure de faire face à son destin national si elle n'accepte pas la décision qu'il vient de prendre seul. Elle le sent courageux, sans doute reviendra-t-il en héros. Elle a voulu en faire un homme et il l'est devenu. La raison d'État finit par l'emporter chez elle sur la raison du cœur, ce qui est conforme à sa nature. Elle se tait et s'en remet au destin. Mais c'est une dure épreuve, dont témoignent ces quelques lignes, adressées à Mme de Montijo le 25 février :

« Ma vie, traversée déjà par tant d'émotions, va s'écouler plus difficilement, suspendue au fil télégraphique. Plains-moi, chère mère, car rien n'est plus terrible que l'inquiétude et elle va être le compagnon de mes jours et de mes nuits. »

Pourtant, Louis ne serait jamais parti en Afrique sans l'intervention personnelle de cette mère qui prie avec ferveur pour qu'il reste avec elle. En écrivant au duc de Cambridge, chef des armées, il n'a pas imaginé une seconde qu'il reçoive, comme l'année dernière de l'empereur d'Autriche, une réponse négative. Or, deux jours après que Louis a déposé sa requête, Eugénie le voit si pâle qu'elle le croit près de s'évanouir. « On ne veut pas de moi », avoue-t-il. Il fond en larmes et adjure sa mère de l'aider, d'intercéder pour lui. L'Impératrice en est bouleversée ; jamais, même enfant, elle ne l'a vu pleurer. Alors elle oublie tout : la politique, le Troisième Empire, ses propres inquiétudes, et lui promet de faire son possible. Et, de fait, elle écrit aussitôt à la Reine.

Louis, de son côté, entreprend une démarche auprès de sir Lintorn Simmons, le gouverneur de la Woolwich Academy, qui juge sa demande fort naturelle et promet de plaider en sa faveur. Ainsi encouragé, Louis adresse une nouvelle lettre au duc de Cambridge.

« Le 21 février 1879.

Monseigneur,

Je viens de recevoir la lettre que vous m'avez écrite. Avant de vous dire toute la peine qu'elle m'a causée, je tiens à remercier Votre Altesse Royale de la flatteuse approbation qu'elle donne aux motifs qui ont déterminé ma démarche. J'eusse été heureux de partager les fatigues et les dangers de mes camarades qui, tous, ont le bonheur de faire campagne. Quoique je ne sois pas vaniteux au point de croire que mes services pouvaient être utiles à la cause que je voulais servir, je trouvais toutefois, dans cette guerre, l'occasion de témoigner ma reconnaissance envers la Reine et la Nation d'une façon qui plaisait à mon caractère. Lorsqu'à Woolwich et, plus tard à Aldershot, j'eus l'honneur de porter l'uniforme anglais, j'espérais que ce serait dans les rangs de nos alliés que je ferais mes premières armes. En perdant cet espoir, je perds une des consolations de mon exil. Je n'en reste pas moins profondément dévoué à la Reine et profondément reconnaissant à Votre Altesse Royale de l'intérêt qu'elle m'a toujours témoigné. Je vous prie de croire aux sentiments de sincère attachement de votre bien affectionné

Napoléon. »

Victoria se montre aussitôt favorable à cette requête. Mais, par acquit de conscience, elle consulte son Premier ministre, Disraeli. Celui-ci s'oppose formellement au projet :

— Nous risquerions, Majesté, d'offenser inutilement le gouvernement français.

Alors, Eugénie, maintenant tout feu tout flamme du côté de Louis, va en personne voir le duc de Cambridge :

— Mon fils veut profiter d'une occasion. Il croit qu'elle le servira, lui et la cause qu'il représente. Il a pris seul cette grande détermination, lui seul pouvait le faire. Je ne sais ce que la Providence nous réserve, en tout cas, cela prouve qu'il sait faire ce qu'il a résolu. L'inaction lui pèse. L'exil est d'autant plus triste qu'il assiste de loin à tout ce qui se passe. En voyant partir l'armée anglaise, il désire la suivre, partager ses fatigues, peut-être ses dangers. Il vit dans le secret espoir que le nom de Napoléon soit un talisman et il cherchera par tous les moyens l'occasion de le bien porter.

— Je comprends ce que ressent votre fils, répond le duc, subjugué par l'Impératrice, et il accepte.

Il ne reste plus qu'à négocier les détails : Louis ne partira pas comme officier britannique mais « en qualité de témoin ». Il embarquera en civil et ne revêtira l'uniforme qu'une fois arrivé en Afrique ; il ne sera pas affecté à une unité combattante mais tout au plus à l'état-major. Ce n'est pas exactement ce qu'il souhaite, qu'importe ; une fois là-bas, il verra bien. Une seule chose compte : partir.

— Ma position est presque officieuse, dit-il. Je pars pour Le Cap en simple voyageur. Ce n'est qu'à mon arrivée que je serai attaché à l'état-major. J'ai fini par l'emporter, avec toutes sortes de restrictions.

Disraeli est furieux de cette décision :

— Je ne m'explique pas le départ de ce petit avorton de Prince Impérial. Je croyais que nous étions convenus d'interdire cette aventure. Au lieu de quoi, le voilà reçu par la Reine avant de partir. Que dois-je faire ? Sa Majesté sait bien le peu de sympathie que j'éprouve pour les Bonaparte. Mais que peut-on faire contre la volonté de deux femmes obstinées ?

Louis reçoit enfin l'autorisation demandée. Dans Saint James Street, il aperçoit sur le trottoir d'en face un ancien camarade de Woolwich. Surexcité, il court à lui, manque d'être renversé par un cab, puis, l'ayant rattrapé, lui dit, essoufflé :

— J'ai voulu vous annoncer la bonne nouvelle : je sors du War Office, ça y est, j'ai mes ordres, je pars.

Il rayonne.

Dès lors, tout se précipite. Trois ou quatre jours lui suffisent pour faire ses préparatifs, prendre congé de la Reine à

Windsor et embrasser ses vieux amis. Le *Danube*, paquebot à destination de l'Afrique du Sud, part le 28 février, Louis décide d'y retenir une place ; le capitaine, aimablement, lui offre sa cabine.

Louis a annoncé sa décision à sa mère : c'était le premier pas, le plus difficile, voilà qui est fait. Il reste à informer ses partisans : il choisit pour cela d'adresser une lettre ouverte à Rouher en présentant la chose comme un fait accompli :

« Cher Monsieur Rouher,

Je quitte l'Europe, peut-être pour plusieurs mois. Je compte en France trop d'amis fidèles pour garder le silence sur les motifs de mon départ. Depuis huit ans, je suis l'hôte de l'Angleterre. J'ai fait mes études dans une de ses écoles militaires et, à plusieurs reprises, j'ai resserré mes liens avec l'armée britannique en participant à ses manœuvres. La guerre que mène l'Angleterre au Cap depuis plus d'un an devient une affaire sérieuse que je souhaite suivre de près. J'embarquerai dans deux jours.

En France, où, grâce à Dieu, l'esprit partisan n'a pas tué l'esprit militaire, tout le monde comprendra que je ne veuille pas me tenir à l'écart des marches et des dangers que court cette armée où j'ai tant de camarades. Le temps que je consacrerai à ce combat entre la civilisation et la barbarie ne sera pas perdu. Partout où je me trouverai, mes pensées iront à la France. Pendant mon absence, les partisans de l'Empire resteront unis et confiants et continueront de donner au pays le spectacle d'un parti fidèle à sa doctrine et toujours animé du patriotisme le plus ardent.

Croyez, cher Monsieur Rouher, à ma sincère amitié.

Napoléon. »

Louis ne dit pas qu'il n'est pas autorisé à participer aux combats. Mais, en France, tout le monde croit qu'il va se battre et risquer sa vie pour une cause invraisemblable. N'y a-t-il pas là-dessous une histoire de femme ? La rumeur se répand que le Prince Impérial a un projet de mariage avec la princesse Béatrice, que la reine Victoria est favorable à cette union, mais pas le gouvernement. C'est, dit-on, pour lui forcer la main que le Prince a eu l'idée de s'engager pour l'Afrique ; là-bas, il fera des prodiges sous l'uniforme britannique et reviendra couvert de tant de gloire qu'on ne pourra rien lui refuser. Son retour du Zoulouland rappellera le retour d'Égypte de Bonaparte. D'ailleurs, Louis va effectivement à Windsor faire ses adieux à la Reine ; son ami Espinasse l'accompagne en train, mais Louis entre seul au château où il reste une heure et voit la princesse Béatrice. Espinasse, qui l'attend à la gare, le voit revenir étrangement ému et pensif.

Rouher accourt aussitôt à Chislehurst pour tenter à son tour de raisonner Louis et de le faire renoncer à un projet qu'il estime insensé.

— Comment pouvez-vous, Monseigneur, penser un seul instant à risquer votre vie à l'autre bout de la planète au service d'un pays étranger, et pour une querelle si mince ! À tout moment, en France, la situation politique peut vous appeler à ce que vous attendez ardemment depuis la mort de votre père.

— Non, monsieur, il ne se passera rien d'important en France en mon absence. D'ailleurs, les Français ne me respecteront et ne me suivront que s'ils ont confiance en mon énergie. À moi donc de leur prouver que je suis énergique. Si Dieu me protège, dans quelques mois lorsque je reviendrai en Europe, les Français me trouveront davantage à la hauteur de ma tâche et seront mieux préparés à mon retour. Quelle occasion de montrer qui je suis ! Les Français aiment la gloire militaire ; peut-être ferai-je ainsi plus pour l'Empire qu'avec des discours ou des écrits.

Tandis que Rouher tente la démarche de la dernière chance, en France, dans le clan républicain, c'est un débordement de pamphlets, de chansons ordurières, de caricatures, de quolibets : « Le fils de Monsieur son père part pour combattre de loin les Zoulous. »

Un illustré, *La Petite Lune,* publie un dessin injurieux,

agrémenté d'une complainte sur l'air de *Marlborough*: «Bébé s'en va-t'en guerre.»

Mais un journal bonapartiste réplique : «Le Prince Impérial va faire la guerre en Afrique. Il apprendra à combattre les sauvages du Natal et reviendra ensuite dompter les fauves de Paris.»

En apprenant le départ de leur héros, une quinzaine de jeunes Français offrent même de l'accompagner en s'engageant comme volontaires pour la durée de la campagne. Pietri veut aussi partir avec lui et Eugénie propose de faire le voyage jusqu'à l'escale de Madère. Louis refuse tout : il ne peut être question d'emmener des gardes du corps dans un camp britannique. Il s'en ira tout seul avec Uhlmann, son fidèle valet de chambre, qu'il laissera en arrière de la zone des combats, et avec deux ordonnances qu'il engage pour la durée des opérations.

À Camden Place, le dernier soir, Espinasse, le camarade d'enfance, demande à Louis :

— Voulez-vous me montrer votre équipement ?

— C'est celui que mon père portait à Sedan.

— Mais la selle est usée ! Regardez les courroies. Voyez-vous dans quel état elles sont ? Les coutures peuvent craquer.

— Bah, répond Louis, elles feront bien encore cette campagne !

Triste dîner; chacun a le cœur serré en pensant à la séparation. La conversation languit. À minuit, les domestiques, émus, se rassemblent dans le vestibule. Louis leur dit quelques mots de remerciement et serre les mains avec un mot aimable. Puis il s'enferme dans son cabinet et, à vingt-deux ans, il fait son testament :

«1° Je meurs dans la religion catholique, apostolique et romaine, dans laquelle je suis né.

2° Je désire que mon corps soit déposé auprès de celui de mon père, en attendant qu'on les transporte tous deux là où repose le fondateur de notre maison, au milieu de ce peuple français que j'ai, comme lui, bien aimé.

3° Ma dernière pensée sera pour ma patrie. C'est pour elle que je voudrais mourir.

4° J'espère que, lorsque je ne serai plus, ma mère me gardera l'affectueux souvenir que je lui conserverai jusqu'à mon dernier moment.

5° Que mes amis particuliers, mes serviteurs et les partisans de la cause que je représente soient convaincus que ma reconnaissance envers eux ne cessera qu'avec ma vie.

6° Je mourrai avec un sentiment de profonde gratitude pour S.M. la reine d'Angleterre, pour toute la famille royale et pour le pays où j'ai reçu pendant huit ans une si cordiale hospitalité.

7° Je constitue ma mère bien-aimée, l'impératrice Eugénie, ma légataire universelle, à charge pour elle de verser 200 000 francs au prince Joachim Murat; 100 000 à M. Pietri; 100 000 au baron Corvisart; 100 000 à M. Filon; 100 000 à Mlle de Larminat; 100 000 à chacun de mes trois vieux amis, Conneau, Espinasse et Bizot; de constituer une pension viagère de 10 000 francs au prince Lucien Bonaparte, une de 5 000 à M. Bachon, une de 2 500 à M. Uhlmann. Je désire que mes autres domestiques continuent de percevoir leurs gages.

8° Je lègue à ma mère le dernier uniforme que j'aurai porté. »

Le testament s'achève par un codicille politique :

« Les devoirs de notre Maison ne s'éteignant pas avec ma mort, la tâche de continuer l'œuvre de Napoléon Ier et de Napoléon III incombera au fils du prince Napoléon; et je fais confiance à ma mère bien-aimée pour l'aider de tout son pouvoir. Pour nous qui sommes disparus, ce sera la dernière preuve de son affection. Je nomme MM. Rouher et Pietri mes exécuteurs testamentaires. »

Ainsi Louis décide-t-il d'écarter, d'ignorer, d'exclure le prince Napoléon en le remplaçant d'autorité par son fils aîné. Pas un mot non plus pour Lottie, la petite Anglaise qui lui a pourtant donné un an de bonheur.

Cette nuit-là, personne ne dort. La tempête souffle sur la Manche. On entend gémir les grands cèdres. C'est comme l'annonce d'un malheur. Lorsque, le matin du 27 février, Pietri entre de très bonne heure dans le cabinet de Louis, celui-ci lui tend son testament; Pietri le place dans une boîte fermée à clef et scellée. Là-dessus, Louis va écouter la messe à la petite église St. Mary; avant de communier, il se confesse :

— Monsieur le curé, je n'ai pas peur de la mort. Jusqu'à présent, grâce à Dieu, j'ai fait de mon mieux, malgré toutes mes fautes et mes échecs. De quoi sera fait demain ? Si Dieu me prête vie, je serai un jour empereur des Français, mais je ne me fais pas d'illusion : ma vie sera pleine d'épreuves et de dangers.

Et son visage s'éclaire d'un sourire très doux. Après la messe, il demeure seul et prie longuement. A-t-il une prémonition ?

Sa mère, voyant l'heure tourner, l'envoie chercher. Alors il se lève, va baiser le sarcophage de son père et sort. Puis, se rendant compte qu'il a oublié de saluer la gardienne du cimetière, il revient sur ses pas pour lui serrer la main en souriant. Plus tard, cette humble femme ne manquera jamais d'évoquer avec fierté «le regard de ses yeux bleus, le dernier regard !». Au petit déjeuner à Camden Place, Eugénie arbore le fameux bijou en forme de trèfle, une émeraude sertie de brillants, que Napoléon III lui a offert à Compiègne avant leur mariage. C'est un talisman qu'elle a porté chaque jour jusqu'à la mort de l'Empereur. Depuis son veuvage, elle a renoncé à toutes les pierres de couleur, mais, ce jour-là, on voit réapparaître le trèfle et elle décide de le porter jusqu'au retour de son fils.

Enfin, Louis se rend à la gare avec sa mère et quelques amis. Tout Chislehurst les attend. La reine Victoria a bien fait les choses et commandé un train spécial. Le long du parcours, les stations sont pavoisées et les quais noirs de monde qui acclame le Prince Impérial. À Southampton, nouvelle ovation de la foule et, en prime, un télégramme de Victoria à Eugénie : «Je vous demande, ma chère sœur, d'accepter mes meilleurs souhaits pour votre fils chéri. Que Dieu le bénisse et le protège.»

Au fond, la Reine, déçue peut-être par ses quatre fils, traite

Louis presque en fils adoptif. À déjeuner, le Prince et sa mère sont les invités d'honneur au mess des officiers. Louis, malgré sa tenue civile, incongrue dans de telles circonstances, a le visage radieux et répond aux toasts des généraux et des amiraux. Mais l'Impératrice, envahie soudain de sombres pressentiments, promène un regard vague en se forçant à sourire. Cette fois, ce n'est plus comme en juillet 1870. Elle ne joue plus les Don Quichotte et ne dit plus à Louis : « Fais ton devoir. » Quand vient l'heure de la séparation, elle embrasse son fils en tremblant et semble vouloir s'accrocher à lui. Elle le supplie, en larmes, d'éviter les imprudences et, surtout, de ne pas servir dans des troupes irrégulières. Il promet.

Le *Danube* est amarré au quai. On hisse au sommet du mât un drapeau tricolore, honneur normalement réservé aux souverains. Un prêtre catholique, les bras levés au ciel, bénit le bateau et le Prince. Louis franchit la passerelle. Un carré lui sert de salon pour recevoir ses amis un à un et leur donner l'accolade. C'est là aussi que l'Impératrice embrasse son enfant pour la dernière fois. Eugénie reparaît sur le pont : avant de descendre à quai, elle jette encore à son fils un long regard de tendresse. Une fois que le navire a levé l'ancre, elle monte sur la falaise pour le suivre des yeux le plus longtemps possible. Quand, enfin, il disparaît à l'horizon, elle s'évanouit.

Après avoir franchi sans trop d'encombre le difficile passage de la baie de Biscaye et subi quelques violentes rafales en face des côtes du Portugal, le *Danube* fait escale à Madère. Aux premières lueurs du jour, on arrive en vue de Funchal, petite capitale étagée en amphithéâtre. La flore des tropiques pointe çà et là à travers les maisons blanches aux volets verts. Tout en haut, le sommet de l'île est couvert de neige car, cette année-là, l'hiver a été exceptionnel. Dès que le navire est signalé, une nuée de barques chargées d'enfants quitte le rivage. Les plus grands manient les rames ; les plus petits, entièrement nus, demandent qu'on leur jette des pièces de monnaie qu'ils iront chercher au fond de la mer. À terre, Louis ne tarde pas à être entouré par ces mêmes jeunes plongeurs qui lui offrent de le guider dans le dédale de rues étroites, où l'on peut se parler d'un balcon à l'autre. Pour leur échapper, il se jette dans un de ces traîneaux tirés par des bœufs, principal moyen de locomotion dans un pays où les chevaux sont rares. Les attelages glissent sur les pavés polis comme des miroirs par ce frottement perpétuel. Chaque boutique met sa fierté à disposer avec art des galets devant le seuil, comme une mosaïque. Et, avant de reprendre la mer, Louis envoie à sa mère une lettre pittoresque, tout illustrée de croquis.

À bord, on lui réserve une chaise longue et, à portée de la main, il place sa lunette d'approche pour inspecter l'horizon. Souvent il préfère arpenter la dunette avec l'officier de quart. Des bandes de marsouins et de poissons volants, voilà tout ce qu'on peut voir pendant cette longue traversée de l'Atlantique. Les marsouins sautent sans souci de vague en vague. Les poissons volants ressemblent à de longues sardines avec deux larges nageoires qui s'écartent pour former deux ailes grâce auxquelles ils rasent les flots : leur apparition lointaine est saluée par des cris de joie.

À bord, il y a beaucoup d'officiers, ainsi que toutes sortes d'aventuriers, chercheurs d'or et de diamants ou volontaires pour faire la guerre. Louis se montre très sociable mais, pour se débarrasser des importuns, il grimpe avec une agilité extraordinaire dans les cordages où personne ne se risque à le suivre.

«Au passage de la ligne, écrit-il à sa mère, nous nous sommes amusés à faire une grande revue; chacun est venu avec son costume et son équipement; c'était drôle de voir cette ligne d'uniformes "fradiavolesques" monter et descendre avec le roulis.»

Et il agrémente son récit de petits dessins cocasses.

Une nouvelle escale est prévue à Sainte-Hélène. Mais il faut y renoncer à cause du mauvais temps et c'est une cruelle déception pour Louis. Enfin, après vingt-huit jours de traversée, on aperçoit dans la brume les premiers contours des terres environnant Le Cap. Alors, au milieu des hourras, les matelots, perchés dans les cordages, serrent les voiles et entonnent un chant d'arrivée.

Le 26 mars, le *Danube* entre dans le port du Cap. Tous les bâtiments en rade sont pavoisés. La foule, massée sur les quais, acclame ce jeune Français qui vient se battre aux côtés des Anglais, ce jeune Français qui porte un si grand nom. Le soir, lady Frere donne pour lui un grand dîner suivi d'une réception à Government House. Elle est seule à faire les honneurs, car son mari est parti pour le Transvaal, craignant que les Boers ne cherchent à tirer parti de la guerre contre les Zoulous ; la petite république d'Orange, dernier refuge des Boers indépendants, menace de reconquérir le Transvaal annexé, en cas de nouveau revers des Anglais.

Le Cap est un mélange bigarré d'Européens, de Malais et de Cafres. Louis admire les jolies Malaises au teint bronzé avec de beaux et grands yeux, mais il trouve de fort mauvais goût les énormes ballons de cotonnade aux couleurs voyantes dont elles sont enveloppées. En ville, il est surpris et ravi de voir toutes les boutiques portant le nom français des de Villiers, descendants de huguenots victimes de Louis XIV.

Le surlendemain, le *Danube* reprend la mer pour Durban. Un bon steamer met quatre jours pour effectuer ce trajet. Chemin faisant, sur les côtes de l'océan Indien, on aperçoit une sorte de pointe enflammée qui court le long des hauteurs avec une vitesse extraordinaire : c'est un feu de prairie. Pour débarquer à Durban, Louis peut enfin mettre son uniforme.

Les navires d'un certain tonnage ne pénètrent pas dans la baie, qui est peu profonde ; le *Danube* s'arrête à deux milles au large et, là, on transborde les passagers sur de petits vapeurs. Avec une poulie, on hisse une nacelle à bord et on les y entasse pour les descendre sur le steam-launch. Voici un homme qui monte souhaiter la bienvenue au Prince Impérial sur le pont du *Danube* : c'est un Français, un missionnaire catholique, le père Sabon. Il a quitté son petit village de la Drôme il y a vingt-sept ans pour établir un presbytère à Durban, dans une hutte avec toit de chaume ; entre-temps, Durban a pris une telle extension et le père Sabon a déployé une telle ardeur qu'il a construit une église, un couvent et une école fréquentée aussi bien par les enfants des protestants que par ceux des catholiques.

Tous les navires, dans la baie, ont arboré leur pavillon. L'arrivée du Prince Impérial est saluée, comme celle d'un souverain, par les canons de la citadelle. Beaucoup de maisons sont pavoisées; çà et là, on voit même du tricolore. Et, le soir, on illumine.

À Durban, le premier soin de Louis est d'acheter un cheval. Des deux montures qu'il a amenées d'Angleterre, l'une s'est blessée à bord du paquebot en sautant de son box pendant une bourrasque et l'autre s'est tuée pendant le débarquement. Le Prince a beaucoup de mal à trouver un nouveau cheval mais, en visitant le Royal Hotel, il voit par la fenêtre un civil au trot sur un magnifique cheval gris dénommé Percy. Il l'achète : c'est une belle jument grise, très grande, qui a la manie de se débattre et de détaler chaque fois qu'on veut la monter, ce qui n'est pas pour lui déplaire. Peu après, son second cheval meurt et il en achète un autre : Fate, le Destin.

Mais Louis est arrivé trois jours trop tard. Le commandant en chef, lord Chelmsford, seul à pouvoir lui donner une affectation, vient de partir dans l'intérieur des terres, pour inspecter les troupes avant la prochaine offensive et faire préparer les convois de ravitaillement et de munitions. Louis piaffe et envie ses camarades d'Aldershot : Woodhouse est avec Chelmsford. Bigge et Slade font mieux encore : ils sont loin au nord, avec la brigade Wood, la plus exposée; leur unité vient de repousser victorieusement vingt-trois mille Zoulous et d'être citée à l'ordre de l'armée. Louis témoigne de son impatience dans une lettre à sir Lintorn Simmons, le commandant de Woolwich :

«Cela m'aurait été bien égal d'avoir une mer forte si cela ne nous avait retardés. Mais, avec ma malchance habituelle, le *Danube* est arrivé trop tard. Lord Chelmsford a traversé la Tugela le 30 mars et je n'ai débarqué à Durban que le lendemain. C'est dur pour un soldat de métier de rester inactif pendant que les autres se battent. Mais je dois faire contre mauvaise fortune bon cœur et attendre ici le retour du commandant en chef. En attendant, on m'a affecté à l'une des batteries cantonnées autour de Durban. Ce qui fait que, de toute manière, je ne suivrai pas les opérations en qualité de journaliste. Je suis impatient de mériter le plus vite possible l'estime de la Nation, car j'ai honte qu'on parle tant de moi, alors que je n'ai encore rien fait, tandis qu'on ne dit pas un mot de tant d'autres qui ont fait leur devoir de façon splendide. »

Après quelques jours passés au camp de l'artillerie, à quatre milles de Durban, Louis est contraint de s'aliter en ville. Il n'a pas pris garde aux brusques changements de température ; en Européen nouvellement arrivé il se découvre quand il voit le ciel sans nuage et se laisse ensuite surprendre par l'humidité. Le lendemain, s'il fait mauvais temps, il se couvre tôt et, à la moindre éclaircie, il transpire sous la chaleur torride. Voilà comment Louis attrape la fièvre. Il enrage. Que vont encore imaginer les républicains, ceux qui l'appellent « le petit Badinguet », « l'Enfant à la balle » ? Que vont-ils imprimer sur son compte ?

Pendant qu'il est contraint de garder la chambre, Louis reçoit justement la visite d'un jeune journaliste parisien, Deléage, envoyé du *Figaro*. Il est surtout venu enquêter sur le Prince Impérial. Non qu'il soit lui-même bonapartiste ; il n'a aucune idée a priori et, entre les sarcasmes des républicains et les éloges outranciers des impérialistes, il n'a su faire le choix. Mais ce qui passe pour un coup de tête du Prince a excité sa curiosité : est-ce un imbécile ou un héros ? Deléage a voulu s'en rendre compte par lui-même.

Enchanté de rencontrer un compatriote, Louis l'accueille en ami. Il se dit qu'un journaliste ne connaissant rien à la vie militaire et ne parlant pas un mot d'anglais aura bien du mal à suivre les opérations dans la brousse. Et lui, qui a tant souffert d'être traité en protégé, est ravi de pouvoir cette fois jouer au protecteur :

— Je ne suis pas venu ici, lui dit-il, pour faire un voyage

d'agrément, mais pour partager la vie des camps, ses dangers, ses alertes et ses privations, et je suis impatient de faire mes preuves. Mais on me traite comme la cinquième roue du carrosse. Sur le papier, je suis lieutenant d'artillerie ; mais, pour des raisons politiques, on ne me donne aucun commandement. Alors, si je ne peux servir dans une unité combattante, au moins qu'on me verse à l'état-major et qu'on me confie une mission utile.

Puis il évoque avec son visiteur la situation de la France :

— Actuellement, la France est républicaine, dit Louis. C'est incontestable et le parti républicain n'a pas encore commis assez de fautes pour qu'on puisse songer à un revirement d'opinion. Et je ne comprends pas qu'on puisse faire la guerre civile pour remonter sur un trône. D'ailleurs, le parti conservateur est tellement divisé qu'une période de transition est nécessaire pour adoucir les rapports et effacer les discussions.

Deléage tombe sous le charme :

«Quand nous parlions politique, écrira-t-il, je sentais que des paroles impulsives lui brûlaient les lèvres, mais il se contrôlait aussitôt. En le voyant contracter sa gorge et reprendre son souffle, j'étais captivé par cette lutte intérieure.»

Et, lorsqu'il prend congé, Louis lui serre la main avec ces mots :

— Je suis très heureux de parler français avec un Français. J'espère vous être utile et j'aurai toujours plaisir à vous revoir.

Enfin, au bout d'une dizaine de jours, le médecin militaire le déclare guéri, apte à reprendre du service. Et, sur ces entrefaites, lord Chelmsford rentre à Durban de sa tournée d'inspection. Louis doit lui remettre en mains propres un pli cacheté, que lui a confié le duc de Cambridge et dont il ignore bien sûr le contenu. Aussitôt, il demande une audience. Chelmsford ouvre le pli en sa présence et le lit en silence. C'est une lettre bien embarrassante. Il la lui tend :

— Prince, lisez vous-même.

« Mon cher lord Chelmsford,

Cette lettre vous sera présentée par le Prince Impérial, qui va en Afrique pour son propre compte, pour voir, autant que cela se peut, la campagne prochaine contre les Zoulous. Le Prince est très désireux d'aller en Afrique.

Il a manifesté le désir d'être enrôlé dans notre armée, mais le gouvernement a considéré comme impossible de satisfaire ce désir.

Toutefois, le gouvernement m'autorise à vous écrire, à vous et à sir Bartle Frere, pour vous prier de lui témoigner de la bienveillance et de lui prêter assistance pour qu'il puisse suivre, autant que cela est possible, les opérations avec les colonnes d'expédition.

J'espère que vous le ferez. C'est un excellent jeune homme, plein d'esprit et de courage, et comptant beaucoup de vieux amis parmi les cadets de l'artillerie. Il ne trouvera, sans doute, aucune difficulté à faire son chemin. Si vous pouvez lui venir en aide, veuillez le faire.

Ma seule crainte est qu'il ne soit trop courageux.

Duc de Cambridge. »

Quelle humiliation ! Et cette dernière phrase : « Ma seule crainte est qu'il ne soit trop courageux », Louis se demande si ce ne serait pas sa mère, par hasard, qui l'aurait soufflée au duc.

Chelmsford ne sait trop que faire du Prince :

— Mon devoir le plus strict serait de vous mettre entre deux gardiens pour vous priver de toute initiative. Mais que penseriez-vous de moi ? Sans doute, vous quitteriez aussitôt l'armée, et vous auriez raison. Je comprends votre situation, mais je vous demande de comprendre la mienne.

— Mon vœu le plus cher, mon général, serait que vous oubliez que je suis prince et que vous me regardiez seulement comme un de vos officiers.

Chelmsford lui donne le choix entre trois affectations : servir dans une batterie, mais sans grade; commander un escadron de corps francs, mais Louis a expressément promis à sa mère de ne pas le faire; reste un poste à l'état-major.

— L'état-major, répond Louis avec enthousiasme.

Là-dessus, pour gagner du temps, le commandant en chef le nomme adjoint au colonel Harrison, chargé des relevés topographiques. Cela, pense-t-il, n'engage pas à grand-chose, on verra plus tard.

Le 25 avril, Louis se met en marche avec l'armée, cavaliers, fantassins, canons et surtout des centaines de chariots à quatorze, seize et souvent même vingt bœufs, immense serpent de poussière à travers la savane. Les routes sont absolument désertes, car les indigènes ne voient pas l'intérêt de s'installer à proximité des voies de communication. On traverse pourtant Pietermaritzburg, la capitale du Natal, où Louis s'étonne de voir tant d'enfants à cheval; à l'heure de la sortie des écoles, c'est, par toutes les rues de la ville, un véritable essaim de petits cavaliers avec le cartable d'écolier sur le dos.

Le 30 avril, le Prince Impérial écrit à sa mère :

«Notre camp se trouve à cinquante-cinq milles au nord-est de Ladysmith et seulement dix de la rivière Buffalo. Dans une semaine au plus, nous aurons atteint nos avant-postes, près de Conference Hill. Mes camarades sont beaucoup plus âgés que moi, mais je m'entends très bien avec eux. Mon seul regret est la distance qui me sépare de vous. Si vous voyiez comme je me tiens pour vous écrire, accroupi sur mes talons et me servant de ma selle comme d'un bureau, vous me pardonneriez, j'en suis sûr, d'écrire aussi mal.»

Le 5 mai, en arrivant au bord de la rivière Blood, Louis retrouve son ami Slade. Le soir, au dîner, on porte un toast à la Reine en cassant une coupe, puis on trinque, à la française, à la santé de l'Impératrice et à la gloire du futur Empereur. Louis rayonne : enfin, il vit selon ses goûts. Mais il apprend que son autre ami de Woolwich, Bigge, est malade et il va le voir sous la tente qui sert d'hôpital. Bigge est très faible, mais, en apprenant que Louis est affecté à l'état-major de Harrison, il se redresse sur son lit pour sermonner son ami : les patrouilles de reconnaissance peuvent tomber dans des embuscades meurtrières. Bigge est sûr que Louis essaiera de se fourrer là-dedans et le prévient que, s'il est fait prisonnier, il n'échappera pas à la torture :

— Vous avez des devoirs envers votre pays. Vous n'avez pas le droit de vous exposer inutilement. Votre vie est trop précieuse pour risquer de la perdre pour une bêtise.

Louis n'a déjà que trop entendu ce genre de discours. Il fait semblant d'acquiescer, mais il est ivre de liberté et a soif de ce danger dont il sent la présence invisible. Il ne pense plus à rien et ne sait plus vers quel but ni pourquoi il chevauche. Il a seulement l'impression d'avoir des ailes et de posséder la terre entière.

Le 11 mai, Louis fait étape à Utrecht, une position marécageuse où l'on a aménagé un vaste dépôt de vivres et de munitions. Pris de zèle, il furète dans tous les coins et pose sans cesse des questions :

— Qu'est-ce que c'est que ces caisses? Qu'y a-t-il dedans? Il y a de quoi ravitailler combien d'hommes? Combien de temps?

Et il note toutes les réponses sur un carnet.

Le lendemain, le prince retrouve Deléage, le sympathique journaliste français rencontré à Durban. Après le déjeuner, il l'emmène faire un tour aux baraquements qui servent d'hôpital de campagne. Louis fait le tour des lits, s'assied auprès de chaque malade, roule des cigarettes et les allume pour chacun d'eux. À Deléage, il indique en quelques mots l'histoire de chaque patient, sa famille et l'évolution de sa maladie. Chaque blessé le connaît et se soulève sur son lit à son passage; de sa main, il leur fait signe d'éviter tout mouvement. Souvent, on lui pose des questions sur la famille royale, mais alors il détourne la conversation.

Il s'arrête devant une sorte d'alcôve fermée par de longs rideaux; on entend là-dedans des gémissements tantôt étouffés, tantôt stridents; Deléage reste quelques pas en arrière,

Louis referme bientôt ces rideaux qu'il n'a fait qu'entrouvrir et, une fois dehors :

— J'ai voulu vous éviter un spectacle navrant, lui dit-il. Figurez-vous qu'il y a là-dedans un homme qui a reçu une balle à la tempe ; le coup a fait sortir les deux yeux de leur orbite et cet homme est devenu fou de douleur.

Puis ils vont assister à un spectacle bien britannique : la flagellation infligée à quatre hommes pour insubordination et ivresse sous les armes. Chaque homme, attaché à la roue d'un chariot, le torse nu, doit recevoir vingt coups de fouet ; le sous-officier chargé d'exécuter la punition attache lui-même les bras et les jambes des punis et compte chaque coup à haute voix. Chacun met un point d'honneur à dominer sa souffrance.

De retour sous la tente de Louis, Deléage lui parle de l'issue de la guerre. Il craint qu'elle ne traîne en longueur et qu'il ne puisse rester jusqu'à la fin de la campagne :

— Je compte rentrer dans un mois.

— Et vous retournerez en France par l'Atlantique ?

— Non, par Zanzibar, Aden, l'Égypte et la Méditerranée, dit le journaliste d'un air suffisant.

Cette liste de pays exotiques enflamme l'imagination de Louis.

— Vous me donnez une idée. Je n'ai aucun plan, mais, le moment venu, j'ai envie de voir du pays avant de rentrer en Angleterre. Peut-être irai-je en Inde ? Ou encore, si je n'ai pas assez de temps, je suivrai votre exemple.

— Dans ce cas, verriez-vous un inconvénient à ce que nous fassions route ensemble ?

Louis répond en riant :

— Vous pourriez aussi m'accompagner en Inde.

Tout en bavardant, ils traversent un champ de maïs. Deléage s'étonne de voir Louis croquer un épi.

— Vous aimez la cuisine cafre, Monseigneur ?

— La vérité est que l'Afrique australe me creuse l'appétit. Je ne sais vraiment pas comment je vais faire si cela continue !

— Un jour, j'espère que vous me permettrez de vous rappeler ce repas frugal ?

— Bien sûr. Mais alors j'aurai peut-être perdu mon appétit et vous me forcerez à regretter bien des choses.

Et son visage s'assombrit. Il se voit déjà rentré à Camden Place, tous les bons moments, la guerre, l'Inde, appartiendront au passé et il n'y aura plus rien à espérer de neuf.

On en vient à parler des reconnaissances auxquelles Louis va participer :

— J'aime ces petites sorties. Elles me conviennent tout à fait. Mais, si je dois être tué, je préférerais une grande bataille ; alors, c'est la Providence qui décide. Tandis que, dans une obscure embuscade, ah non, cela ne vaut pas le coup.

Cependant, le lendemain, il faut se séparer, Louis reste à Utrecht, en attendant de rejoindre le colonel Harrison. Deléage suit le commandant en chef et le gros de l'état-major et s'en va plein d'affection pour ce jeune Prince qu'il n'a vu que deux fois.

Deux jours plus tard, le journaliste a un long entretien avec lord Chelmsford, qui n'est pas ravi de la situation :

— Croyez-vous, dit-il, que je devrais recruter deux nurses et interdire au Prince de faire deux pas sans elles ? À quoi bon ? Il quitterait l'armée la rage au cœur. Et il aurait raison. D'ailleurs, si on l'a laissé venir ici seul, c'est bien qu'on a accepté de lui laisser courir un certain risque, et ce n'est pas à moi de le pouponner plus que sa mère et son parti. D'ailleurs, ce garçon, j'ai appris à le connaître. Il est très bien. C'est un des meilleurs officiers que j'aie à l'état-major. J'ai tout à fait confiance en lui. Je crois qu'il n'a qu'une seule envie, c'est d'être traité exactement comme mes autres officiers et je n'y vois aucun inconvénient.

Deléage trouve dans ce discours des raisons de s'inquiéter. Mais, pour le moment, tant que Louis reste à Utrecht, loin du danger, il n'y a pas trop de souci à se faire pour lui.

C'est alors qu'un confrère, un correspondant du *Times*, lui apprend l'incroyable : le Prince Impérial vient de faire une reconnaissance en plein Zoulouland, avec seulement quelques éclaireurs. Ah, vraiment, le commandant en chef a mal suivi les instructions du duc de Cambridge en le détachant auprès de Harrison. Car, pour les relevés géographiques, il faudra effectuer des patrouilles de reconnaissance en plein territoire ennemi, souvent avec seulement quelques éclaireurs. Et, bien sûr, Louis a demandé à l'accompagner dans ses longues randonnées à cheval à travers ces collines dénudées, qui se répètent avec les mêmes contours, les mêmes points de vue, si bien que, sans boussole, on ne peut pas savoir si on avance, si on recule ou si on tourne en rond. La terre est parsemée de trous profonds, fruits de la lutte entre les taupes et les fourmis ; les fourmilières se désagrègent en quelques années en laissant des creux que l'herbe dissimule, d'où de fréquentes chutes de cheval.

Ce qui emballe Louis, c'est sa rencontre avec la colonne volante de sir Evelyn Wood, une brigade de volontaires à cheval, un millier à peu près, venus de tous les horizons, Canadiens du Grand Nord, matelots anglais en rupture de ban, fils de famille fugueurs ou encore évadés de prison. Il y a même quelques Français de sac et de corde ; certainement pas des bonapartistes, mais ils parlent de Louis avec enthousiasme, parce que, pour eux, il est un Français, et un Français qui leur fait honneur. Et lui, il aime les entendre jurer, parce qu'ils jurent en français, avec un accent et des mots de titis parisiens.

Wood est un grand baroudeur qui se débrouille parfois pour trouver de l'eau même sur les hauteurs, car il tient absolument à établir ses camps dans des positions fortes. Ses hommes portent un large chapeau de feutre autour duquel ils enroulent une écharpe bleue. Wood entretient leur moral avec une fanfare qui varie chaque jour les airs de musique. Il aime la France depuis qu'il a fait la guerre de Crimée et raconte volontiers à Louis ses premiers exploits militaires.

Plus Louis vit à la dure et plus il est heureux. Par moments, il s'amuse à des prouesses d'équitation ou d'escrime. On vient admirer l'aisance avec laquelle il saute plutôt qu'il ne monte à cheval, à la seule force des poignets, sans le secours des étriers. Pour se préparer au combat, il taille des sagaies dans les branches et demande à ses camarades de les lui lancer à toute force pour s'exercer à les parer. Il est si jovial qu'on lui pardonne volontiers cette habitude d'exhiber son adresse. On oublie que Louis est un étranger, car il passe pour le futur gendre de la Reine. Il écrit à nouveau à sa mère, sans se rendre compte qu'il va l'inquiéter cruellement :

« Depuis deux jours, nous couchons tout habillés, prêts à bondir à la première alerte. Depuis que nous avons franchi la rivière Buffalo, nous sommes en pays ennemi. Hier, j'ai bien cru que nous rencontrerions quelques bandes de Zoulous, car nous suivions la rivière Blood avec une bien petite escorte.

À ma grande surprise, j'ai rencontré plusieurs Français parmi les troupes irrégulières montées à cheval qui sont disséminées le long de la frontière. De vieux soldats, qui n'ont plus rien à faire en France depuis la nouvelle loi militaire supprimant l'armée de métier. Tous viennent me voir et me font bonne figure. Comme vous pouvez imaginer, ce n'est pas la crème de la crème, mais cela ne m'empêche pas de fraterniser avec eux. »

Et, pour traduire son enchantement devant la beauté des paysages, il fait quelques croquis saisissants de vérité. Mais, comme il change de cantonnement chaque jour, les nouvelles qu'il donne à sa mère se font de plus en plus rares.

C'est en chevauchant avec un peloton de la brigade Wood que, pour la première fois, le Prince Impérial aperçoit des Zoulous. Ils sont en vue sur une colline, de l'autre côté de la rivière, mais disparaissent dès que les Anglais font mine d'avancer. Louis ne peut les laisser partir comme cela. Il monte la colline au galop, excité comme un fou, cherchant où ils ont pu se cacher. Il finit par apercevoir une silhouette de Noir sur un mamelon un peu plus loin et vole comme une flèche à sa poursuite ; mais lorsqu'il arrive, il n'y a plus personne, l'ennemi disparaît à l'horizon. En somme, alors qu'on est en reconnaissance, il se croit à la chasse aux Zoulous.

Le soir, on campe dans un hameau abandonné. Louis fait

les cent pas en fredonnant des airs militaires, empêchant ses camarades de dormir. Le lendemain, de retour à la base arrière de la Brigade volante, il s'endort comme une masse : pas moyen de le réveiller, même pour le petit déjeuner. Wood ne sait comment faire : difficile de secouer un prince ! Alors, il écarte brusquement le rabat de la tente et crie d'une voix de stentor :

— Les Zoulous ! Alerte à l'ennemi !

D'un bond, Louis se lève et empoigne son sabre. Wood lui fait un léger salut ironique :

— Maintenant, Prince, voulez-vous déjeuner avec moi ?

Du 18 au 20 mai, Louis participe à nouveau à une reconnaissance, cette fois à quarante milles en territoire ennemi. Ils sont une trentaine d'hommes, sous le commandement d'un officier très expérimenté, le major Bettington, qui connaît toutes les ruses des Zoulous. Quand il lui explique l'art de jouer à cache-cache avec eux, Louis boit ses paroles et en redemande. Mais il sympathise encore plus avec un Anglais qui n'est vraiment pas comme les autres, le lieutenant Carey. Non seulement c'est un homme très sensible, émotif même, mais il parle couramment français. Il est venu en France en 1870, avec une ambulance anglaise, pour secourir les blessés français. Louis aime discuter avec lui de la guerre franco-prussienne. Carey a aussi été cité pour bravoure pour sa conduite pendant un naufrage. Pourtant, ses camarades le trouvent ennuyeux et se moquent de sa manie de baiser devant tout le monde la photo de sa femme et de ses trois enfants. Passionné de relevés topographiques, Carey travaille jour et nuit à compléter ses cartes, ce qui intéresse Louis, toujours féru de dessin.

Un soir, le major Bettington devine une présence ennemie. On ne voit personne, mais il est sûr d'être observé. La nuit tombe brusquement. Bettington fait marcher la patrouille à pied, pendant plus d'un mille, à pas lents, en tenant les chevaux par la bride et en veillant à faire le moins de bruit possible. On finit par s'arrêter dans un ravin. On attache les chevaux en cercle, sellés et bridés, et chacun se couche au pied de son cheval. Interdiction de craquer une allumette ou de parler. On poste des sentinelles basutos tout autour, avec ordre de patrouiller jusqu'à l'aube. Par cette nuit froide, Louis, qui n'a pas pensé à emporter une couverture, se serre contre Carey pour se réchauffer. Le lendemain, à la pointe du jour, on aperçoit sur une hauteur une soixantaine de Zoulous près d'un kraal. La patrouille de Bettington n'est forte que d'une trentaine d'hommes ; qu'importe, le major ordonne de déloger l'ennemi. Louis s'élance le premier au galop sur l'étroit sentier, en brandissant son sabre et en criant à tue-tête. Les Zoulous tirent quelques coups de feu, mais, impressionnés peut-être par sa bravoure, ils prennent la fuite. Ravi de ce succès, Bettington décide qu'on prendra le petit déjeuner dans le hameau qu'on vient de conquérir. Carey, bon géographe, fait remarquer que le kraal ne figure pas sur la carte et, impatient de l'inscrire, demande quel nom il faut lui donner. Le major répond :

— Appelez-le « kraal Napoléon ».

Au retour de cette reconnaissance, le colonel Wood rencontre Louis et lui dit en riant :

— Eh bien, Monseigneur, vous ne vous êtes pas encore fait tuer ?

— Non, répond-il, mais, si je devais être frappé, je crois que j'aimerais mieux un coup de sagaie qu'une balle venant on ne sait d'où : cela montre, au moins, qu'on a senti le contact de l'ennemi.

Cependant, lord Chelmsford apprend sans plaisir l'histoire du kraal Napoléon. Il redoute que le Prince Impérial ne finisse par se faire tuer. Aussi donne-t-il à Harrison des ordres stricts de l'empêcher de s'exposer au danger. Louis en est au désespoir. Harrison, qui l'aime bien, cherche, pour le consoler, à lui donner une mission qui, tout en ayant l'air d'être dangereuse, ne comporte en réalité aucun risque.

Il y a dans l'air, depuis une semaine, comme une bouffée d'impatience. On entend des murmures, on accuse les généraux de lenteur et d'indécision. Cela fait deux mois de perdus, dit-on, à acheminer les convois de ravitaillement, pourtant nécessaires à la subsistance de quinze mille hommes de troupe en pays ennemi. Les bœufs, c'est vrai, avancent difficilement sur ces routes coupées de profonds ravins, à sec en cette saison, mais néanmoins difficiles à franchir. Et tous ces officiers venus d'Angleterre pour faire une campagne éclair ne veulent pas s'être dérangés pour rien et désirent aussi en finir le plus tôt possible. Alors, le commandant en chef décide, le 31 mai, de lancer l'invasion du Zoulouland, avec trois colonnes, d'une division chacune. Harrison, chargé de repérer des étapes pour chaque colonne, compte faire camper, le 2 juin, la deuxième division au bord de la Blood River. Il reste à reconnaître le site et à faire jalonner la route. Bettington conviendra parfaitement pour cette mission et il pourrait emmener le Prince avec lui. Harrison est persuadé qu'il n'y a pas de Zoulous dans le secteur; et, avec Bettington, l'escorte sera commandée par un officier expérimenté, toujours sur ses gardes, qui ne négligera aucune précaution.

Seulement voilà : par un fâcheux concours de circonstances, Harrison oublie de prévenir Bettington. Et, lorsqu'il veut réparer cette bévue, il apprend que le major est déjà parti pour une autre mission, et il se demande par qui le remplacer. C'est alors que Carey — qui vient d'être promu capitaine — se présente et fait valoir son désir de retourner dans le même secteur pour compléter ses cartes. Depuis l'épisode du kraal Napoléon, Louis et Carey sont devenus amis. Harrison donne alors à Carey treize cavaliers : un sergent, cinq soldats européens, six éclaireurs basutos et un guide cafre. Et surtout, il dit à Carey : «Vous veillerez sur le Prince.» Il y a un second contretemps : voilà que les six Basutos comprennent l'ordre de travers : au moment de rejoindre la patrouille, ils partent à sa recherche dans la direction opposée.

Comme Deléage, l'envoyé du *Figaro*, se trouve là, Carey lui demande en français :

— Pourquoi ne venez-nous pas avec nous ?

Louis l'en dissuade :

— Vous perdriez votre temps. Cette patrouille est une simple affaire de routine. Il n'y aura pas d'amusement.

En fait, Louis veut charger Deléage de poster une lettre à sa mère. La poste d'un camp à l'autre est alors faite par des Cafres. On enferme lettres et paquets dans des sacs ou de petites caisses, et, à chaque camp, on trie le courrier. Le Cafre ou les Cafres commis à cet effet, accroupis à quelques pas, attendent la fin du tri pour reprendre leur course. Puis, le sac ou la caisse sur la tête ou le dos, un fusil d'une main et quelques sagaies de l'autre, ils partent au pas de course, voyageant jour et nuit avec une rapidité extraordinaire. Louis arrache une feuille, la remplit et la tend à Deléage :

« Ma chère Maman,

Je vous écris à la hâte sur une feuille de mon calepin ; je pars dans quelques minutes pour choisir le lieu où la deuxième division doit camper sur la rive gauche de la rivière Blood : l'ennemi se concentre en force et un engagement est imminent d'ici huit jours. Je ne sais quand je pourrai vous donner de mes nouvelles, car les arrangements postaux laissent à désirer. Je n'ai pas voulu perdre cette occasion de vous embrasser de tout mon cœur.

Votre dévoué et respectueux fils, Napoléon. »

C'est ainsi que le 1er juin 1879, à neuf heures du matin, Carey et Louis se mettent en route avec sept cavaliers : le guide cafre, auquel Louis a prêté son second cheval, Fate, le sergent Grubb, les soldats Abel, Cochrane, Le Tocq, Rogers et Willis. Leur mission consiste à déterminer et reconnaître l'emplacement, à sept ou huit milles de là, où devra camper le lendemain une division. Et, s'ils s'en étaient tenus strictement à cette mission, aucun malheur sans doute ne leur serait arrivé. Les deux amis commencent par négliger les précautions les plus élémentaires : trois seulement de leurs sept soldats ont emporté leur carabine, les autres n'ont pris que leur sabre ; eux-mêmes, en plus du sabre, n'ont que leurs pistolets.

Et les six Basutos ? Un homme, envoyé à leur recherche, de l'autre côté de la rivière, est revenu en disant qu'ils étaient déjà partis : «Bah ! On les retrouvera plus loin.» Fatale illusion !

Carey et Louis chevauchent en tête. Chemin faisant, ils rencontrent le colonel Harrison et le major Grenfell.

— Vous devriez attendre l'arrivée de vos Basutos, ce serait plus sage, dit Harrison.

— Pour ce qu'il y a à faire, notre troupe est bien suffisante, réplique Louis.

Grenfell fait un bout de chemin en bavardant avec lui. En le quittant, il lui dit en riant :

— Prenez soin de vous, Prince, ne vous faites pas tuer.

— Carey veillera à ce qu'il ne m'arrive rien.

Vers midi, leur mission accomplie, Carey demande à Louis s'il accepte de pousser onze milles plus loin, jusqu'au kraal Istelezi sur les bords de la rivière Ityotyosi, pour vérifier un détail qui manque sur ses relevés topographiques.

— D'accord, mon capitaine; nous avons largement le temps.

Au début de l'après-midi, Louis et ses compagnons arrivent au sommet d'un plateau et inspectent l'horizon à la jumelle : nul indice de présence ennemie, ils se croient seuls au monde. Ils mettent pied à terre et, pendant une heure environ, Louis dessine quelques croquis, tandis que Carey complète ses cartes. Puis on se remet en route et l'on descend au kraal; c'est une sorte de hameau avec cinq huttes, toutes désertées par leurs habitants. Carey décide de faire halte au bord du lit desséché de la rivière. Est-ce un endroit sûr ? Tout autour, les hautes herbes peuvent dissimuler un ennemi, des ennemis. Pourtant, ni Louis ni Carey, le capitaine Carey réputé, moqué même pour sa prudence, ne songent à poster une sentinelle.

On desselle les chevaux et le guide cafre les emmène pâturer l'herbe un peu à l'écart. Puis on envoie un soldat au hameau chercher de l'eau pour préparer le café. L'homme revient très inquiet : il a trouvé un tas de cendres encore chaudes et montre à Carey trois grands chiens roux efflanqués qui rôdent près du bivouac :

— D'habitude, là où il y a des chiens, il y a des hommes.

— Voilà un soldat bien alarmiste, commente Louis en aparté.

Carey craint de passer aux yeux du Prince pour un poltron : il accepte de rester sur place jusqu'à ce qu'on ait bu le café. Et voilà que, tandis que l'eau bout, Louis se met à raconter à son camarade les campagnes de Bonaparte en Italie. Carey, mal à l'aise, écoute d'une oreille distraite : il a une arrière-pensée pour le tas de cendres fumantes et regrette de n'avoir pas placé de sentinelle.

— Prince, dit-il soudain, nous reprendrons plus tard cette conversation. Maintenant, il faut partir.

— Pourquoi se presser ? répond Louis. On peut encore laisser aux chevaux dix minutes de repos.

Juin, c'est l'hiver dans l'hémisphère austral. À quatre heures et demie, le crépuscule s'annonce déjà dans le ciel qui vire lentement au cuivre, il faut songer au retour. Carey donne le signal du départ. À ce même moment, le guide cafre se précipite en agitant les bras et avec de grands cris :

— Zoulous, Zoulous, j'ai vu un Zoulou dans les herbes !

Ce n'est pas une embuscade, car, dans ce cas, les neuf membres de la patrouille n'auraient pu rester tout ce temps sans être enveloppés et surpris. De surcroît, aucun n'aurait pu en réchapper. Les Zoulous qui ont attaqué sont seulement les habitants des kraals environnants. En voyant avancer Carey et sa petite troupe, ils se sont enfuis sur les hauteurs. De là, en voyant les chevaux dessellés, les officiers occupés à dessiner et les hommes à préparer le café, ils ont jugé qu'il ne fallait pas manquer une si belle occasion de surprendre ces inconscients. Ils sont alors revenus au kraal ; et lorsqu'ils ont vu qu'on ressellait les chevaux, que la proie allait leur échapper, ils ont brusqué l'attaque. Carey comprend aussitôt ce qui se passe et ne perd plus un instant. Il donne un ordre : « Tous en selle, allez, allez ! » Chacun court détacher son cheval. Percy, très nerveuse, tire sans cesse sur sa bride. Louis, grand seigneur, attend de voir tous les hommes en selle pour monter à son tour.

Il a un pied à l'étrier lorsque éclatent soudain des coups de feu. Sa jument, terrifiée, donne une ruade qui lui démet l'épaule et lui fait lâcher prise. Sous le choc, son sabre tombe du fourreau. Cependant, il réussit à saisir la courroie reliant les deux sacoches porte-revolver et s'y cramponne pour courir avec la bête. Autour de lui, c'est le chaos. Un cheval, en hennissant, se dresse sur ses pattes arrière, déséquilibrant son cavalier qui, en tombant, reçoit une sagaie en pleine poitrine. Dans les hautes herbes, de tous côtés, on voit maintenant apparaître des figures de Noirs. Carey ne pense plus qu'à sa femme et à ses enfants; il pique les éperons dans les flancs de sa monture et s'enfuit au galop. Il recommande son âme à Dieu, mais ne se retourne pas pour voir si ses hommes le suivent.

Les balles continuent de siffler; l'une d'elles tue le guide cafre. Un soldat, renversé par une chute de cheval, reçoit une sagaie dans le dos. Le sergent et deux autres soldats partent ventre à terre rejoindre Carey en abandonnant leur carabine sur le sol. Seul le nommé Le Tocq, natif de Guernesey, prend le temps de ramasser son arme; puis il se hisse à grand-peine sur son cheval et, couché en travers de la selle, tandis que la bête affolée l'emporte à vive allure, il crie en français au Prince Impérial :

— Dépêchez-vous, Votre Altesse, s'il vous plaît.

Sauter en selle a toujours été un des tours favoris de Louis, mais, cette fois, malgré ses efforts désespérés, il ne parvient pas à se hisser sur son cheval, de plus en plus nerveux. Accroché à la sangle, il réussit à franchir le cercle des Zoulous, mais il ne va pas plus loin : la courroie casse et il roule par terre, en se blessant l'épaule, tandis que Percy s'enfuit au galop. Cependant, Le Tocq, en se retournant, a vu tomber Louis. Arrivé à hauteur de Carey, il lui crie : «Mon capitaine, le Prince n'a pas réussi à monter.» Carey n'entend pas ou ne veut pas entendre. Il a peur de mourir et, d'ailleurs, que pourraient-ils faire avec seulement une paire de revolvers et une carabine ?

Louis n'est pas mort : aucune balle ne l'a touché. Mais son épaule démise est très douloureuse et il se relève avec peine. Avec stupeur, il voit fuir ses camarades, Carey à leur tête, et sa propre jument qui remonte affolée la pente du ravin. Restant seul, absolument seul, sans secours à espérer, il n'a plus qu'à se défendre et à mourir en soldat. Car les indigènes se précipitent maintenant vers lui en vociférant. Louis a perdu son sabre, le beau sabre offert par le duc d'Elchingen ; et, à la ceinture, il n'a plus qu'un de ses revolvers, l'autre est resté attaché à la selle.

Quelques semaines plus tard, sept des trente Zoulous qui ont participé à cette attaque seront faits prisonniers par les Anglais. Ce sont eux qui ont raconté les derniers moments du Prince Impérial. De sa main restée valide, la gauche, il a réussi à sortir son revolver et, sans chercher un instant à fuir, il a marché lentement à l'ennemi. Les Zoulous ont été étonnés d'une telle bravoure. De la main gauche, donc, il tire trois coups de revolver. Est-ce sa main qui tremble, ou plutôt l'agilité des Zoulous, prompts à faire un bond de côté, mais il rate les trois coups. Il trouve encore la force de saisir au vol une sagaie et de la retourner contre ses assaillants, mais, en se défendant, il ne voit pas un trou, trébuche, et reçoit une sagaie au côté gauche. Alors, il tombe et c'est la curée : dix-sept blessures, toutes de face.

Louis meurt, abandonné par ses camarades, seul avec son rêve, le grand rêve napoléonien, qui l'a enchanté depuis l'enfance. Et, tandis que son père a vainement cherché la mort sur le champ de bataille de Sedan, il sera le seul des Bonaparte à être tué à l'ennemi. Les Zoulous dépouillent son corps et se partagent ses vêtements : pantalon, dolman, le gilet en peau de renne, le casque et le sabre. Ils abandonnent les bottes à quelques mètres de là : trop petites pour leur servir, ils les jettent, encore garnies de leurs éperons. Et le cadavre demeure nu sur le sol, dans le grand silence, bientôt sous la nuit étoilée.

Dans ce combat, la patrouille a eu quatre hommes tués sur neuf : Louis, deux soldats et le guide cafre. C'est seulement le lendemain matin que le commandant anglais autorise les recherches. Se fiant aux renseignements de Carey, c'est Deléage qui prend les devants avec une petite troupe d'irréguliers. À un tournant du sentier, un des chevaux s'arrête de lui-même. Devant le journaliste, gît un cadavre complètement nu, affreusement mutilé, les entrailles au vent. Chose curieuse, la tête est enveloppée d'une chemise de flanelle. À en juger par la grande taille de ce malheureux, ce n'est pas Louis mais un des soldats de sa patrouille. On découvre le visage et l'on comprend alors pourquoi les Zoulous, contrairement à leurs habitudes, ont laissé un vêtement; toute la figure, contractée par la souffrance, est si horrible à voir que ses bourreaux eux-mêmes ont dû en être bouleversés et lui ont voilé la face. Deléage et ses compagnons reprennent leurs recherches, lorsqu'un soldat les appelle. Du haut de l'escarpement, il a aperçu au fond du ravin un second cadavre. Cette fois, il n'y a aucun doute : c'est Louis.

Le pauvre prince est étendu sur le dos, nu. Le bras gauche, raidi par la mort, est croisé au-dessus de la poitrine, comme un bouclier; l'avant-bras est déchiqueté, signe d'une résistance acharnée. La bouche est légèrement ouverte, l'œil droit arraché, mais l'œil gauche, grand ouvert, semble regarder le ciel. La poitrine, elle aussi, est percée de coups de sagaie. Le ventre, selon la coutume zouloue, a été ouvert, mais, cette fois, ils ont respecté les entrailles. Deléage soulève le corps : le dos ne porte aucune trace de blessure, sauf quelques déchirures produites par les pointes qui ont transpercé la poitrine. Nul doute : le Prince est mort face à l'ennemi, il a reçu dix-sept sagaies de face, aucune de dos. À côté du corps gisent — ô dérision — les bottes et une chaussette. Mais aussi la chaîne d'or que Louis portait au cou avec ses médailles et un talisman, le cachet scarabée des Pharaons rapporté d'Égypte par Bonaparte et légué à Louis par son père. Les Zoulous lui ont laissé ses fétiches, de crainte que le mort ne revienne se venger. On dépose le corps sur un brancard improvisé avec deux lances et deux couvertures de cheval. Des officiers supérieurs se proposent pour la porter un ou deux milles jusqu'au fourgon-ambulance.

Au camp, se déroule une première cérémonie funèbre en présence de lord Chelmsford et de la plupart des officiers du Royal Artillery, ses anciens camarades. On place la civière sur un canon et on la recouvre avec un drapeau tricolore confectionné avec des étoffes de fortune. L'aumônier catholique récite les prières des morts, puis il y a une sonnerie de clairon et, devant les restes du lieutenant Bonaparte, on abaisse lentement jusqu'au sol le drapeau britannique. Enfin, à la lumière de l'incendie de prairie allumé sur les collines environnantes, le convoi s'avance entre deux lignes de soldats en uniforme rouge. Au passage, les officiers inclinent leurs épées. Arrivé aux tentes d'infirmerie, il reste à embaumer le corps. Un médecin se propose pour bourrer le cadavre de plantes aromatiques et du peu de sel disponible, avant de le recoudre. Pendant ce temps, on fouille tout le camp pour trouver de quoi faire un cercueil. Avec des planches et des fonds de boîtes en zinc qui servaient à transporter le thé, on finit par confectionner une caisse. On la met dans un fourgon traîné par six mulets, on forme une escorte d'honneur et l'on prend tristement la route de Ladysmith.

À Pietermaritzburg, Deléage retrouve Uhlmann. Ce vieux serviteur de la famille impériale se tord les mains de désespoir et se reproche comme un crime de n'avoir pas désobéi aux ordres formels de Louis et de ne pas l'avoir suivi dans les camps. On ouvre le cercueil primitif pour déposer le corps dans un meilleur cercueil capitonné de satin blanc. Uhlmann embrasse une dernière fois son prince et remet à Deléage quelques objets qu'il n'a pas le courage de déposer lui-même sur le cadavre : un chapelet béni par le Pape et trois photos, une de l'Empereur, une de l'Impératrice et la troisième, enfin, de sa cousine d'Albe morte il y a quelques années. Puis Uhlmann s'évanouit, brisé par l'émotion.

Il faut douze jours au fourgon mortuaire pour atteindre Durban. Partout sur le trajet la population prend le deuil et accompagne le cortège. On arrive à Durban en fin d'après-midi, à l'heure où le soleil se couche sur l'océan Indien bleu foncé. Les régiments partis combattre au Zoulouland ont presque tous laissé dans cette ville leurs fanfares. C'est l'occasion pour elles, l'une après l'autre, de jouer des marches funèbres pour accompagner le cercueil à l'église catholique. Chose incroyable, sur son passage, le drapeau français flotte sur presque toutes les maisons accompagné du «N» et des armoiries impériales.

La dépouille de Louis est finalement chargée sur une frégate, la *Boadicea*, en partance pour Le Cap. Là, le corps du Prince Impérial est placé dans un cercueil de plomb et transbordé sur un autre vaisseau de guerre, l'*Oronte* à destination de Portsmouth. Sir Bartle Frere en personne assiste à la cérémonie. Les canots des navires présents dans la rade forment la haie. Lady Frere fait embarquer sur l'*Oronte* des caisses de plants de violettes pour l'Impératrice Eugénie, et, à l'escale de Sainte-Hélène, Deléage, qui a tenu à accompagner en Angleterre les restes de son ami, va cueillir un bouquet d'immortelles.

Eugénie a passé les trois premières semaines de juin dans une attente cruelle. Dans la nuit du 1er au 2 juin, un ouragan a ravagé le parc de Camden Place. Un jeune saule est emporté, celui-là même dont un officier avait rapporté la bouture de Sainte-Hélène, cueillie près du tombeau de l'Empereur; l'Impératrice y a vu un sinistre présage. Depuis lors, elle a des insomnies et des cauchemars et passe ses journées à relire les lettres de son fils. Les nouvelles d'Afrique australe mettent plusieurs semaines à parvenir à Londres. Le message de Chelmsford annonçant la mort du Prince Impérial n'atteint Madère que le 19 juin, d'où il est retransmis par télégraphe au gouvernement britannique.

Le duc de Cambridge va annoncer ce décès à la reine Victoria qui, les larmes aux yeux, songe aussitôt à Eugénie. Il ne faut surtout pas que son amie apprenne par les journaux la mort de son enfant. Aussi envoie-t-elle sur-le-champ un émissaire à Chislehurst. Le vieux duc de Bassano le reçoit et monte en chancelant jusqu'à la chambre de l'Impératrice. En voyant son visage défait, elle lui demande :

— Louis est-il malade? Parlez donc. Je pars pour l'Afrique. Je pars à l'instant!

— Mais, Madame...

— Si, tout de suite; après, ce serait trop tard.

Le vieil homme baisse la tête en silence. Alors, elle comprend, pousse un cri de bête traquée et tombe sans connaissance. Pendant plusieurs jours, son désespoir est effrayant.

Le lendemain, à Paris, on s'arrache les journaux qui titrent : «La mort du Prince Impérial!» Devant le domicile de Rouher, rue de l'Élysée, on fait la queue pour s'inscrire sur les registres de condoléances. Sur des plateaux s'amoncellent cartes et messages de sympathie. Dans toute la France, pendant plusieurs semaines, dans les villes comme dans les villages, on célèbre des messes à la mémoire de Louis. À la sortie, quelques républicains bon teint crient parfois : «Vivent les Zoulous!», mais la foule crie encore plus fort : «Vive l'Empereur!». À Roubaix, les bonapartistes choisissent le jour de la fête patronale des tisserands pour organiser un service funèbre où il vient mille deux cents personnes. À Armentières, les ouvriers se cotisent pour envoyer une couronne à Chislehurst.

Pourtant, en perdant son «petit prince», le parti bonapartiste va perdre ses électeurs. Il ne s'est maintenu qu'en claironnant le prochain retour du «petit», comme on l'appelle dans les campagnes. Désormais, plus personne ne peut contester le République.

Dans l'opinion britannique, la mort de Louis cause une émotion considérable. Un grand journal londonien, le *Morning Post*, lance une souscription pour ériger dans Westminster Abbey un monument au Prince. Mais, dans les sphères officielles, on se montre réservé, car on ne veut pas de complications avec les hommes nouveaux qui gouvernent la France. Le prince de Galles, en dînant avec Gambetta, a préparé le terrain pour une entente jugée nécessaire devant les prétentions de l'Allemagne. Pourquoi risquer de tout gâcher en s'occupant des Bonaparte, maintenant que la République française se consolide ? Aussi, après un long débat aux Communes, le projet de Westminster Abbey est-il abandonné. Alors, la reine Victoria, qui, en toute occasion, témoigne sa sympathie à Eugénie, arrange les choses. Elle fera placer le monument dans la chapelle du château de Windsor, sépulture de la famille royale :

— Comment pourrait-il y avoir une meilleure place pour Louis ?

Sa statue s'y trouve toujours, représentée en gisant, comme un chevalier du Moyen Âge.

Le 10 juillet, le vapeur l'*Oronte*, transportant les cendres du Prince Impérial, approche, pavillon en berne, de Portsmouth. Le vaisseau amiral *Duke of Wellington* salue de vingt-trois coups de canon la dépouille de ce prince de vingt-trois ans. Mais l'*Oronte* est un trop gros navire pour s'engager sans risque dans le goulet du port. Il est alors accosté, non sans difficulté, par l'*Enchantress*, qui arbore un drapeau français. On tire encore un coup de canon. Puis, tandis que résonnent tambours et clairons, le cercueil est transbordé sur l'*Enchantress*, où l'on dresse une chapelle ardente. Derrière le navire, les vagues secouent un canot où ont pris place les journalistes.

Le 11 juillet, plusieurs proches de Louis sont admis à l'arsenal de Greenwich pour reconnaître son corps. Ce sont Louis Conneau, Espinasse et Bizot, ses trois meilleurs amis, Joachim Murat, son cousin, et trois médecins : les docteurs Conneau, Corvisart et Evans. Le cercueil en bois est ouvert, puis celui en plomb. On dessoude le couvercle et on le déroule en commençant du côté de la tête. Alors, on aperçoit le linceul, sur lequel se trouvent les photos de l'Empereur et de l'Impératrice qu'Uhlmann a fait placer ; il y a aussi une petite boîte en zinc contenant le procès-verbal de l'inhumation. Ces objets retirés, on soulève le linceul. Horreur ! les témoins découvrent une forme momifiée, de la couleur d'un gant de Suède marron foncé. Le jeune homme est nu. La tête porte deux épouvantables blessures : l'œil droit crevé et la joue complètement fendue, laissant apercevoir les dents. L'avant-bras gauche ramené sur la poitrine est haché de multiples entailles provenant des coups de tranchant ou de pointe qu'il a cherché à parer. La poitrine est percée de part en part et le ventre grand ouvert. Aucune lésion aux jambes ; rien par derrière. Au premier abord, le corps est méconnaissable. Mais Corvisart retrouve sur la hanche la trace de l'opération pratiquée en 1867 par Nélaton tandis qu'Evans reconnaît dans la bouche les dents en or qu'il a implantées : c'est bien le corps du Prince Impérial.

Quand le cercueil est définitivement refermé, des officiers anglais d'artillerie se présentent pour le porter et le placer sur l'affût d'un canon attelé de six chevaux. Des détachements de lanciers et d'artilleurs forment l'escorte ; les officiers, la poignée de l'épée nouée d'un crêpe, marchent de chaque côté du corps. De minute en minute, le canon tonne : au son de la marche de Saül, le cortège s'ébranle, suivi à pied par les amis de Louis. Jusqu'à Chislehurst, à quinze kilomètres de là, on marche au grand pas des chevaux. Il n'y a ni foule ni police, seulement des hommes, des femmes qui surgissent soudain pour toucher le cercueil et se retirent respectueusement en se signant.

Il fait nuit lorsqu'on arrive à Camden Place. L'Impératrice qui, depuis l'annonce de la terrible nouvelle, vit confinée dans ses appartements, sans parler à personne, se redresse soudain. Au loin, une clameur s'enfle peu à peu : c'est une musique militaire, tantôt douce et assourdie, tantôt s'élevant et enveloppant le cercueil. Puis c'est presque le silence et, à mesure que cela approche, l'hymne guerrier n'est plus qu'une plainte. Bientôt Eugénie distingue le bruit des roues, celui des bottes et le pas des chevaux sur le sable de l'allée. C'est Louis qui revient : il va arriver en bas. Alors, comme un automate, elle se lève, se précipite dans l'escalier et pénètre dans le hall au moment où les artilleurs déposent la bière sur un tapis de violettes. Épuisée de douleur, elle tombe à genoux et, malgré les supplications de son entourage, elle reste en prière toute la nuit.

Le grand vestibule est transformé en chapelle ardente. Au milieu des tapisseries noires et blanches, où se détachent des drapeaux tricolores, le Prince Impérial repose à l'endroit même où a été exposé le corps de son père. La nuit qui précède les funérailles, Eugénie se tient prostrée auprès du cercueil de son fils ; de temps à autre, sans dire un mot, elle se penche et appuie son visage contre la bière. Au petit matin, elle se retire dans sa chambre, plongée dans l'obscurité, où elle demeure enfermée pendant la cérémonie.

Ce jour-là, c'est le 12 juillet, plusieurs milliers de Français — ceux qui ont pu se procurer des tickets — prennent place à l'intérieur du parc. Les autres attendent derrière la grille avec une multitude d'Anglais et trompent leur impatience en regardant circuler des camelots empressés de vendre des souvenirs du Prince. L'une après l'autre, plusieurs colonnes d'artilleurs, de lanciers et de fusiliers débouchent de l'allée et viennent se ranger devant le château. Chaque soldat porte un bouton noir ou un brassard de crêpe ; mais les uniformes, les shakos et les casques jettent des taches de couleur au milieu de cette foule habillée de noir.

À onze heures, la reine Victoria en grand deuil fait son entrée. Sa belle-fille, la princesse de Galles, l'accompagne, ainsi que deux de ses filles, les princesses Alice et Béatrice. Lorsque toutes quatre sont devant le catafalque, un aide de camp s'avance et, sur le cercueil déjà recouvert du drapeau tricolore et de l'Union Jack, il place une couronne de lauriers où Victoria a fait inscrire ces mots : « À celui qui eut l'existence la plus pure et qui est mort de la mort du soldat, au Zoulouland, en combattant pour notre patrie. »

À voix haute, pour être bien entendue de l'assistance, la Reine dit : « Il a bien mérité les lauriers », et, de ses mains, elle ajoute deux pivoines blanches. Puis les quatre femmes s'agenouillent pour prier. La princesse Béatrice éclate alors en sanglots. Après un moment, Victoria se retire avec sa suite et va prendre place sur une petite tribune drapée de noir sous un dais aménagé devant le perron ; de là, elle peut assister, les larmes aux yeux, à la levée du corps.

Quatre officiers britanniques se présentent pour soulever la bière sur leurs épaules et la replacer sur la prolonge d'artillerie, tirée cette fois par huit chevaux caparaçonnés de noir. Un coup de canon donne le signal du départ. La fanfare du Royal Artillery vient en tête du cortège, suivie de deux cent quinze cadets de Woolwich, les deux promotions suivant celle de Louis, la carabine renversée sur le bras gauche. Puis vient le clergé. À droite et à gauche du char mortuaire, marchent le prince de Galles, les ducs de Connaught et de Cambridge, le prince royal de Suède, le prince de Monaco, le duc de Bassano et Rouher, tenant chacun un des cordons du poêle. Juste après le corbillard vient Stag, le cheval favori du défunt, entièrement voilé de crêpe, mené par Gamble, le vieux piqueur de Napoléon III.

La famille Bonaparte est conduite par le prince Napoléon, qui marche entre ses deux fils. Puis viennent les anciens aides de camp de Louis, et enfin les officiels, les ambassadeurs de toute l'Europe, sauf celui de la France. Soucieux de ne pas offenser la République française, le gouvernement britannique n'a d'abord pas voulu se faire représenter. Mais cela a tant irrité Victoria qu'en fin de compte Disraeli a accepté d'envoyer deux ministres. Le catafalque passe avec le lugubre accompagnement d'une marche funèbre et de coups de canon qui, de minute en minute, déchirent l'air et retentissent dans les cœurs. Les têtes se découvrent, la foule se joint au cortège de ces milliers de fidèles. La modeste église catholique de Chislehurst ne peut contenir qu'une centaine de personnes, seules à entendre l'oraison funèbre prononcée par le cardinal Manning. Au moment de l'absoute, les cadets de Woolwich tirent trois salves de fusil en l'honneur de leur ancien. On dépose le cercueil dans une chapelle latérale et le défilé commence. Dans la soirée, la foule commence de se retirer, mais des milliers de partisans reviennent sur leurs pas pour jeter une dernière fois un regard mélancolique sur le château et le parc qui ont renfermé leurs espérances.

Bientôt, on apprend le retour d'Afrique du corps expéditionnaire. Ceux des officiers qui ont connu Louis rendent visite à l'Impératrice et chaque jour on lui fait l'éloge de son fils. Beaucoup lui disent des choses qui réjouissent son cœur de mère, mais personne ne la touche autant que Wood. À un dîner public, il fait allusion au Prince Impérial qu'il appelle «le fils de l'allié de l'Angleterre». Évoquant ses dix-sept blessures, il cite Shakespeare :

«A-t-il été blessé de face ?
— Oui, au front.
— Alors, c'était un soldat de Dieu.
Si j'avais autant de fils que j'ai de cheveux
Je ne pourrais souhaiter pour eux de mort plus belle.»

Wood est invité à Camden Place et, pour toujours, il devient un ami d'Eugénie. Elle lui montre des coupures de presse, pliées dans l'imperméable de Louis, où la fièvre qui l'avait empêché de prendre part à la guerre dès son arrivée en Afrique était attribuée à «la maladie héréditaire des Bonaparte». Et elle lui dit :

— Ce ne sont pas les Zoulous qui l'ont tué, ce sont les journaux français.

C'est d'ailleurs avec sir Evelyn et lady Wood, ainsi qu'avec Bigge et Slade, les camarades de Woolwich, sans oublier le fidèle Uhlmann, que l'Impératrice se rend à Istelezi, là où est tombé son fils, pour le premier anniversaire de sa mort. Elle veut refaire la même route que son enfant, mettre ses pas dans les siens, recueillir le témoignage de ceux-là mêmes qui l'ont tué, les entendre exalter son courage.

— Pourquoi dites-vous que ce jeune chef blanc s'est défendu comme un lion ?

— Parce que le lion est l'animal le plus brave que nous connaissions.

Là-bas, une nuit où elle ne peut trouver le sommeil, Eugénie sort de sa tente. Il fait chaud. Elle se met à marcher au hasard, mais avec précaution, car il y a partout des pierres et des trous où l'on peut trébucher. Soudain, elle sent l'odeur préférée de Louis, celle de la verveine. Alors, elle se met à courir ; le parfum la conduit, l'entraîne. Il n'y a plus ni creux ni ravins, elle se sent légère. Arrivée devant un tas de pierres en forme de cairn, l'odeur cesse brusquement ; l'Impératrice s'arrête. Au retour, elle avance avec peine. Sur ce chemin tout à l'heure si facile, elle bute maintenant à chaque pas. Enfin, des hommes viennent à sa rencontre, avec des torches.

Le lendemain, quand Wood l'accompagne, et qu'après une marche longue et difficile, il lui dit : « C'est là, oui, c'est là qu'on a retrouvé votre fils », elle reconnaît l'endroit où l'odeur a cessé. Devant le cairn, il y a une pierre tombale, semblable à celle des cimetières anglais, une pierre de couleur sombre, taillée par quelques soldats, avec au-dessus une croix verticale et cette inscription : « La reine Victoria à Napoléon, Eugène, Louis, Prince Impérial. »

Et, autour, on a planté des arbustes au feuillage léger, des bruyères, des géraniums.

Cette fois, Eugénie allume des cierges et tient à demeurer seule en prière toute la nuit, face à la croix. Bientôt, entre les hautes herbes, elle voit apparaître des têtes de Noirs. Ils la regardent avec curiosité, mais sans hostilité, comme avec pitié. Il n'y a aucun doute : ce sont eux les hommes qui ont tué son fils. À l'aube, il se produit une chose étonnante : bien qu'il n'y ait pas un souffle de vent, les flammes se couchent comme si quelqu'un voulait les éteindre. Alors Eugénie dit à Louis :

— Est-ce toi qui es là ? Veux-tu que je parte maintenant ?

Et elle se retire.

Épilogue

Le souvenir du Prince Impérial n'est guère présent en France qu'au château de Compiègne et dans une salle du musée de l'Armée, aux Invalides. Nos amis anglais font beaucoup mieux : ils lui ont élevé trois monuments — à Chislehurst, Sandhurst et Windsor — et ont donné son nom à deux avenues à Chislehurst et Woolwich ; ils entretiennent pieusement sa demeure de Camden Place ainsi que sa tombe de Farnborough.

Mais c'est l'Afrique du Sud qui conserve le plus fidèlement la mémoire du lieutenant Bonaparte. Outre une salle du musée de Pietermaritzburg, il y a maintenant à travers tout le Natal et le Zoulouland une Route du Prince Impérial, sur le modèle de la Route Napoléon. Et, le jour anniversaire de sa mort, lorsqu'on s'approche de l'endroit où ce prince courageux est tombé « comme un lion », on entend grossir peu à peu une clameur : ce sont les Zoulous qui célèbrent par des danses le souvenir d'un brave.

Généalogie

- Charles Bonaparte 1746-1785 = Letizia Ramolino
  - Joseph 1768-1844 = Julie Clary
    - Zénaïde 1801-1854 = Charles-Lucien Bonaparte
  - Napoléon Ier 1769-1821 = 1. Joséphine de Beauharnais = 2. Marie-Louise d'Autriche
    - Napoléon 1811-1832 roi de Rome puis duc de Reichstadt
  - Lucien 1775-1840 = 1. Christine Boyer = 2. Alexandrine de Bleschamps
    - Charles-Lucien 1803-1857 = Zénaïde Bonaparte
      - Napoléon-Charles 1839-1899
        - dont postérité
    - Louis-Lucien 1813-1891
    - Pierre 1815-1881
      - Roland 1858-1924
        - dont postérité
  - Elisa 1777-1820 = Félix Bacciochi
    - Napoléc Louis 1804-18

simplifiée

- Louis 1778-1846 = Hortense de Beauharnais
  - Louis-Napoléon Napoléon III 1808-1873 = Eugénie de Montijo
    - **Napoléon Eugène Louis Prince Impérial 1856-1879**
- Pauline 1780-1825 = Camille Borghese
- Caroline 1782-1839 = Joachim Murat
  - Lucien 1803-1878
    - Joachim 1834-1901
      - Joachim 1856-1932
        - dont postérité
- Jérôme 1784-1860 = 1. Elizabeth Patterson = 2. Catherine de Wurtemberg
  - Mathilde 1820-1909 = Anatole Demidoff
  - Napoléon Jérôme 1822-1891 dit « Plon-Plon » = Clotilde de Savoie
    - Victor 1862-1926
      - dont postérité
    - Louis-Napoléon 1864-1932

Bibliographie

Octave AUBRY : *L'Impératrice Eugénie*, 1931.
A. AUGUSTIN-THIERRY : *Le Prince Impérial*, 1935.
Ernest BARTHEZ : *La Famille impériale*, 1913.
André CASTELOT : *Napoléon III*, 2 vol., 1973-1974.
Paul DELÉAGE : *Trois mois chez les Zoulous* et *Les Derniers Jours du Prince Impérial*, 1879.
S. DESTERNES et H. CHANDET : *Louis, Prince Impérial*, 1957.
Maxime DU CAMP : *Souvenirs d'un demi-siècle*, 1949.
Léonce DUPONT : *Le Quatrième Napoléon*, 1874.
Thomas EVANS : *Mémoires*, 1910.
Augustin FILON : *Le Prince Impérial*, 1935.
Katherine JOHN : *Le Prince Impérial*, 1947.
Jean-Claude LACHNITT : *Méconnue et calomniée, l'Impératrice Eugénie*, 1982.
Edward LEGGE : *The Empress Eugénie (1870-1910)*, 1910.
A. MARTINET : *Le Prince Impérial*, 1895.
Armand PRAVIEL : *La Fin tragique du Prince Impérial.*
Philippe SÉGUIN : *Louis-Napoléon le Grand*, 1990.
Jean TULARD : *Dictionnaire du Second Empire*, 1995.
Claude VAUTEL : *Le Prince Impérial*, 1946.

Remerciements

Je tiens à remercier le Souvenir napoléonien et l'Académie du Second Empire qui m'ont facilité l'accès à une vaste documentation sur la période française de la vie du Prince Impérial.

Mais je voudrais aussi adresser des remerciements particuliers à mes amis britanniques de l'Anglo Zulu War Research Society et de la Bromley and Chislehurst Library, qui m'ont guidé dans mes recherches sur les périodes anglaise et sud-africaine.

Merci aussi au Dr Conneau * et à Alain Caubère pour les documents inédits qu'ils ont bien voulu me communiquer.

Merci à Emmanuel Haymann, qui a bien voulu relire mon texte et me donner les conseils d'un écrivain confirmé.

Et bravo à Glenn Flanagan, de Pietermaritzburg, qui vient d'ouvrir la Route du Prince Impérial.

---

* L'actuel Dr Conneau, authentique descendant de Louis Conneau et donc aussi du Dr Conneau, ami de l'Empereur.